U0910752

柳三笑 著
Liu Sanxiao

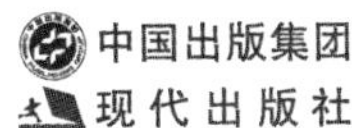

图书在版编目（CIP）数据

金吾卫之六脉奇局 / 柳三笑著 . —北京：现代出版社，2018.5

ISBN 978-7-5143-6900-7

Ⅰ. ①金… Ⅱ. ①柳… Ⅲ. ①长篇小说—中国—当代 Ⅳ. ① I247.5

中国版本图书馆 CIP 数据核字（2018）第 045378 号

金吾卫之六脉奇局

作　　者：柳三笑
责任编辑：袁子茵
出版发行：现代出版社
地　　址：北京市安定门外安华里 504 号
邮政编码：100011
电　　话：010-64267325　64245264（传真）
网　　址：www.1980xd.com
电子邮箱：xiandai@vip.sina.com
印　　刷：长沙鸿发印务实业有限公司

开　　本：710mm×1000mm　1/16　　印　　张：20.5
版　　次：2018 年 5 月第 1 版　　印　　次：2018 年 5 月第 1 次印刷
字　　数：334 千
书　　号：ISBN 978-7-5143-6900-7
定　　价：45.80 元

目录

楔　子

建文四年五月，南京已经开始入夏。

奉天大殿内，空气有几分燥热，朱允炆刚坐了一会儿就站了起来，只是站了片刻又垂然坐下，反复数次，浑然不觉。

燕王朱棣的大军在灵璧击败了大将平安，已经一路南下，直奔金陵城而来，所有人都知道朱棣现在的目标很明确，不在于攻城略地，占领多少领地和城池，他是要直插心脏，在南京城一举击败朱允炆，登上自己梦寐以求的龙座。

盛庸、铁铉、平安……这些朱允炆手下曾经威名赫赫的将军一个个倒在了朱棣的脚下，死的死，逃的逃，降的降，军中士气已丧大半，眼下已经没有什么人能够力挽狂澜阻挡朱棣的脚步了，他朱允炆真的可算是江山已失，大势已去了。

朱允炆甚至有些后悔，当初为什么要实行削藩政策。

只是，世上从来没有什么后悔药，如今的残局只有你死我活！

铜鼎内的龙涎香徐徐燃烧，香气缭绕沁人脾肺，只是此刻闻起来非但不能令人神志清醒，反而还有些烦闷难耐，朱允炆一气之下狠狠地踹翻了这香鼎。

大殿之内咣当作响，旁边的人更是噤若寒蝉。

不一会儿，又有太监送来折子，上面只写了一行字：扬州城沦陷，监察御史王彬不战而降！

扬州和南京不过相隔两百里地，过了扬州，朱棣很快就可以横渡长江直奔京城了，对朱允炆而言，被他强大的叔叔掀下皇位似乎只差一步之遥了，难道自己真的要成为大明第一个被篡位的皇帝？朱允炆整个人仿佛被抽空了所有力气，再次重重地瘫坐在龙榻之上，面色犹如死灰一般，毫无生气。

这一次，他没有再站起来。

良久，他才神色悲戚地问身边的两位谋臣道："两位爱卿，形势危急至此，朕该如何是好？”

这两位谋臣正是赫赫有名的方孝孺和杨应能。方孝孺博学多才，杨应能机谋善辩，都是朱允炆身边最可靠的谋士。方孝孺略略沉吟，率先道：“微臣倒有一缓兵之计，只是不知当讲不当讲？”

“爱卿不必拘谨，是何缓兵妙计速速说来听听？”

“可派人前去以割地向燕王许诺，拖延数日，等东南一带征募的军队汇集，我军足可以与叛军在长江上一决胜负！”燕王部队的将士大多生在北方，不善于驾舟操楫，两军若是能拖到江上对决，胜负确实就难见分晓，乍一听，这确实是条良策。

朱允炆也听出了些许转机，他有些惊喜又带着疑惑道：“爱卿觉得此计真的可行？”

方孝孺胸有成竹道：“此行关键在于说服，只需安排庆成郡主出马，必有转机！”庆成郡主乃是朱棣的堂姐，安排她出去游说朱棣，看起来也确实是个很合适的人选。

方孝孺见朱允炆没有反对，自己便退出大殿，急急忙忙去安排拖延计策事宜。

这大殿中只剩下朱允炆的教授杨应能，他见方孝孺走远了，才低声道：“以皇上对燕王的了解，真的认为此计能成？”

朱允炆脸上的惊喜不过显露了片刻就再次消失，而后逐渐变得更加阴沉，整个大殿都随着他的沉默陷入一片深海的寂静之中，他并非昏庸无能之人，若是仔细分析自然也能懂得其中的道理。良久，他终于开口道：“我太了解皇叔了，太了解他了……狼行千里，岂会临阵松口？孝孺此行只怕要落空了！”

自古造反都是不成功便成仁，哪里会有胜利在前而拱手让人的道理，尤其是朱棣这样狼子野心的人，他若是有这样的仁慈，也不至于走到这一步，想要以割让土地的条件来说服朱棣拖延进攻时日，只怕是痴人做梦。庆成郡主没有这个能力，朱棣也没有这份善心。

杨应能似是思索了许久，他一向只有保身的小才，却没有安天下的大才，此刻想的自然是另一件事，终于他谨慎地开口问道：“皇上，那要不要提前谋划……”

他的话没敢说完，但意思已经很明显了，现在朱棣已是势如破竹，这最后一战只怕是凶多吉少，此刻自然应该两手准备，提前谋划好城池沦陷后的逃脱之计。只是这话若是由别人说出，那便是关键时刻动摇军心的妖言惑众，必是午门之外斩立决！不过杨应能作为朱允炆的教授，又是天章六侍之首，他的职责就是保护皇上，这话由他问出也是应该的，而且也是必要的，毕竟留得性命在，这夺回江山皇位的机会就在。

朱允炆苦笑了一声："真的已经到了这步田地了吗？"

杨应能叹了一声，无奈道："皇上宅心仁厚，自有天道相助，只是我等身为死侍，自然要考虑这些情况，但愿是有备无患。"

朱允炆道："杨教授也不必劝朕，如今是什么境地朕怎么会不知道，朕只是不甘心罢了，不过即便是此次战败，朕也要让朱棣寝食难安，朕也要让天下人记得我朱允炆时刻会卷土而回！"

杨应能俯首道："那是自然，即便是真到了离开的时候，也必然是要燕王料想不到，让他在位的每一日都是惴惴不安的！另外，臣已经想了另一计策，燕王就算当了这皇上，日后也将是名不正言不顺。"

他密语一阵，朱允炆的神情有些好转，他朗声道："杨爱卿，速速宣叶希贤、岳松、梅殷、程济和王钺五人进殿！我要你们十五天内布置完毕，朕要偷龙换凤，惊天而动！"

"臣领旨！"

天章六侍再度集结，一场中国历史上最大的骗术终于开始上演，这骗术由宫城内的奉天大殿开始熊熊燃烧，却不知烧到何处才能终止，更不知由谁来解开。

第一章　螭龙水炮

眼下已是永乐六年，秋。

秦明终于如愿以偿地进入了机甲司，而白齐也调到了六相司。

六相司偏居城外一隅，林深路远，日子寂静清苦，倒也适合白齐的性子，而金吾卫的机甲司秦明更是仰慕许久了，对自小喜欢制造发明的秦明而言，这机甲司便是洞天福地般的存在，能入机甲司可算是满足了自己一大好奇心。

金吾卫的机甲司如今设在京城的西北处，靠近军仓，平日里专门为金吾卫制造器械、工具，明朝八局中也有专门制造兵器的兵杖局，只是这机甲司与兵仗局侧重点还是有所不同，兵仗局主要制造各色武器护甲，如刀、剑、戟、枪、盔甲甚至火铳、火炮等，而机甲司只负责制造灭火救援所用的工具和护甲，如水囊、水炮、登云梯、破墙车、水龙车、辟火衣、辟火甲等，这些工具基本不具备杀伤力，当然有时候一些工艺精巧的匠人闲暇之余，也会制作一些傀儡器具玩耍。金吾卫选拔时，明觉山上的傀儡木偶便是这些人的杰作，足可见喜欢机甲制造的人多是童心未泯。

眼下机甲司内加上刘太安等负责人，也不足两百人，人数上只比六相司和幽潜司多一些，对于秦明的到来，刘太安自然是十分热情，第一天便亲自带着他四周观看，了解整个机甲司的整体情况，并对秦明寄予了厚望。

只是刘太安这人有些奇怪，他虽然身在机甲司，但却对机甲之术一窍不通，更准确地说应该是理论上是懂一些，但是实践上是完全不曾参与。只是这人为人豪爽，做事磊落，与下属在一起毫无架子，机甲司内的各级禁军也乐得与他共事，虽然不精通机甲，但是能够协调好方方面面的事也算是个不错的老大。

刘太安之前就对秦明很感兴趣，易伯引荐之后，他更是像新郎官等新娘一样日夜翘首以盼，这不今日终于把秦明这小子给盼过来了。他亲自带着秦明四处兜转，惹得众人纷纷侧目，心想这小子来头不小啊，不过入伍几个月就有这等待遇，这可是十分少见。

不一会，二人来到了一宽大的建筑前，说是建筑，其实不过是垒了一圈高墙，上面拉起了巨大的防雨皮毡而已，看起来虽然简陋，但是防雨、通风、宽敞，最主要的是光线充足，十分适合傀儡机甲的制造。

刘太安道：“此处便是制造机甲的神机坊了，走，我们进去看看。”

这二人刚要进坊，就有一百户急忙跑了出来，点头哈腰道：“见过刘千户！却不知千户今日突然驾临，有失远迎！”

刘太安点了点头，介绍道：“这位是负责神机坊的丛明成，丛百户，这位是新调来的侍卫，秦明，别看他资历浅年纪轻，但本事可不小，现在可是响当当的人物了！”

二人互相示意点头，丛明成看秦明的眼神中颇有几分复杂，他心想这小子不过是个入伍不到半年的新兵，何至于这般重视。

但毕竟有刘太安在场，他还是笑了下，在前方踏碎步带路，并掀开了布帘。映入眼帘的是一幅热火朝天的场景，上百名匠人正在赶工，很多机甲都已是半成品了，有改良过的出水车、可以拆卸组合的木塔，还有各色辟火辟水的装具，甚至还有可以自动行走拆墙的傀儡，不过最引人注目的当属最中央的一个庞然大物，那东西圆鼓鼓的足有五丈长，正是当日拉进金吾卫大营的鲸鱼尸体，不过这鲸鱼尸体早已被处理完毕，只留下了一层坚韧的鱼皮，鱼皮上用特殊颜料彩绘出海中怪兽的模样，怒目圆睁，龇牙咧嘴，颇为形象生动。

这些工匠正将充好气的皮囊往一辆巨大的木车上面推拉，而后用绳索、木架进行组装固定，想必完成之后，这便是赫赫有名的螭龙水炮了！

秦明兴奋道：“没想到这么快就做好了，机甲司的能工巧匠果然了得！”

刘太安颇为得意道：“螭龙水炮消失了二十余年了，终于要在我机甲司的手中重新展露风采！传闻这水炮的射程可达三十余丈开外，喷射时如水龙出海，又似暴雨倾盆，若是用来灭火当真是一尊利器，丛百户，我看这水炮也组装得差不多了，今日能否一试其风采？”

丛明成俯首道：“回禀刘千户，还有半个时辰便可组装完毕，应该问题不大。”

刘大安大喜，下令道：“那半个时辰后，就在定淮门外试试这大鱼的威力！

秦明，你也跟我一块过来。”

众人皆俯首道：“是！”

半个时辰后，定淮门外。

日光西斜，外秦淮河一片金灿，宛若一条金带。城门中，一辆披着黑色帷幔的巨大木车被推了出来，附近守城的将士、老百姓都被这庞然大物所吸引，围得里外三圈，刘太安、从明成等人得意地站在定淮城门上，指挥着机甲司的金吾卫开始调校螭龙水炮的摆放位置，这木车最终停在了城外的石桥上，此处既可以方便汲水射水，也方便推回城中。

机甲司的人掀开帷幔，露出了这水炮的真身，一条有些干瘪的鱼皮水囊挂在巨大的木架中，除了身形较大以外，倒也没有什么太大的异样。

机甲司的工匠开始往水囊中注水，不一会儿这水囊就饱胀起来，鱼皮被完全撑展开，鱼皮身上描绘有青色鳞甲、虎目龙须，此刻都变得活灵活现，真的就像一条巨大的龙鱼跃出了秦淮河，准备喷吐甘霖，润泽大地。

围观的百姓何曾见过这么大的装置，一个个露出惊叹的神情，就连守城的将士也都纷纷发出惊讶的声音，直言这是个大怪物！

刘太安有些满意地点了点头，他挥了挥手中的小旗，喝道：“方向西北，射击！”

这螭龙水炮的西北方位正是一路往上的秦淮河，机甲司的人早已在三十丈外的河道上点燃了一排篝火，篝火放置在木船的铜盆里，浓烟滚滚，倒真的像是起了大火一样。

机甲司二十余名金吾卫开始齐齐绞动滑轮，发出轰隆隆的声音，这螭龙水炮的原理便是通过木架快速收缩，在最短时间内挤压架子中的水囊，让大体量的水瞬间从龙嘴里喷射出去，形成流速极快的水柱，从而达到远程射击的目的。

所以，挤压的力道、速度以及水囊本身的承受力都缺一不可，其实这就是普通水囊的加强版，从羊皮水囊一下子放大到鲸鱼水囊，刘太安的想法是很好的，这么大体积的水囊，肚子里的水若是能一下子全喷出去，必然会形成威力十分惊人的水柱，从而达到快速灭火，甚至打灭高处火灾的目的！

但是他忽略了人力挤压的速度毕竟太慢，几十名金吾卫虽然奋力滚动轮盘，但离刘太安想要的结果还是差得很远，这力道刚一挤压，水就徐徐喷射出去，无论众人怎么努力搅动轮盘，这射程也不过是十余丈，距离他们想要达到的三十丈差得太远了！

众人大失所望，刘太安的脸色也有些不快，毕竟魏东侯对他的螭龙水炮也是寄予了厚望，若是只有这等威力，就太小题大做了！

刘太安不甘心，下令再试，如此反复几次，水柱的距离始终只有十丈左右，射程没有什么实质性的增加，反倒是这些负责绞动轮盘的金吾卫已渐见疲态，速度越来越慢。

刘太安的脸色已是大为不快。今日的测试看来结果也只有这样了，一旁的丛明成俯首歉意道：“大人，这水炮看来尚有瑕疵，还需要改进下工艺，不如今日就到此为止吧。”

刘太安摇了摇头，明显心头还是有些不甘心，他还想再试一次，只是眼下天色将暮，若是再试一次，还是达不到他想要的射程，就只有打道回府一切重新设计了。

城门下，各金吾卫又开始汲水，准备重新试验一次，一旁的秦明终于开口道：“大人，属下以为这样试下去不会有更好的结果。”

刘太安转头道：“你的意思是……”

秦明道：“想要射程更远，必然就要以更快的速度挤压水囊才行，只是人力有限，这速度显然已是他们的极限了，再试下去意义也不大，不过若是能换成大象来拉扯速度肯定会不一样！”

一旁的丛明成笑了起来：“我当是什么好主意，这巨象都在驯象房，由锦衣卫负责管理，我们要调用大象得通过层层申请，难不成日后我们每用一次螭龙水炮都要去求锦衣卫一次？太荒唐了！”

另一名百户也冷笑道：“锦衣卫的人可不好打交道，借用他们的巨象，还不如自己灭火算了。”

“对啊，反正火灭不下来也不是我们的责任，但若是要求锦衣卫，那摆明是去自讨没趣！”

秦明见这些人并不赞同自己的意见，也不生气，他笑道：“几位大人说得都对，不过我要提的建议不是换大象，而是另一种方法！”

几个人哦了一声，异口同声问道：“那又是什么建议？”

秦明道：“可以给出水口加个塞子，先挤压到一定程度，再突然打开塞子，水压必然更大！”

这个法子很简单，但却很实用，刘太安双眼猛地一亮，拍手道：“好法子！从百户，我们机甲司不是有封口塞吗，拿来正好合适，快去取来试试！”

所谓的封口塞是由一种特殊的木材所制，一浸水便会膨胀，越挤越紧，彻底密封住口子，除非是用火烤，否则不能打开。这东西是机甲司专门制作用以特殊场所防火用的，通常的用法是在建筑物上高悬几道水槽，水槽是木制刷上防水漆，同时下凿十余个孔洞，每个孔洞都安上封口木塞，这些塞子沾到水就会膨胀把孔洞堵得死死的，一旦建筑起火，火势烧到木槽，塞子就会自动收缩掉落，放出水流扑灭火势。

从明成很快就派人取来了一个巨大的封口塞，几名金吾卫将小碗口大的塞子堵住出水口，再一浇水，果然木塞子就开始膨胀，变得足有海碗大小，将原本的口子堵得严严实实。

刘太安再次下令开始挤压射水，一声声整齐的叫喝声传来，所有的金吾卫都鼓足力气，快速地绞动着轮盘，木架在不停地收缩，泄水口处被塞住了木塞，水流射不出去，四处鼓荡，绷得整个水囊都开始扭曲变形，几欲爆炸。

一旁的从百户有些担心道：“千户，是不是可以放木塞了，再挤下去，我怕这水囊会受不住……”

秦明阻止了他，道：“我刚才看了下水囊，这鱼皮乃是用点金水泡过的，坚韧如软金，这点压力是不足为惧的，不过真正要担心的是缝补的胶和线。”

从明成自信道：“这点你放心，我们的线都是用最好的丝线编成，没那么容易断的！”

刘太安道：“既然你们都这么有自信那就好，我倒真想看看这螭龙水炮的最大威力能到多少！再加压！”

木架还在挤压，鱼皮被绷得已经有些透明，整个水囊鼓胀得就像是一个巨大扭曲的气泡，发出了咯咯咯的声音，这时候只要戳一根针，水囊就会立即爆炸。

城门下的百姓害怕这水囊一个经受不住就会爆炸，吓得都开始往远处躲去，许多人躲在树丛后，城门内，探出半个脑袋在看，还有的甚至爬到树上去看。

秦明分明听得水囊突然发出一声啪的轻微响声，他知道那是缝补的线断了一处，显然这水囊终于达到极限了，再压下去必然就是破裂爆炸。

“可以开了！”他提醒道。

水囊旁守候许久的侍卫立即高举火把往木塞上烧去，封口塞一遇火焰炙烤立即收缩，水压终于冲破了木塞奋力地射了出去，这水流速度果然远胜以往，整个就像一支利箭一样疾射而出，在空中划出一道白练。

水柱飞跨秦淮河上，而后如暴雨般落在篝火处，噼里啪啦，不过片刻就将这十几盆篝火全部浇灭。

刘太安大为振奋，他拍了拍秦明的肩膀道：“好小子！我果然没看错你！”

秦明这时反倒有些不好意思道：“刘大人过奖了，主要还是你们水炮造得好，若是质量稍差一分，这事就不能成了！”

刘太安点了点头道：“你这话说对了，我刚才听得水炮里有一丝断裂的声音，想来是右下方缝补的地方线断了两处，从百户下来以后赶紧检查缝补，你明日还须再用银梭丝加固一圈，以免下次发生爆裂。”

秦明听了这话，忍不住暗叫了一声厉害，这刘太安平日里不动声色，满面和煦之色，却不想也是个狠角色，光凭他听音辨别水炮断裂位置这等本事，就知道一定是个不简单的人物。

只是丛明成听了这话，有些尴尬地站在一旁，眼神中露出几分嫉妒之色。

此时天色已暗，机甲司的人开始收拾物件准备回营，刘太安有些兴奋道：“今日这螭龙水炮初见威力，真叫人高兴！走，你们几个不如就到我营内喝几杯酒，正好皇甫千户今早送来了几条长江鱼和十坛太白烧，鲜鱼下好酒可是再惬意不过。”

秦明听到有吃有喝便来了兴致，开口问道：“不知是什么鱼？长江之内可是白鱼和刀鱼滋味最鲜！”

刘太安指着他笑道：“好个馋猫，正是白鱼，每只都有三四斤重，可是最鲜美的时候，说得我都流口水了，一起走吧！”

一群人听说有鱼吃有酒喝，喜滋滋地一同下城门回营，刚走到半路就见远处有人骑着黑马疾驰而来，骏马奔跑如风，踩着青石官道噔噔作响，走近了细看之下，才发现正是荆一飞和白齐，二人合骑一匹黑马。

有人见这二人合骑，不禁打趣道：“这不是兵马司的那个妮子吗，什么时候和这个小白脸搞在一起了？”

秦明急忙出言解释道：“他是六相司的白齐，骑不来马，所以让一飞带着他，不要乱说！”

众人听了这话立即起哄道：“一飞？秦侍卫这叫得可有些亲热哈，看不出来你原来喜欢荆大人？”

“惨了！惨了！喜欢谁不好，喜欢这冰山美人，听说她难搞得很！”

秦明脸都窘红了，急忙摆手摇头道：“怎么可能，我们只是好朋友而已，再说了，这荆一飞，荆大人哪里还有女孩子的样子……”

众人依旧笑道：“少来！你看你脸都红了！”

这边众人嬉闹一片，远处白齐依旧开始大喊道：“秦明，你怎么还在这里，我们都找了你好一阵了！”

秦明趁机跑出了人群，回应道：“有什么事吗，这么着急？”

荆一飞摇了摇头，哼了一声道：“我就猜他肯定忘了！”

白齐无语道：“你这记性啊，你忘了，魏大人叫我们三个人今夜去阳明院等他吗？”

秦明拍了下脑袋，叫道：“哎呀！我怎么忘了这么重要的事，糟了糟了！这天都黑了，关键我还没吃晚饭呢，要不我们先吃了饭再去也不迟。”

荆一飞道：“还吃什么饭，魏大人要我们戌时到阳明院，现在已近戌时了！”

秦明嘀咕道：“用得着这么着急啊？”

荆一飞也不理他，捏指吹了个哨子，黑子就从另一处角落里跑了出来，荆一飞道：“时间不等人，还不快上马？”

秦明回头望了望刘太安，那眼神是又舍不得又无奈，刘太安笑了笑道：“既然是魏大人有事交办，那必然是要事了，秦明，你赶快去吧，不可耽搁了！”

秦明哭丧着脸道：“可是我还没吃晚饭呢，今天我就吃了一顿啊，我的长江鱼，还有太白烧……”

刘太安道：“你速去速回，我等给你留着便是！”

荆一飞眉头一凝，气道：“怎么如此不争气！后湖的鱼比牛还大，还不够你吃吗？”

秦明反驳道：“那能一样吗？那鲶鱼都是吃尸体长大的！”

荆一飞真是一句话都不想跟秦明多说了，她一拍马背，径直道：“少废话，你再不走，我们可先走了！”说着，她和白齐二人合骑一匹黑马扭头就走，最关键的是这黑子一见荆一飞走了，也扭了个头很自觉地跟着奋蹄而去，秦明见黑子也跑了，急忙叫道："喂！黑子，你别走啊！你可别学荆一飞，你得等等我啊！喂，黑子，太不讲义气了，等一下我！等一下！"

秦明再也顾不得什么长江鱼太白烧了，在众人的一阵哄笑中，急急忙忙追黑子而去。

刘太安笑了笑道："罢了！罢了！这小子没口福，我们去吃鱼喝酒了！"这一群人大摇大摆朝机甲司大营行去。

第二章　阳明院

阳明院内，黄叶映月，蛉虫和鸣，看月影，已是亥时了。

秦明、白齐和荆一飞分立在回廊之下，静等着魏东侯的到来。

三人或兴奋，或焦急，或沉默，神态各异，再等片刻，秦明终于忍不住捂着咕咕叫的肚子，抱怨道：“不是说戌时吗，现在都亥时了，这魏大人还不来，早知道我就该先去吃饭，现在可不是饿死我了！你们说，他会不会是忘记了！”

荆一飞立即摇头道：“不会的！”

白齐也道：“魏大人不是言而无信之人，想必是有什么事给耽搁了。”

秦明道：“他这耽搁了，可不是要把我活活饿死！”

再过了一阵，正当秦明饿得都想要去啃草时，一道人影终于从影壁旁走了进来，来人魁梧，一身轻便的青衣，一把悬挂的弯刀，还有一块镶玉朱雀腰牌在月光下莹莹生光。

当朝内能佩戴镶玉朱雀腰牌的，除了魏东侯，再无他人。

三人登即站直了身形，就连秦明也俯首恭敬道：“见过魏大人！”

魏东侯嗯了一声，问道：“来了多久了？”

荆一飞道：“不多不少，正好一个时辰。”

魏东侯独自往书院中宽阔地带行去，随口问道：“一个时辰，不算长也不算短，那可曾发觉此处有何异样？”

“异样？”三个人面面相觑，环视一周，这阳明书院还是那个书院，回廊、假山、芭蕉、影壁都一如往日，既无访客，也无外人，不知还有什么不同。

魏东侯缓缓步行，似是来了兴致，开口道：“这样，我先问你们几个问题，看你们能不能答得上来，常言道，一人为人，二人为从，那三人为什么？”

“是为众。”

“那四人呢？”

“……”这下秦明和荆一飞都不知道了，只有白齐应声道：“四人为众（编者注：虞的古体）。”

魏东侯点了点头，又问道：“此字可不多见，那如今有五人呢？”

五人在一起，那是什么字？这可真是从未见过，这把就连白齐都想不出来了，因为世间根本就没这个字啊，倒是荆一飞自小跟着魏东侯，最是了解他，她知道魏东侯绝不会无缘无故跟他们聊解字的游戏，他肯定是另有目的。

她怔了一下，立即明白了这其中的意思！

魏东侯在告诉他们，此处共有五人，还有一个人就潜伏在附近！

竟有人在偷偷跟踪金吾卫？！

只是这空荡荡的书院里，他能藏身何处？他们三人来了这么久居然都没能觉察出来，想来真是羞愧。

荆一飞手扣着腰间的七漩斧，眉头微锁已是全神戒备。

魏东侯嘘了一声，笑道：“这人隐匿的本事倒是了得，只是现在他似乎有些紧张，所以开始露馅儿了！”

“你们认真听！”

四人皆竖耳倾听，院子里有一阵阵的秋虫鸣叫，但这每一阵虫鸣的间隙，却是一段寂籁无声的空当，常人听音和观物，都喜欢连成一片听或看，这样很容易被周围环境影响混淆，但高手听看，就知道要静下心来，细细剥离开来，分别观察，他们这么分成几段一听，终于听出了端倪。

一阵极其细微的脉搏跳动声从回廊之下发出，这声音掩盖在聒噪的秋虫声中，根本难以察觉，若非魏东侯提示，再加上这人被魏东侯点破，一时紧张，心跳猛地加速，以他们三个人的修为是根本不可能发现的。

“出来吧！”还是荆一飞反应最快，她迅速辨别方位，突然掠动身子，朝东面回廊的第三根柱子奔去，咝！玉斧劈入木柱之中，再嘭的一声，木屑纷飞，露出一双惊讶的双眼。

这人竟然隐藏在木柱之内，亏他想得出来！

一个瘦小如猴子的人终于暴露出来，他以缩骨之术藏在不到一尺宽的柱子里竟然还颇为宽敞，这人眼珠子一转，紧接着口中一啐，几枚暗器就从嘴巴里吐了出来，正是密探最常用的枣核钉，但荆一飞反应何等之快，这小小的枣核钉自是伤不了她，不过脑袋一偏再单手一抓，就像拎鸡崽一样直接把这人揪了出来。

荆一飞顺势大力一抡，把人狠狠往院落中摔去，只听得咔嚓一声，这人的腿骨已然折断！他痛得闷哼了一声，也不敢大叫，而是赶紧爬了起来，颤颤巍巍地还想逃跑。只是魏东侯、秦明、白齐等人早已环立一圈，他焉能有逃脱的机会？

“你是谁？”

“谁派你来的！”

一个个冷眉怒喝道。

来人牙关紧咬，一双鼠眼滴溜溜地转动着，显然在寻思着说辞。

魏东侯冷笑道：“还需再问吗，这人自然是锦衣卫派来的鼠探，鼠探皆有六指，你们看他的右手。”

六只眼睛齐齐聚焦过去，果然这人的右手长着六根手指头，多出的一根小拇指形如钩子，比中指还要长，看起来十分古怪。

锦衣卫作为明朝赫赫有名的特务机构，主要负责侦查、逮捕、审问意图作乱的官员，这卫所里除了众所周知的卤簿校尉、举旗力士外，还有驯象、典狱、鼠探、鸩使、画押等不为人知的职业，分别负责驯养大象、刑罚拷问犯人、打探消息、下毒灭口、追踪行迹等，其中鼠探便是负责侦查打探这项工作。

鼠探者，天生身材瘦小，形如瘦猴，但个个轻功卓绝，踏雪无声，更擅长缩骨易容、隐匿逃遁之术。不论是上房揭瓦，下地挖潜，隐身遁形，听瓮辨音，皆十分精通。只是这鼠探有个无法更改的明显特征，便是右手生有六指，世人皆以多指为残疾，唯有鼠探会代代相传，却不知是何故。

这名鼠探想必是接到纪纲的命令后，提前一天就破开木柱，利用缩骨术隐匿其中，不吃不喝就为了偷窥金吾卫的举动。说到隐匿藏身，寻常的探子无不是选择最不显眼的地方，比如草丛、墙角、假山、地下，唯恐被人发现察觉，但像这人一样藏入人人必经的走廊木柱之中，也是匪夷所思。

不过仔细一想，这回形走廊处于阳明院的中间地带，他藏身木柱之中，自然可以观察到这整个院子的每一个角落，探听到每一处细节，而且木柱繁多，林立排列，常人根本不会刻意察觉，这远比藏身角落要高明得多。

但不想，还是被魏东侯一眼识破。

魏东侯冷冷道：“你回去告诉纪大人，皇上虽下令金吾卫和锦衣卫一同办案，但务必请他心里放清楚，我金吾卫可不是大理寺，更不是羽林卫，想要用这种手段来跟踪我们，只怕他纪纲还太小瞧我魏东侯了！”

“滚吧！”

魏东侯不怒自威，吓得鼠探一瘸一拐，急忙溜出了阳明院。

三人有些悻悻地立在远处，心中多少有些尴尬。毕竟这鼠探隐匿多时，自己入内一个时辰竟然都没有发觉，若非魏东侯警觉，只怕今日众人的言行都要被人窥视得一干二净。

看来，与这些锦衣卫合作，真是要处处多长个心眼。

魏东侯道：“料想锦衣卫的人一时半会不敢再来，不过此处也不宜多说话，随我到后院吧。”

他带着三人绕过走廊，穿过弄堂，便到了藏书阁前，这藏书阁由于空间设计独特，原比外面看起来的更宽敞得多，里面原有藏书万卷，是明初一大书库，如今却阁内空空，仅剩一排排高耸的书架，空荡荡的像是荒废的佛龛一样。

层层铜锁的阁楼内不见天日，秦明左右望去，书架连绵而出仿佛都看不到尽头，加之四处寂静无声，这阁楼内一切都奇异得有些不真实。

魏东侯道：“此处依照奇门遁甲而设，书架连绵成阵，若无人带路，外入者会被困死在这书阁之中，另外这外面的墙壁内都埋入陶瓮，能够完全隔音，即便里面雷声震天，外面也听不到一丝一毫动静，当年太子少师用陶瓮隔音法掩人耳目锻造兵器，才有了后来的靖难之役，锦衣卫这些人就算再有本事，若是没有人带路，也是不可能进来的。”

他看似随意地踩了踩几处地砖，白齐却看得真切，一共是七步，是个七星罡步，七步有急有缓，正好弯成一个勺形，这脚步一一踏毕，四处就开始咔咔作响，声音颇为沉闷震耳。而后，十余面三丈高的书架缓缓移动，整个书阁就像迷宫一样四处移动，室内的格局被完全打乱，大大小小的书架间露出一道道缝隙，魏东侯径直入内，轻车熟路地左转右转，走了片刻，终于到了一堵高墙面前，墙上刻着巨大的八卦，看起来像是一扇隐秘的大门。

魏东侯道：“这门可是封闭了有一段时间了！”说着，他从怀中拿出一把古朴的钥匙，钥匙轻轻一掰就一分为二，两把钥匙同时破入八卦门的阴阳二眼中，魏东侯再用力一转，这大门终于缓缓开启。

光线透出，里面是一处别有洞天的景象。

门后是个偌大的天井，四处回廊连成圆形，上下共有三层，每层都有一丈多高，各层乌柱擎立，青瓦遮盖，天上的月光从圆形的天空透了下来，照在这圆圆的天井内，清幽幽的好似在水里一样。

到了这里，三个人终于恍然大悟，这阳明院内，书阁、望楼、律堂三处高大建筑背靠背相倚，其间墙瓦柱廊交替，煞是复杂，若是从外面看，根本看不出异样，但不想这里面暗藏迷局，各暗道相通，迷障相叠，最终形成一个环形的迷阵，外面的书架就好像阴阳鱼外面的八卦，可以随意移动变化，而这天井正是八卦中间的双鱼，外人除非是飞上半空，否则根本不能窥探这里真正的奥妙。

这样的建筑设计真是从未见过，如此复杂精细，想必是出自某位阴阳大师之手。

白齐本就懂一些阴阳风水之术，此刻一见奇观，自然是双眼四处瞧看，极为感兴趣。

站在回廊上往下望去，只见这地面向下凹了三尺，好似一个浅浅的井，里面没有水，只是长满了寸许青草，密密麻麻，整整齐齐，就像是修剪过的短发一样，若是细心观看，就会发现这些青草之中，有几处长得特别茂盛的地方，有一些地方又十分稀疏，这些疏密勾勒，画出了一幅清晰的图案，正是阴阳八卦图。

阴阳二眼分外明显，阳鱼草色微微显淡，阴鱼草色绿得发黑，居中的两枚鱼眼更是呈现些许凹凸感。

白齐抬头望了望天，又看了看草地，暗叹道：“草色青黑分两仪，半生半死点阴阳！莫非这里真的是……”他偷偷瞄了一眼魏东侯又迅速低下了头，不敢再多看。

只是秦明主动凑了过来，低声问道：“喂，白齐，你说这里会不会是魏东侯藏什么宝贝的地方？”

白齐嗫嚅着嘴，摇摇头道：“这，这就不得而知了。”

魏东侯缓缓步入草地中，似是沉吟许久，先问荆一飞道：“一飞，我待你如何？”

荆一飞愣了一下，随即上前一步，抱拳俯首道：“魏大人自是待我如师如父！这份恩情重如山岳，一飞绝不敢忘！”

魏东侯笑道："我对你虽有恩义，但也不至于重如山岳，一飞，你言重了！"

荆一飞依旧道："乃是一飞肺腑之言，绝无夸大之意！"

魏东侯点了点头，又问秦明和白齐道："你二人呢？"

秦明和白齐对望一眼，说实话这魏东侯与他们的关系并不算密切，只是偶尔听荆一飞等人说起，听得多了便觉得此人武功修为极高，性格稳健深沉，做事有章有度，倒是个光明磊落的英雄好汉，至于其他，当真了解不多，只是这般问了，也不好随意回答一二，于是装模作样点头道："魏大人待我二人如师父如长兄，心中敬重钦佩。"

魏东侯哑然失笑道："如师如兄？你我三人还不算熟络，这么说只怕有恭维之嫌吧？"

二人见魏东侯都这般说了，只好尴尬一笑，不置可否，只是他们不知道魏东侯问他们这句话想做什么，有什么深意。

魏东侯紧接着又道："你二人对我了解不深，不过我已经暗中观察你们许久了，今日叫你们三个过来，便是交办一项重要的任务。这个任务十分机密，关系重大，所以你们接下来听到的一切，不论真伪，不论立场，不论同意与否，都绝不可给第四人说起，你们能否做到？"

禁军之内向来军令如山，况且事出机密，作为金吾卫这点保密觉悟自然是有的，一个个皆俯首道："不论何事，我等必然死守秘密，绝不外传！"

魏东侯点了点头，从袖中取出一封信函，信函以黄薄纸所书，看起来古朴又神秘。他抖开黄纸，开口道："昨日夜间，我收到一个神秘黑衣人送来的密函，说这七煞门的人是为了争夺六脉风水大阵中的六件法器而来，信函中说这风水大阵关乎国运兴衰，若是被贼人所得，大明江山必将再次易主，届时便将民不聊生甚至生灵涂炭，这等危言耸听的说辞你们信吗？！"

第三章　下一步任务

魏东侯的口气明显有几分不相信，他甩了下黄纸，这黄纸借力一荡便飞到白齐手中，魏东侯问道："白齐，我知道你对风水有些研究，那所谓六脉风水大阵和六件法器你可曾听闻过？"

白齐看了下黄纸，心中一沉，他不知道魏东侯问他这个事是什么意思，他突然想起当日刘子风说自有人会安排他们如何行动，难不成这人指的就是魏东侯，只是这样说来，这密函是刘子风送来的？那刘子风为什么这么做，此事这么机密，他不担心越来越多的人知道这件事，会暴露他们这些死侍的身份吗？尤其是魏东侯还是禁军金吾卫的首领，这禁军历来是皇上的亲信，他刘子风就这么自信魏东侯不会去禀报皇上吗？难不成魏东侯也是……不对！不对！这些做法明显都是自相矛盾的！

白齐不敢再多想，只是摇头装作不知："属下对风水一事也只是略知一二，这个六脉风水大阵属下未曾听闻！不过依照七煞门前期的举动，他们确实应该是在寻找什么特殊的东西，这个想法我们三人是一致认同的。"

六脉风水大阵一事，刘子风已经和三人说了大概，三个人应该说早就知道了内情。荆一飞最是忠于魏东侯，本欲第一时间向魏东侯禀明情况，当时却被白齐阻拦了下来，白齐的意思是眼下诸事未明了，而且众人也答应过刘子风要保守秘密，如何能转头就言而无信？荆一飞这才方觉不该这般鲁莽。

现如今魏东侯问起此事，荆一飞一下子觉得心头有些复杂，既觉得有愧于魏东侯，又觉得万万不可失信于人，所以思前想后只是看了一眼也便不说话了。

魏东侯没有理会荆一飞，他又问秦明："你可曾听说？"

秦明倒是毫不犹豫，大大方方道："六脉一说，属下未曾听说，还请魏大人指点迷津。"

魏东侯干笑了一声，心想这小子还懂得反将一军，他道："指点迷津？眼下我自己也是身在迷雾之中，不明东南西北，何来指点迷津一说！不过这所谓的六脉穴眼，我倒是听说过一处！”

三个人几乎是异口同声道：“啊，是何处？”

这话一出三个人顿觉失态，魏东侯嗯了一声，深有意味地盯着三个人，那眼神分明是在说，你们三个还说自己未曾听过，可这反应很明显是已经有所耳闻了。三个人急忙低头逃避魏东侯的眼神，荆一飞更是脸色发烫，觉得心中有愧。

魏东侯冷笑了一声，也不戳穿，而是继续道：“其实六脉风水一说在皇上登基之前就甚嚣尘上，当年靖难之役乃是国之大不幸，传言除君是自焚在皇城之中，但他的一些追随者并不相信这个言论，他们一直认定除君被他的天章死侍救走了，并早已流亡海外，暗中等待归来的时机，这追随者处处散播谣言，说当今皇上继位并非太祖钦定，而是谋反篡位，名不正言不顺，最大的证据便是皇上光有玉玺却无六脉风水大阵相护，这社稷必不能永固。以往太祖、建文登基，必要请国师祭祀天地，重设风水大阵，以确定国脉之象，六年前皇上登基却十分仓促潦草，仪式更是极为简陋，显然是没有获悉其中的奥秘，心虚所致！这些传言越传越烈，皇上恶恼这些流言蜚语，便下令大肆缉拿除君旧臣，凡有不当言论者皆是斩首示众，更甚者满门抄斩，谓之瓜蔓抄。五年前，我接手管理阳明院时就听人说这里内设机关，大不一般，很可能就是某个风水阵的穴眼，但是皇上对此事十分敏感，也无人敢上书禀报此事，只是时不时有人前来骚扰，五年前姚少师和纪纲曾先后带人前来搜查，并卷走了藏书阁内所有的书籍，从此之后再无人问过阳明院的事情。可惜姚少师只看到了外层的书阁，却不曾见过这书阁之内另有乾坤。”

阳明院内层层复层层，暗藏玄机，若是没有人指点，外人确实很难发觉，那魏东侯又是如何发现这个地方的？魏东侯来了兴致，有意倾囊相述，继续道：“是纸鸢！五年前我接手阳明院，这里在东宫和锦衣卫的扫荡下已是一片废墟，可我突然察觉这书阁之内可能还有些异样他们没有发现，所以叫机甲司的人做了一个大型的纸鸢，趁着三月起风的时候，我借着纸鸢飞上半空察看了阳明院的地形，发现了这里的秘密！我原以为，这里不过是个储藏绝密经书的地方，现在看了这封信函，我倒有点怀疑，这阳明院真的就是传说中的六大穴眼之一！”

所有人都啊了一声，这阳明院也是六穴之一，那七煞门的人是不是也注意到了这个地方？

白齐问道：“魏大人既然怀疑此处是六大穴眼之一，为何不及时向皇上禀报？”

如此大事，知而不报乃是欺君！魏东侯叹道：“刚发现此处时未曾想到事关这等大事，只是时日一拖，便越发敏感，如今已是火上浇油，若我这时候跟皇上禀报此事，只怕有人会暗中作梗，说我私藏穴眼这么多年，却不及时禀报，这罪责是怎么也免不了的。不如，装作不知，自保其身。”

魏东侯的话倒也是肺腑之言，众人听了也是唏嘘不已，朝中视听混淆，有时说谎往往比说实话更安全。

白齐想了想，问了个关键的问题：“那魏大人觉得这七煞门的人会是谁在暗中主谋？”

魏东侯摇了摇头道：“现在还不得而知，不过，我怀疑是汉王的人所为！”

七煞门的背后势力究竟是谁，是这个案件最需要破解的一个环节。对此，秦明三人也有一些猜测，这些人不外乎各大藩王、高官势力，而这些势力最终汇聚起来只有五条线，朱棣、朱允炆、朱高炽、朱高煦和朱高燧，其中朱高煦是他们怀疑最大的对象，现在就连魏东侯也这么说了，三个人立即来了兴致。

白齐又问道：“魏大人何以断定七煞门就是汉王的人，为何不是除君的旧臣所为？听闻当年除君在死侍的守护下，安然离开皇城，如今意图卷土重来也不是没有可能。”

白齐这个问题明显带有一些试探，荆一飞很警觉地看了白齐一眼，不知道这个平日里有些猜不透的少年到底想知道什么秘密，总觉得这个人今天见了魏东侯后，想问的问题特别多。

魏东侯道：“我也曾怀疑七煞门的人是除君手下，意图通过这件事扰乱民心，为除君归来助阵，但是我后来又想，这六脉的秘密都在除君的手里，他们想要获取六脉是轻而易举的事，又何必多此一举，到处烧杀抢掠，岂不是败坏了自己以德治天下的名声，还不如直接重振旗鼓归来，皇上自然会进退两难。所以，这些人必然不是除君的手下，而是另有其人！那你们再想想，当朝之内除了除君还会有谁这么急着想要当皇帝？太子虽然孱弱，但毕竟也是太子，况且他身边还有第一谋士姚广孝在辅佐，只要不出错，帝位便是水到渠成之事，至于先前有人说是姚少师所为，这就更不可能了，姚少师近年来一直深居简出，安心在庆寿寺礼佛诵经，志早已不在天下之争，而赵王朱高燧还未成气候，剩下的自然只有汉王朱高煦了！

“靖难之役中，汉王立下赫赫战功，三军将士归心于他，就连皇上也有心传位给他，奈何我大明历来是立长为嫡，加之各文臣力谏，皇上才不得已立了长子为太子，不过汉王的拥趸者甚多，根本不肯就此罢休，我早就听闻汉王近些年广招奇人异士入府，座下谋士死侍甚多，出个江湖邪派七煞门也不足为奇，这七煞门四处制造混乱，看起来似乎是天章死侍卷土重来，但实际上，一方面他们制造恐慌，散播太子孱弱不能镇国的谣言，降低太子的威信。另一方面，他们替汉王盗取风水大阵的法器，意图扭转法阵，重新以武德统领天下，就算这法阵徒有虚名，但皇上若是知道了这个消息，以前朝风水大阵为名，将皇位重新传于汉王不也是顺水推舟的事？如此种种，这些事情最终的得益者都是汉王，你说这七煞门的人不是出自汉王府，难不成还另有他人作梗不成？”

魏东侯的分析句句在理，叫秦明三人暗自佩服不已，只是这魏东侯局势看得如此清晰，却不知道他自己的目的何在，他迟迟未肯动手，显然是顾虑极多，若非七煞门的人将这把火烧到了金吾卫的头上，恐怕他也不会去管这事。

如今朱棣要金吾卫三个月内破案，否则魏东侯便要提人头来见，魏东侯再不想介入此事也不行了，他蹲下来摸了摸地上的青草，问道：“汉王势力庞大，若要查处此案，必然要得罪他，甚至可能性命难保，你们几个怕不怕？”

三个人愣了下，立即异口同声道：“王侯将相，若犯朝纲便与匹夫同罪，若是怕了，便不当这金吾卫了！”

魏东侯哈哈笑道：“好一个与匹夫同罪！我等虽不能治他的罪，但却可以还皇上一个真相，至于评判就由世人去断定吧。现在，不如我们也顺水推舟，来个将计就计！”

“魏大人的意思是？”

“他们既然这么想要控制六脉风水大阵，那我们就依照他们的计划来顺藤摸瓜，我要你们三人赶在七煞门之前，暗中打探出六处穴眼所在之处，同时抢回六件法器，一方面顺着线索收集七煞门与汉王有关联的证据。另一方面，我也要看看这传说的风水大阵到底是真是假，说不定通过这个风水阵我们还可以找到除君的下落。”

三个人心中已然明了，对抗七煞门，抢夺六件法器就是他们下一步的任务！

这个任务听起来确实十分机密且重大，当今朝廷内能够接触到这个消息并且直接参与行动的人只怕没有几个！只不过……秦明眨了眨眼皮，掰掰手指头问道：“这么重要的事就靠我们三个人？这人数会不会太少了点，魏大人要不给我们拨点兵马吧……”

一个百户带两个新丁，挑战七煞门甚至包括幕后势力通天的藩王大臣，这实力确实太过悬殊，怎么看都像是以卵击石，没有胜算。

魏东侯笑道：“自然不会只有你们三个，此事关系重大，有人自会暗中相助你们。而且我已经把金吾令交给一飞了，关键时刻你们可以随意调用金吾卫的任何兵马，不过……”

“不过什么？”

“你们三人除了一飞功夫还不错，秦明和白齐的身手确实有些……不如，我把宋枫、陆七也给你们叫来吧。”

宋枫和陆七都是兵马司的百户，两人一个用刀、一个用剑，在金吾卫内也算是数得着的高手，不过这二人似乎和荆一飞不是特别合路，尤其这个宋枫是典型的大男子风格，多次公然说荆一飞这样的女子不该在金吾卫内当差，二人暗中已然不和。

荆一飞一听这名字，立即就拒绝道：“宋百户和陆百户向来瞧不起女子，只怕与属下难以共事，我看不必了吧。”

秦明喂了一声，道：“你不要，我们要啊！”

荆一飞道：“那不如就给你们吧，我们分头行动，省得被你们拖累。”

秦明道：“分头行动就分头行动，不过不要说我没劝告你，孤家寡人难成大事的！”

白齐打断道：“你们不要争了，我看魏大人似乎早有主意，不如听听他怎么安排。”

魏东侯点点头道：“不错，其实我还有另一个想法，我想此事机密，人多碍眼未必是个好事，你们三个都是聪明人，也都身怀绝技，若是能同心协力绝不逊色于百名护卫，所以关键在于能否齐心协力，我想趁这几天有空指点你们一二,一来让你们懂得互相配合，二来在关键时刻也能防身杀敌。秦明，把你的匕首拿给我看看！”

秦明弹出自己小臂上的匕首，问道：“大人，你说的是这个？”

魏东侯嗯了一声接过匕首，这藏锋一到手，他就不自觉地转了两圈，这兵器长不过一尺有余，浑身漆黑，十分沉重，在手掌间转动时明显感觉寒气四射，确实是个杀人利器，只是似乎短了一些。

魏东侯认真地端详着匕首上雕刻的獬豸兽纹许久，口中喃喃道：“獬豸藏锋……传说中獬豸乃是法兽，主明辨曲直、清明公正，藏锋二字说的却又是隐藏锋锐，嘿嘿，这可有点意思！”

这藏锋匕首乃是秦明的父亲留给他的，算是他和他父亲之间唯一的联系了，这么多年来，藏锋一直带在秦明的身上，哪怕是睡觉的时候也不离身，这冰冷的匕首已经渐渐成为他身体的一部分，他有时摸着这冷冰冰的匕首似乎都能感觉到里面藏有父亲的气息，那么熟悉，那么让他有安全感，他甚至觉得只要自己留着这把匕首在，就一定可以等到他父亲回来的一天，他心里有太多的问题想要问自己的父亲，为什么要不辞而别，为什么要这样安排。

可是这么多年过去了，匕首始终是匕首，依旧冷冰冰的不会给他任何答案。

眼下，这魏东侯看藏锋的眼神都不一样，他似乎知道些什么，难不成他认识他父亲？秦明急忙问道：“魏大人，你……可认得这匕首？”

魏东侯愣了一下，似是从回忆中清醒过来，他摇了摇头道：“不认得，不过这匕首的锋刃锐利得让人胆寒，通常越锐利的刀刃越是容易卷刃，可这藏锋却不知是什么材质锻造，好生古怪，这么薄的刀刃却又这么坚硬，无往不利，无坚不摧，真是个极好的杀人兵器，对了，你说这匕首是你父亲的？”

“正是！”

“那想必你的父亲也是个杀人高手！”

魏东侯手指一弹，藏锋高高跃起，就像一道黑色的弧线划出，魏东侯突然来了兴致，单手握住藏锋舞动了起来，只见四处乌光流动，一道道杀机内敛其中，这杀机虽不如流光刀明亮璀璨，但却深藏不露、杀机四伏，好似潜伏的毒蛇一样，更叫人胆寒！

这舞了七八招，秦明正看得入神，魏东侯却突然收招，将匕首重新递还给秦明，口中正色道：“秦明，你学过什么刀法剑法没有？”

秦明摇头道：“还未曾学过像样的招式……”

魏东侯笑道：“没学过正好，学了反倒影响你用这把匕首！”

秦明啊了一声，不知道他该怎么理解这句话。

魏东侯接着道：“你的藏锋不似寻常兵器，本来就不能学寻常的招式，别人的招，百招千招都不如自己的一招好用，我的姑苏三十六刀里有四招藏刀式，这四招刀法内敛，与我的流光刀不是特别贴合，所以我很少使用，不过我刚才试了下，与你的藏锋倒是相得益彰！”

秦明恍然大悟，大喜道：“魏大人的意思是要教我刀法了？！”

魏东侯点头道：“此乃机缘！”

一旁的荆一飞有些嫉妒道：“魏大人肯教你功夫，你还不赶快谢谢魏大人！”

秦明笑着俯首道：“谢过魏大人！”

魏东侯道：“你先不必谢我，我的刀法练起来可不轻松，尤其是这藏刀式更是要绵里藏针，修炼起来比寻常刀法都要困难十倍，我们的时间很紧迫，等你练成了这四招再谢我不迟。”

“属下必不负重托，苦练四式！”

“好，从今日起，七日之内，我会指点你们三人一些新招式！算是一场行动前的特训！你们务必给我打起十二分精神，好好学习！”

第四章　藏锋四式

阳明院内，魏东侯缓缓踏入天井内的草地上，这里是阴阳八卦交汇的地方，草势稀疏，若是打个比喻，这地方就像是一个迷宫的入口。

“小子，你听好了，刀剑均有藏、现二诀，所谓现字诀便是刀势在外，明知其威利而不可阻挡，乃是刚猛破敌之法！而藏，便是虚实无度、锋芒内敛，出其不意攻其不备，一击必杀之法！我的流光刀乃是外露之刀，而你的藏锋恰恰相反，是最不可抵挡的破锋利器！”

自古有云，善隐藏锋芒者，趋利避害，脱厄解困。为人如此，修行也是如此！君不见大智常若愚，大巧亦若拙，猛虎行似病，苍鹰立似睡，此乃为人处世之至境，亦是武功修为之至境，所以明刀易挡，暗锋难敌，内敛藏锋者，永远处于对决的上风！

魏东侯翻了下手腕，手中多出了一片流光溢彩的刀片，正是当日被鹤羽剑削下了的一片刀尖，这刀尖不足一尺，与秦明的藏锋相差不多，只是一个光彩熠熠，一个却是青黑无光，好似八卦中的阴阳两物。

魏东侯手指一动，刀片突然缩入手腕之中，只露出薄薄的几分刀刃，他朗声道：“接下来的法门你务必要听清楚、看清楚，我只演示一遍，你能学多少那是你的悟性和本事！”

藏锋一法在于手、脚、兵器、心境的合而为一，若是悟性不佳，便是练习千百遍也不能成功，相反若是天选之才，不过一遍，便已足矣！魏东侯知道秦明这个人不到关键时刻不会重视起来，所以提前说了只演练一遍，便是要告诉秦明机会只此一次，再无下次，逼得秦明打起十二分的注意力，认认真真地看魏东侯的这次演示，一丝一毫都不能错过！

人若是足够聚精会神，有时一朝悟道便胜过修行百年！

魏东侯见秦明难得地收敛了脸色，一脸专注，有些满意道：“好，这四招我取名为藏锋四式，要做的便是杀机内藏，锋芒不露，刀尖凸出指间三分，露出掌下一分，刺可以指为剑，劈可化掌为刀，刀随掌势，所及之处，攻无不克！”

兵器对决中，所谓一寸长一寸险，一寸短一寸巧，可是天下兵器再短又怎么能短得过人的双掌，再巧又怎么巧得过人的五根手指，这藏锋式的威力便在于，让短刃与自己的手完全贴合为一体，手便是剑，手便是刀！五根手指便是最灵巧最锋利的兵器！正所谓：

攻，则会当击水三千里；

守，则气形不动稳如山。

动，则扶摇直上九重天；

静，则潜心蛰伏九幽下。

此法，断兵破甲，随心所欲，攻无不克，杀无不至！

“嗬！”魏东侯突然动了起来！他整个人就像一道旋风一样在草地上快速掠动，他的右掌之中有一抹莹白色的亮光流露出来，这光芒在他的舞动下，化作一条清晰无比的白练，白练时而疾疾飞出，时而盘旋绞杀，时而如流星赶月，时而像白鹤舞翅，惊艳又华丽！

魏东侯特地以自己的流光刀残片来教学，一方面是尺寸大小相似，另一方面也是为了让秦明能更清晰地看到他刀势的变化！秦明突然明白了藏锋为何要以这青黑无光的奇铁铸造了，他心想若是用自己的藏锋来使出这招式，匕首暗藏自己手掌之下，即便是在艳阳天下，也是无光无影，可不是无人能看破？

原来这便是藏的道理！刀在你眼前，你都看不到，你只以为这是他的双指划过你的咽喉！只是这样的招法与江湖中失传的另一绝学岂不是十分相似？

荆一飞的身子突然微微抖了一下，三个字差点从她的唇齿间吐了出来，只是她最终还是忍住了，因为这人对她来说太敬重了！这个人杀敌的身法一直深深地留在她的心底，靖难之役后，她以为自己再也不可能见到这些招式。可是今日这刀法就这样再次重现！

荆一飞摇了摇头，暗叹这世间不可能会有这么巧合的事！不可能！

天井内，魏东侯的身姿一刻也未停歇。“此第一式，叶底藏花，杀机在内！”

他的手掌一抖，突然如同千手观音般出现，霎时，只见群叶婆娑摇摆，又像观音拈花拂柳，手势纷纷扬扬而出，看不出虚实痕迹，而后这群叶之中，突然一道锋芒倏地刺出，这一剑隐藏在无数的虚招之中突然弹出，当真是快如闪电，防不胜防！这便是第一招叶底藏花的奥妙所在，以虚迷惑，化实出击，若是寻常高手相遇，这一招便要对手兵刃断裂，一剑击中要害，让他立即丧失战斗力！

“第二式，莲叶藏鲤，动如流星！疾！”

魏东侯整个人突然像旋风一样狂舞起来，他时而高速旋转，时而蜿蜒穿梭，四周的空气在他的搅动下变得又黏稠又快速，仿佛周边已不是空气，而是汹涌滚动的流水，魏东侯借着这真气的鼓动激荡，整个人就像一条游动在天井内的鲤鱼一样，灵动，迅捷，不可捉摸！若说叶底藏花是面对面的迷惑和击杀，那莲叶藏鲤便是飘忽不定的躲避，在不定向中完成击杀！

一个以静化动，一个动中求静，皆是十分古怪的招法，若是初次相遇，便是再厉害的高手也难免要吃这两招的大亏！所以藏锋这种剑法被称为杀手剑，隐藏气焰只为一击必杀，这与魏东侯华丽外露的流光刀法确实很不搭配，只是不知道这四招是怎么融入这绚丽无双的姑苏三十六刀之中的，看起来完全不是一个套路的。

第三式，第四式……

魏东侯一招一招地演示着，秦明目不转睛地看着，虽然藏锋式只有四招，但每一招都可以随风而动，化出无穷无尽的变化，魏东侯只是画出了一棵树的主干，余下的枝叶繁花都要靠舞剑的人自己去领会琢磨，去尽情发挥。

秦明觉得自己从来没有这么认真地看一样东西，在他眼里，这一招一式都细化成傀儡上的一块零件，一个铆钉，最后再组合成一个完整的整体，快、慢、动、静、攻、守……太精妙太凌厉了！

四式终于都演示完毕，魏东侯收刀，站定，吐出了一口浊气。

他舞动了好几圈，最后的落点还是原先的位置，而这青草八卦也丝毫没有受损，显然他的脚步一直按着八卦的痕迹行走的，一步一步，皆有章法，未曾碰到一点边缘，于无序之中彰显有序，于无招之中显示招法，这也是藏锋的另一特点。

秦明正要惊叹这刀法了得。

突然，魏东侯轻轻地甩了下自己的衣袂。

一阵风起，一层绿芒在草坪上一闪而过，绿色就像粉末一样扩散开来，那是被魏东侯齐齐削下不足一分的草尖！

这才是藏锋四式的威力所在，杀人于无声无息！杀机在前，你都看不到！

秦明终于彻底服气了！饶是他看得再细，却也没想到，这刀法有这么精准的威力，这么破物无声！杀气从手指尖吐出，随着光芒的旋转，真正做到了予给予求。

魏东侯问道："看清楚了吗？"

秦明想了想，点头道："大概看清楚了！"

魏东侯道："那你来试试！"

秦明踏入草地，他闭眼、回忆每一招每一式，起初他觉得这些招式自己记得清清楚楚，但是越认真想越觉得这些招式有问题，很混乱，到最后竟然是越来越模糊了，这藏锋在手竟然第一下该往哪里刺出都忘记了。

魏东侯提醒道："藏锋一法最忌只学其形，不学其神，须知这藏锋乃是抓住机会一击必杀之招，你想得太多，犹犹豫豫如何必杀？出招吧！就算错招也是招法！"

秦明猛地睁眼，藏锋横刺而出，他这第一招杀出，虽然不伦不类，但力道一出，整个人和剑突然都活了起来，他突然明白了魏东侯的意思，打斗之中哪里还有依着套路招式来的道理，都是见招拆招的法门，任何一剑都是杀招，关键的不是你这一剑刺中哪里，而是接下来的变化。

秦明脑子里什么都忘记了，他觉得眼前分明有一个人影，这人与他对招拆招，二人你来我往，杀得不亦乐乎，如此下来，何止比画了四招，简直有百余招。

魏东侯摇头道："你虽领悟了其神，但招法不到、劲力不够，如何杀敌？再来！"

这样又舞了第二遍、第三遍，每一次都舞了几十招，魏东侯又道："你要记住，是一击必杀，任何多余的招式只会暴露你的缺点，所以你能够将招式控制得越少，你的杀力就越强！"

可是秦明分明觉得自己每一次舞动，都有一个敌人凌空出现，自己要杀了他就只能与他不停地斗招，魏东侯说招式越少越好，就是要求自己以最少的招式击杀对手，这可就不容易了！他一直舞了十几遍，才勉强将招法控制在二十招之下。

魏东侯点了点头道："小有所成了！"而后，他又指了指草地道，"你自己看看脚步！”

地上的八卦草阵在秦明的一阵乱踩下，早已东歪西倒，十分不堪。这是他脚下步伐不轻灵简洁所致，同样到达一处破锋点，魏东侯往往只要一步两步，秦明却需要七八步，脚步拖沓多余，招法自然就多了，这样一来杀机也就抓不住了。

魏东侯道：“藏锋的杀招虽然在手上，但脚步亦是十分重要，双脚脚尖发力不停，暗合八卦之形，让自己始终不出纹路，这样才能攻守兼备，不至于失了阵地。今日藏锋四式练习暂且先到此为止，你好好体会下吧。”

“下一个，荆一飞！”

“属下在！”

“我现在教你玲珑斧的真正杀招，名曰风、火、山、林、雷五式！”

…… ……

第五章　湖上密谋

阳明院内，三人学艺如火如荼。

而南京城的另一处角落，却是暗流涌动。

深夜，后湖上的樱洲，早已陷入在一片黑暗中，四周连星点的烛火光亮都没有。洪武十四年，朱元璋下令在后湖上设立了黄册库，收录了上百万册的黄簿，这些都是大明朝至高无上的资料和机密，为了防止烛火引燃黄册，这几座湖心岛上一向是严禁烟火的，尤其是晚间更是不允许掌灯点烛，在无月无星的夜晚，岛上四处黑漆漆的几乎是伸手不见五指。

几道人影分立在樱洲的湖石上，在这样黑的夜晚，若非眼力超群绝难辨认这里竟然还有人。为首的汉子一身青黑，身姿挺拔，气宇轩昂，只是负手站在礁石上就已散发出无可匹敌的气场，此人正是七煞门的门主大剑师，他的身后依次站着傀儡师、五毒师和火药师，四个人虽然都身着夜行衣，但形态各异，身份十分明显。

千禧寺一战令七煞门损失惨重，御兽师和计无花被擒，如今还被关押在锦衣卫的镇抚司内生死未明。最关键的是，此次行动彻底地惹怒了朱棣，现在朝廷专门加派锦衣卫参与破案，他们的局势必然会更加不妙。面对这等情况，大剑师的心情自然也好不到哪里去，他虽然还未言语，但浑身的怒意四溢，便是眼前浓黑般的夜幕都掩盖不住。

所有人都俯首站立，噤若寒蝉。

良久，大剑师终于开口道：“那螟蛾是谁控制的，还没查清楚吗？”

五毒师俯首道：“禀报门主，这螟蛾每次都来无影去无踪，确实不好追踪，属下暂时还没查清楚……是属下无能，请门主恕罪！”

大剑师怒喝道：“恕罪？！你不是号称五毒之师吗，如何现在连几只小小的蛾虫都控制不了？这些飞虫次次都出来捣乱，引得满城皆知，坏我等计划，你就没有一点办法吗？！”

五毒师道：“这蛾虫十分古怪，远不是一般的虫子，已远超属下所能控制的范围，属下能力不逮，还请门主降罪！”

说着，五毒师急忙跪了下来，一旁的傀儡师开解道：“这虫子确实厉害，远非看起来的那么柔弱不堪，想必对方也有个高手在暗中与我们较量！五弟已经尽力，还望门主再饶他一次！”

大剑师叹了口气，亦有些心软，摇了摇头道：“算了！念你对我还算忠心耿耿，今天就再饶你一次，再次再遇到这恶虫，我等必然要揪出这幕后的主使才行！”

“属下必然全力以赴，不教门主失望！”

“对了，现在法器已收集到几件了？”

傀儡师上前两步，毕恭毕敬道：“禀报掌门，我等已得两件。”

“才两件？刘府上的那件呢？”

“刘府聚珍阁中拿到的红匣子经验实，里面的法器是假的……”

“假的？！如何确认？”

“张真人说，这六件法器乃是六脉风水大阵的精髓之所在，依据六穴的特点，分别用金、银、铜、玉、琥珀、白骨雕刻成六座宝塔，宝塔之内还藏有六件武器，代表镇守和破坏之力，而我们从刘府取来的宝箱内虽然也有一尊玉塔，但那玉塔雕工简陋，而且塔内是空的，显然早就被刘子风调了包，是个赝品！”

“那会不会他提前取走了塔内的武器，将玉塔和武器分开存放？”

“不可能，这玲珑塔内的武器乃是用秘法套进去，一入玉塔就不可能再取出来，除非是彻底毁了塔身！现在这种情况这塔必然是假的！”傀儡师深谙傀儡机关之术，对这方面自然是很有发言权。

大剑师冷哼了一声道：“刘子风平日里装得好似书呆子，木木讷讷，却不想是只老狐狸！那阳明院呢？阳明院不是最早知道的穴眼吗，为何你到现在还迟迟不动手？”

“阳明院……”傀儡师犹豫了下，才回答道，“阳明院虽然醒目，但不知道这法器还在不在这书院里，所以我等才没有贸然行动。”

“这话怎么说？”

“五年前，姚少师就曾命人清查过阳明院，当时是一无所获，而后锦衣卫也来了两次，几乎搬空了所有的东西，再后来，皇上安排魏东侯驻守阳明院，把这书院变成了金吾卫的考试场所。不过据我所知，金吾卫入驻后，魏东侯曾暗中叫机甲司打造了一个纸鸢，当时只有他一个人上了半空，所见所闻也未曾告知其他人，他下来之后便毁了纸鸢，并下令禁止再制造这等巨大的飞天器物，属下怀疑他是发现了阳明院的问题所在，所以想要刻意隐瞒，只不过此事他一直未肯承认，料想以这人的心思，这阳明院内的法器，早已被他所得，却不知藏身在何处了。”

“魏东侯？这人这些年可是越来越让人捉摸不透了，想当年刺杀朱允炆的刺客中，他是出谋划策最积极的一个，在刺杀行动中更是立下大功，但自从担任金吾卫指挥使一职后，就一直不与他人来往，虽说还是忠心皇上，可这么多年看管阳明院却从未禀报过其中的情况，在朝野内也不曾与太子来往，我曾多次送大礼与他，想要将其拉拢到我这边，但这人就像尊石佛一样，无论珠宝婢女，奇珍异物，从不接受，可真是越来越不可捉摸！”

“人没有一无所图的。魏东侯不图金钱美色，那就必然图其他的东西！不如这几天我再去试探试探他？”

“先不必了，想试探魏东侯的人可不只有我们一家，我们先静观其变，以免打草惊蛇！再说阳明院的东西放在那，有这人替我们看着，料想一时半会也丢不了，先不管他了。”大剑师鼻腔里突然哼了一声，道，“对了，说到神出鬼没，这见首不见尾的张真人又在何处？”

“他……”傀儡师还在犹豫，一旁的火药师径直叫嚷道：“张真人说今日要去栖霞山拜访故人，此刻只怕还在郊外游荡呢，赶不回来了。”

大剑师有些不悦地又哼了一声鼻息：“他是越发不懂规矩了，如今局势这么严峻，他还有心思访问故人，不怕暴露身份误了计划吗？”

火药师冷笑道：“他自诩有通天御地之能，如何还会怕这些？恐怕早已不把门主的计划放在眼里了！”

傀儡师急忙解围道：“六弟不可胡说，张真人一向神机妙算，便是这些计策都是他想出来的，想必他心里早已有数，如何会做这等愚昧之事。”

大剑师听了这话语气更恼：“心里有数，心里有数千禧寺一战就不会差点全军覆没，我看这人如今也有些靠不住了！”

“这……”傀儡师做事历来圆滑，只是话到了这个程度他也就不再多方便说什么了。

火药师也附和道：“我就说这什么真人来路不明，他每次都神神秘秘，谁知道他一天天在干什么！便是他出的这些鸟计划，我看也没几个起了什么效果的，反倒是把老四和七妹给送进锦衣卫了！”

傀儡师和五毒师齐齐喝了一声：“老六，不可无礼！”

火药师一向脾气火暴，不服气道：“怎么了，你们还怕了他不成？！”

不远处，突然有哗哗踏水之声传来，一道人影身姿十分轻盈，像一只水鸟一样快速地掠过水面，几步跃到了樱洲石岸上，身姿轻轻定住，稳得如松如岳。来人看不清容貌，只能依稀分辨是穿着一身玄黑的道袍，腰际挂着一串半透明的奇怪珠链，大小如龙眼，内里泛着蓝幽幽的光泽，在这样的夜里看起来尤为明显。

这道人正是七煞门中一直未露面的幻象师张虚吟。

张虚吟修行幻象秘术，自诩有呼风唤雨，移山断水之能，这人修为虽高，但行事却十分隐蔽，所以连风物榜上都没有关于他的资料，这老道人呵呵笑道：“诸位看来是在为贫道生气啊！”

他轻飘飘地走下礁石，作了个道揖，恭敬道：“贫道张虚吟见过王爷！”

七煞门的人一听王爷二字，惊得大喝道：“真人，在府外不可这般称呼！谨防隔墙有耳！”

反倒是这大剑师冷笑了声道：“不妨！若是这会隔墙有耳，我割了他耳朵便是！”

张虚吟哈哈笑道：“不错，王爷要成大事必然要有这般自信才行，若是在你我五人眼皮底下，还有人可以成功隐匿，我看这一仗我们也不必打了！”

大剑师终于扯下了他的纱面，正是威名赫赫的汉王朱高煦。

朱棣三个儿子各有特点，大儿子朱高炽仁慈宽厚，三儿子朱高燧精明聪慧，而二儿子朱高煦却最是英武好战，这朱高煦自幼跟随名家习武，内功兵器样样精通，尤其擅长用长剑，传言他年少游历蓬莱一带时，得到了传奇剑圣毕坤的指点，修得了浑元剑经的上半卷，谓之体、意、形、功、术五法，所以用剑才能这般出神入化，在靖难之役中，朱高煦替朱棣鞍前马后搏命厮杀，单凭一把利剑就击退高手无数，可谓立下了汗马功劳。

若论功劳，若论本领，朱高煦在三个儿子中无疑是最高的，尤其是当年朱棣被铁铉围困，生死之际他万念俱灰，曾亲口许诺，此役朱高煦若是能带领部队突出重围，日后登基必封他为太子，让他顶替大哥朱高炽继承自己的江山基业，朱高煦听了这话后大为振奋，他不顾自己性命，身先士卒，带领将士拼死搏杀，朱高煦座下的万千死侍几乎是以命搏命，无数奇人异士施展所能，战死沙场换来了一场关键大胜！

都说金科玉律、君无戏言，可惜朱棣如愿登基后，迫于文臣的压力，还是坚持了立长为嫡的传统，把太子之位传给了他眼中无能、残疾又文弱的大哥朱高炽！朱高煦对此自然是满怀失望的！论功劳他南征北战驭马挥刀远比朱高炽高，论本事他骑射谋略领兵打仗朱高炽更是不能相提并论，论威望军中将士个个对他诚服敬佩，放眼整个大明除了他父亲朱棣无人能出其左右，可就因为晚生了几年就要屈居人后，给一个废物当臣子，他怎么会甘心服气？

历史总是惊人的相似，九年前，燕王朱棣遇到了文弱的建文帝，他不甘心命运的摆布，揭竿而起，以“清君侧，靖国难”为口号，创造了一段新的历史！今时今日，他朱高煦也遇到了与建文帝如出一辙的朱高炽，难道他就要屈服于命运吗？不，他也要逆天改命，就像当年他的父亲朱棣一样，创造属于自己的王朝！金鳞从来就不该是池中物，是蛟是龙，必要历经风云幻化才能得知！他朱高煦便是天生的王者，便是天下的真龙，如何能这样屈居人下，为一个废物做臣子！

他收回了思绪，冷冷地看着对面的张虚吟，原本渐渐烧起的怒火开始变成了熊熊燃烧的贪婪欲望，这是一团想要吞噬一切的欲望之火，在场之人都能强烈地感受到。

朱高煦冷冷道：“张真人，你说只要得到六件法器，重新设定更改风水大阵，这天下的脉象就能由文转武，让大明武德兴盛，而我也能金鳞遇风云，登门化金龙吗？”

张虚吟点头道：“不错！风水大阵乃是刘伯温军师所设，已护大明平稳三十余载，自是玄妙无双，只可惜如今六脉主文象，所以王爷的势头才会一直被太子所压，若是能及时更改脉象，自可助王爷顺利登顶，此事大可无须怀疑。”

朱高煦的面色并未兴奋起来，相反他有些顾虑道：“只是此事显然有他人从中作梗，眼下六件法器才得两件，就已闹得满城风雨，父皇更是多次询问姚少师对此事的看法，我怕他迟早会知道，你知道父皇一向对此事十分敏感，若是事情败露，我只怕连这王爷也当不成了，张真人，还望好好思量下一步该如何行事才是？”

张虚吟轻轻笑了一声道：“姚广孝？嘿嘿，王爷无须担心此人，他现在根本不会对皇上说实话，他想要的其实与我们并不冲突！再说了，王爷当初想要的不就是满城风雨，舆论造势吗？怎么现在反倒害怕了？”

朱高煦道：“你说夺取六脉法器，一来可以更改风水大阵，助我蛟化金龙，顺利登基！二来可以让民间舆论质疑太子，说他孱弱不能镇国，以让父皇对他失去信任，可是，现在这矛头似乎都指向了朱允炆的死侍头上去了，并未达到你当初预想的效果！太子的位置现在坐得依旧很稳当啊！”

张虚吟原定计划是以神鬼之术夺取六穴里的法器，而后名正言顺地更改脉象，散步谣言，蛊惑文臣和民心，进一步壮大朝廷内外支持朱高煦为王的势力，只是不想这每一次窃取活动都会引来阵阵天雷，让原本半隐蔽状态的活动变得更加诡异，甚至到最后全城皆知，以至于金吾卫、锦衣卫介入调查，这自然与朱高煦想要的结果有些出入。

张虚吟道：“王爷不必心急，俗话说万事开头难，我等自然是要先迷惑住皇上，再显山露水，若是一开始苗头便是直指太子，你想皇上、太子不会怀疑是王爷做的手脚吗？这才是引火烧身，适得其反！”

朝廷上下，人人皆知朱高煦窥视太子之位，这不能不说他以往的做法有些太明显了。

朱高煦又道：“即便如此，那不知真人的下一步计策是什么？六件法器，如今才得两件，可是差得太远了！明年父王就要再度北伐，若是能在父王北伐之时……”

张虚吟立即劝阻道：“王爷请三思，此事万万不可！眼下羽翼未丰，直接谋反，定会万劫不复！”

朱高煦有些怒意道：“那究竟该当如何！”

张虚吟往岛上缓缓走去，胸有成竹道：“其实今日我去栖霞山并非拜访故人，而是登山去观看天象和地势，眼下有彗星见于参井后入北斗，天下必然有变，而六脉法阵已被损坏，南京城内文象龙气渐隐，太子的气运也将走到尽头了，若是我没料错，明年春分时节，这六件法器必将重归汉王，汉王称王也不过是数年之遥了！”

“只是据我所知，这六穴的法器可都不好取，要取这法器必然有血光之灾，眼下金吾卫和锦衣卫穷追不舍，不如贫道先给锦衣卫放出一些消息，暂且就让金吾卫和锦衣卫去争个两败俱伤吧。”

朱高煦疑惑道：“那真人的意思我们就在此静等？”

张虚吟优哉游哉道：“一切为时尚早，贫道自有妙计，还请王爷少安毋躁。”

这道人一向如此神神秘秘，话说得也是隐晦不解，朱高煦觉得如鲠在喉一样，吞也不是，吐也不是，浑身备觉难受，只是他转念又想自古成大事者，哪有这么容易的道理，当年他父亲朱棣想要成王，潜伏在瓦舍之下多日，姚广孝都不允许他们出击，就为了等待一个最好的时机，如今自己要位居龙位，等待也是必然的功课，几年的时间都等过来了，这几天几个月自己怎么就坐不住了？想来这也是上天给自己的考验吧。

他叹了一口气，道：“罢了，先等地泉穴的消息再说吧。”

第六章　七日特训

一连七日，魏东侯都在子夜时分为三人传授技艺，这魏东侯虽然是用刀的高手，但他博才好学，对其他各门各派的武艺、阵法都有一定的了解，每一次传授都让这三人觉得受益匪浅，大有进步。尤其是秦明原本就有很好的习武天赋，只是苦于没有良师指点，这次魏东侯悉心教导，当真是以一日千里的速度在进步。

第二日，藏锋四式已能像模像样地舞了下来，每一次都在十余招之内。

第三日，脚步日趋稳健，已基本能够做到只踩八卦路径，不踏径外。

第四日，他的招法、脚步逐步化繁为简，魏东侯每次丢出去的石块，他都能不超过三步就截杀住。

第五日，这藏锋在手，舞动起来，一般人都看不出武器在何处，出手不露锋芒，不见兵刃，只有杀气外溢，这说明藏一字已经练出来了。

第六日，深藏之后，还能随心所欲控制锋芒外露，已经领悟藏锋二字精髓所在。天井之内，任何方位秦明都能两到三步击杀，绝不遗漏！

今日，已是第七日了！

三人依旧站在天井之下，却不知今夜魏东侯要传授他们什么。

魏东侯道："前六日，你三人按照我的方法练习，已经基本达到要求，但单人作战能力始终有限，只有三人齐心才能发挥出最大的威力，今夜我要考的便是你们配合的能力！白齐，你的作用便是控场和防御，越是能灵活地利用烛龙丝，你的威力就越大，现在我要你用烛龙丝在这天井半空结一个八卦阵，黏力在上而锋在下，每一刻时就变换一个法阵，变换成何种法阵你看我的手指比画。"

白齐心想，临时变阵倒不算什么难题，只要自己控制好丝线的走向，依照要求变化折叠便行了，这方法有些像小孩子玩的翻花绳，只是难度和技巧上要高深得多，不过对白齐而言，也算好应付。

不想魏东侯又道："秦明，你必须在这丝线上演练我教你的藏锋四式！"

二人都惊了一下，魏东侯这一个办法，不仅仅是要训练秦明的脚步和破敌之法，还要训练白齐控制烛龙丝立阵转换的能力，若是秦明脚步一乱未能踩稳，或是白齐的阵法变换出错，将丝线锋利的一面朝上，那秦明一旦踩下去，必要直接分成两半！

不仅秦明和白齐二人有些犹豫，就连一旁观看的荆一飞也开始担心起来："他二人毕竟刚入禁军，拳脚功夫也才练了几天，这样只怕会……"

魏东侯道："你们的时间所剩不多，若还是一招一招练，何时能成？急火催真金，快马还须扬鞭，白齐，现在立第一个阵！"

他比出了两个手指头，便是代表了乾坤两仪阵。

白齐无奈之下，只好爬上立柱上，利用烛龙丝绕着梁柱结下阵法，阵法有弯有直，就像一张巨大的蜘蛛网罩在了半空中。

白齐提醒道："秦明，你若是觉得站立不稳了，就赶紧告诉我，我好及时收线……"

显然，他对秦明也没什么信心，毕竟在丝线上舞剑，只怕很多一流高手都做不到，更何况是初出茅庐的秦明，白齐一想到自己烛龙丝的杀伤力，再一想起若是秦明一个不小心，这将是何等血腥的场面，他的心里一阵揪紧，简直比秦明还要紧张几分。

反倒是秦明笑了笑，故作轻松地拍了拍自己的右臂剑鞘道："放心，你得对我有信心才是！大不了，我用匕首断了你的烛龙丝便是！"

藏锋和烛龙丝皆是天下最锋利的两件武器，一个无坚不摧，一个柔中带刚，一个主单刃破物，一个主设阵守护，至于谁能破开对方，这还真没有试过。

魏东侯站在屋檐下面无表情道："上去吧！"

眼前，丝线结成密密麻麻的一张网，若是平时这丝网肯定看不出来，只是今日有月光从天井上流落下来，这丝线反射月光，好似水晶结成的脉络，闪耀出一丝丝银灰色的光芒，所以才能依稀辨别出来。

脚下光芒如水，若隐若现。秦明方才虽然说得没心没肺，无所畏惧，但此刻真的要踩上去，还是忍不住心生几分恐慌，他多次见识过白齐烛龙丝的威力，比刀剑还要锐利三分，别说自己的血肉之躯了，就是生铁金银也能瞬间切断，他看了一眼，生怕自己一脚踩下去，靴子划开，脚就直接被割断了。

呼！秦明呼了一口气。

空中结阵的白齐早已揪紧了心，他的手不知道该拉紧一点还是放松一点，就连下面观望的荆一飞都面露紧张之色，两只手在背后都搓了搓。

“秦明，你不是天不怕地不怕的吗，还怕这个小小的烛龙丝？大不了断了腿安个假肢也能走路！就像……就像灵台郎！”秦明原本想给自己打气的，但他一想到灵台郎那副落魄样瞬间心情就不好了，好端端的人儿，就没了一条腿，走路都要靠拐杖，真是惨！

他想到这急忙猛力摇晃了几下脑袋，而后深吸一口气，自言自语道：“不能多想了！大丈夫犹犹豫豫可是一事无成！我来了！”他终于伸出一只脚去试探了下，这丝线的背面微微有些黏，踩上去好似踩在一根很细的绳索上。只是，这烛龙丝的背面再怎么无锋，因其细窄，若是一脚踏下去力气大了，也难免会破靴割到脚板，丝线深深地陷入乌靴垫子之内，感觉随时要割裂这靴子，秦明甚至能感觉到这丝线带来的微微割裂痛楚感。

必须提气御力，不能让自己的所有重心都压在一条丝线上！

白齐及时提醒道：“切记不可只踩一根线，你一次踩的线越多，这丝线力道分担出去，就越不容易伤到你！”

秦明嗯了一声，开始在丝网上缓缓行走，他每次都注意踩在丝线交叉的地方，这样几条线同时使力，压力就没有那么大了，丝网微微下沉，有微光流动，看起来秦明好似悬浮在半空中，十分奇异。

魏东侯见秦明已经站稳了，便开口道：“起舞！”

秦明双腿叉开，双掌上下交叠在左胸口，像是抱拳，又像是起手式，只是他的手掌下已藏着一柄不见光泽的藏锋。

锋芒暗藏手中，不出则已，一出封喉！

他脚尖缓缓滑过烛龙丝，慢慢地适应这半空中踩着绳索的感觉，脚蹬地发力，力从脚贯穿到腰部，而后顺到手腕上。

万道劲力最终都汇总到自己的指尖，这叫聚千刃于一指。

袖口终于一扬，无数的掌印已经纷沓而出，这正是第一招叶底藏花！

招如千叶而出，层层翠叶满天，只为藏住叶底的一点杀机。

魏东侯冷笑一声，突然朝左上角弹出一枚石子。

石子速度极快，犹如流星飞射。秦明一见石子飞来，身子急忙一转，想要去击打石子，只是这丝阵上毕竟不如平地，这一转身脚步瞬间就踏空了，重心一偏，手中的藏锋更是距离石子差了一尺有余，白石啪地打到墙上又掉了下来。

这一颗算是失败了！

魏东侯目光冷冷，喝道："眼神不要先跟着目标动，要眼、身、脚、器一体，牵一发而动全身，这样才能协调好脚步和手法。再来！"

他又弹出一颗石子，这次石子朝左边飞来，正是秦明的弱侧。

秦明这把心中有数，不急着先出手，而是先朝左挪了一步，这脚步还未踏上丝阵，手中的变化就顺势而出，千掌化指，所有的力道一凝，化成剑势猛地朝石子戳去，啪的一声，手指所到之处，石子终于裂为对半。

秦明一点即会，让魏东侯不禁点头赞许，他心想这藏锋与他可真是太合适了，果然这兵器天生就属于他这一脉的，只是心中虽然表扬了好几道，脸色上已是又迅速转为苛刻冷峻，他再弹射数石，上下左右，有缓有急，方向也是各不相同。

秦明越打越顺手，从一开始十枚击中五六枚，到七八枚，到最后已是百发百中。

很显然，他的脚步、反应、手上功夫都有了脱胎换骨的变化，这样的测试已经难不倒秦明，他整个人在烛龙丝阵上已是如履平地，甚至好几次，他还会借用丝阵的弹性移动，显然是完全融会贯通了。

一旁的白齐见了自是满心欢喜和羡慕，他只道秦明真是精进了许多，当真是可喜可贺。而另一旁的荆一飞却脸色颇有些异样，她一方面暗暗惊讶秦明的进步，另一方面却开始思绪游走，她暗想这秦明御动藏锋的气度、样子为何这般熟悉，仿佛她的记忆深处已早有这么个身影，他身着一身绛衣，潇洒地旋转飞击，上下跳跃，他就像一只灵巧的翠鸟飞掠过水面，就像一片飞旋的叶子在风中舞动，他在华丽的招式中暗藏着杀机，他在光影浮动中突然破开迷雾，那一日，有暖阳下新开的黄花，有突然迸溅的鲜血，还有那一只小小的黄蝶……

难道……

荆一飞被自己的联想吓了一跳，脸色亦是微微一变，她想这世间可断断不会有这么巧合的事，就在此时，魏东侯突然拍了下她的肩膀道："一飞，你上去试试他！也顺便试试你自己。"

荆一飞恍然回过神，还未反应过来，直接问道：“大人的意思？”

魏东侯有些疑惑道：“一飞，你今天怎么了？心不在焉的，前些日子刚教你的招式就忘了吗？”

荆一飞终于明白了魏东侯的意思，急忙答了声是，她脚尖一点翻了身便稳稳地立在丝阵上，丝线几乎没有下坠也没有明显变形，显然她的轻功远胜秦明，可以在空中很灵活地控制自己的身形，只此一下，其实就已经高下立判。

第七章　比试

二人面对面站立，秦明笑道："这样好！比我自己一个人打石子有意思多了！"

荆一飞道："你不怕我直接把你打下去，切割得你死无全尸！"

秦明道："我要那么差劲，那也是本领不济，活该如此！"

荆一飞冷笑道："看来你口气比本领长得还快一些，不过你放心，我向来不懂什么叫手下留情。"

秦明脖子一梗："我一个大男人还要你手下留情，笑话！"

荆一飞立即表示了认同："好，打的就是你这种死鸭子嘴硬的人！"

二人还未开始就先打了一场嘴仗，想以前荆一飞都是话不投机半句多，冷冰冰的一句话要噎死对方，但现在跟秦明待得时间久了，竟然话也多了起来，甚至与这油嘴滑舌的人斗起嘴来也丝毫不落下风，魏东侯大感近墨者黑，他咳了两声，提醒道："你二人先不必激动，这次不算什么正式比试，只是测试下你们新招式的应用能力，规则很简单，一会谁击碎的石子多，谁便获胜！可听清楚了？"

魏东侯知道秦明藏锋初成，要是真刀真枪地与荆一飞对位必然要吃大亏，所以他想了一个方法既让二人在丝阵上面进行比试，但又避免过多的身体接触导致意外发生，那便是争夺击打石子，他在下面不时地弹射石子，这二人在丝网上既要逼退对方，又要抢先击中石子，击中多的人获胜，算是一半斗，一半练。这法子虽然简单，但场地换在了烛龙丝法阵上，随时考虑攻和守、手和脚，其实也没那么容易，甚至十分危险。

二人早已是火药味十足，对秦明和荆一飞这么好斗的人来说，一上了比武场，那真的什么过往的交情都可以先放一边，先痛痛快快打一架再说。

魏东侯双指突然疾射，接连弹出了三枚石头，石子各朝东南、西南、东北三个方位而去，荆一飞果然说话算话，一点也不客气，身子一闪就抢先动手，她玉斧一转，划了一个弧线，正是一招横扫千军，三颗石子瞬间都被打成粉末，很显然荆一飞眼力身手都更好，反应更加迅捷，加上玉斧杀伤范围更广，在对位一开始就占尽了优势。

“三比零！荆一飞领先！”白齐一手扯着丝线大声叫道：“秦明，你的手还是慢了些！”

秦明心中虽急，嘴巴上却强硬道：“没事，我这是先让让她！”

荆一飞嘿嘿冷笑道：“看你眉头紧锁，眼神焦虑，显然心里头可是很着急了！”

秦明反问道：“要你好好比试，你看我倒是看得这么仔细，你喜欢我啊？”

荆一飞脸色一恼：“你倒是想得美！”

秦明突然嘿嘿一笑：“我看你这次才是乱了阵脚，我先占先机了！”

二人斗嘴间，魏东侯已经又弹出两枚石子，这一次石子分别朝左右两个方向飞去，石子去势又快又急，秦明趁着荆一飞不注意就朝东面的石子劈去，荆一飞则朝西面追去，这两颗石子隔得太远，这二人一左一右按理刚好是一人一颗，但不想秦明刚要打到这石子，突然就觉一道劲风从背后掠来，风烈如刀似斧，触体分外刺痛！

秦明惊了下，他回头一望，却见荆一飞在击碎西面石头的同时，突然身形一晃，犹如分身一般，一个原定不动，另一个人影直接朝秦明这边硬扑过来。七漩斧猛劈而下，已经化成一道锐利的劲风，触面生疼，很显然这一招与她以往的招式大不一样，更狠辣也更绝断！

秦明大惊，心想这娘儿们果然毫不客气，直接用大招了！

在场的人都是第一次看到荆一飞在实战中施展出这一招，一人分化两影，快如疾风，当真是好凌厉的招式。

烛龙丝下，魏东侯的口中终于缓缓地吐出了几个字：“七漩回风斩，疾如风！”

寻常的斧技包括劈、砍、剁、抹、砸、搂、截等，都是些注重力量，大开大合，较为粗犷，不是特别适合女性，古来也极少有女子在选兵器时会选用斧头，一来女子力量偏弱不好驾驭，二来斧头粗野也不美观，但是荆一飞的斧头并非铜铁铸造，而是横山硬玉之心打造，小巧玲珑，一斧之中藏有七斧，再配合起青玉锁链，可谓变化多端，灵巧至极。所以她在御斧时与寻常的耍斧高手大有不同，常以劈斩和旋转攻击为主，这其中又以大杀四方的七神杀最为凌厉，一分为七，七斧齐出，甚少有人能抵挡得住。

不过，这七神杀毕竟是出其不意最后一搏的招式，不可多用。所以，魏东侯又传授了荆一飞五招新的招法，叫风、火、山、林、雷。此五招取自孙子兵法，谓之疾如风，侵如火，静如山，徐如林，惊如雷！一招狠辣过一招，配合荆一飞的七漩斧当真是如虎添翼。

此刻，两颗石子分隔得很开，按理说鱼与熊掌，她只能得其一，不可能两面兼顾，但是这招回风斩速度如风，可以瞬间分身两劈，恰好就是面对这种情景而设计的！

招式如强风回头，身形突然一化为二，双斧齐开，凌厉而至，叫人防不胜防！

荆一飞另一头的身影还未消尽，这一边，人和斧头已经带着一阵狂风就杀了过来，这架势大有一决雌雄的决战之感！秦明惊了一下，心想这娘儿们疯狂了么，不就是个比试而已吗，还真的这么拼命？！这刚学的绝招就都使出来了，也不看自己能不能完全驾驭，万一一个驾驭不住自己摔了一跤可不是自寻死路，即便自己不摔跤一失手把他劈死了怎么办？他心里虽然一顿叫骂，但手中的速度也不由得加快几分，他心想这种情况都让她打中两颗石子，自己颜面何存？！

秦明神情专注，一招莲底藏鱼也干脆利落地使了出来。

这二人一个快，一个灵，一个疾如风，一个巧如鱼，空气鼓荡撕裂，恰似风卷了莲叶片片摇，更似鱼点出水波层层荡，二人几乎是同一时间劈中了石子。

嘭！石头被二人合力一击，瞬间化成齑粉！

白齐愣了下，这动作太接近了，几乎是同一时间破了石子，以他的眼力也看不清是谁先触碰到石子的，这个报数就一直卡在喉咙里，半天叫不出来。魏东侯笑道："这第二颗石头你二人几乎是同时击中，肉眼确实不好分别，不过这石子是先裂成两半而后碎成粉末的，这时差虽然只有那么一瞬，但也应算是秦明先击中的。"

藏锋锐利，若是击打到石子必然是将其劈成两半，而荆一飞的斧势强盛，一击之下石子必然是要被震碎，所以魏东侯从石子的变化形态来判断是正确的。

“四比一！荆一飞领先！”白齐终于又叫了起来。

秦明长吁了一口气，总算拿下了一个点，比分不至于光头那么难看，只是这荆一飞不管做什么事都是特别认真，尤其这人还有几招狠招没有使出来，接下来的点数争取只怕越来越不容易，必须全力以赴，可再也不能大意了。而荆一飞亦是这般想法，她心想自己的回风斩果然练得还是不够到家，若是火候足够，速度再快些，这第二斩理应是和第一斩同时出现，身影一分为二，好似两人同时分身出招，那劈落这两个石子又何足挂齿，简直劈碎秦明的脑袋都绰绰有余，如今看来，自己这第二斩的速度还是慢了，连秦明这样的对手都不能击败，下一次要是遇到更强横的对手如何能有制胜的机会？这可不行！自己万万不能懈怠，得更加专注才行！

这二人这么想着，场上火药味瞬间更加浓厚，再过片刻已是你争我夺，互不相让，但二人实力毕竟有些差距，这分数终究是越拉越大。

“六比二，荆一飞领先！”

“九比四，荆一飞还领先！”

…… ……

“十五比八，荆一飞领先七点了！”每次比分一改，白齐都要如实报数，像个准时打鸣的小公鸡一样，白齐原本是好意提醒秦明输了多少个石子，要他知耻后勇，奋起直追，但秦明听了却是更加焦急，一声一声报数犹如重锤一样打在心坎上，当真是叫人心烦意乱，他正欲呼喝白齐不要再报数了，忽然白齐一拉烛龙丝，提醒道：“时间到了，我要换阵了！”

魏东侯瞪了他一眼道：“我叫你提醒了吗？”

白齐吐了吐舌头，说道：“下次知道了！”他手上不断变化指诀，丝线开始翻转，犹如一道道细微的光芒在流动、分离、凝聚，二人急忙调整脚步，防止自己一脚踏空，脚下丝网片刻间就换成了七星阵，所有的丝线弯弯曲曲扭转，远不如之前有规则，叫人更加难以站立。二人正准备适应脚下的阵法，突然魏东侯双手飞速弹击，七枚石子如流星般飞了出来。

这一次，石头飞上半空互相碰击，分别朝上下左右弹去，石子在半空中居然呈现出了北斗七星之形。

“脚踏七星杀七星，看你们的反应如何！”魏东侯道。

很显然，这一次他用足了力气，这七颗石头飞行的速度远胜于前，迅速向四周扩散而去，这速度若是二人稍稍反应慢了些，必然要颗粒无收。

“快！石子要掉下来了！”白齐虽然一整晚都在观战，但是存在感丝毫不弱，完全是比秦明和荆一飞还要投入、还要着急，他若是会功夫，此刻只怕就冲出去击打这些石子了。

荆一飞毫不谦让，第一时间出招，七漩斧快速旋转，这一招斧头划破长空，竟然有一丝丝暗红色的光芒从七漩斧旋转的缝隙里透了出来，这是她的侵吞如火，神炎斩！横山之玉，与寻常翡翠相比，除了更加坚硬外，还有一个不为人知的特点，若是以足够快的速度摩擦翠玉，这玉的边缘会散发出一丝丝暗红色的光芒，好似烈焰激烧！

秦明暗骂了一声，心想这娘儿们一点都不客气，又想用大招！这次休想得逞！

荆一飞整个人飞扑而出，人、斧头、火焰融为一体，这斧头只要顺势一带，一道烈焰划出，只怕七枚石子都要被她所破，秦明就将输得彻彻底底。荆一飞才不会可怜对手，给对方一点点可以喘息的机会！

白齐啊了一声，紧张道：“荆一飞只要打中一个就赢了！秦明你这把真的要输了！”

“白齐，你他么给我闭嘴！”秦明自己何尝不知道这结果会如何，但他这人偏偏就是这样，越是这样绝望的情况，他越不甘于认输，他现在心里只有一个念头，无论如何也不能输给荆一飞这人！自己必须赢！

他心想，若是自己还要用魏东侯教的藏锋四式，藏锋在手杀伤力过短，射程不可能远过荆一飞的飞斧，也不可能一下子全部击中七枚石子，总之这样下去是必输无疑！若想赢她，必须另想他法！

对了！为什么不先阻止荆一飞呢，魏东侯又没说两个人不能互相阻扰，自己想要赢也可以先挡住荆一飞，而后再趁机击中石子。

他脑子里突然冒出一个诡异的想法，他向荆一飞伸出了一只手！

第八章　学艺初成

秦明原本的想法是扯一下荆一飞的衣襟，让她身子变形，这样自己就有机会了，但不承想荆一飞的速度太快，秦明一把没扯住衣领，却扯住了荆一飞身上的另一件东西，她的腰带……唰一下，腰带被扯掉了，衣服一下子就松了……

所有人都是脸色一变，谁也没想到秦明会做出这样的举动！谁也没想到比试比着比着，荆一飞的衣服会被拉开！毕竟荆一飞再怎么泼辣也是个女子啊！

“秦明！你……”荆一飞的脸色唰地通红了起来，红得好像是湖面上映照了一大片的晚霞，灿烂若桃花。

白齐更是啊了一声，脸上也飞快地红起来，他急忙低头不敢再看，两只手遮在眼前都轻轻地颤抖了起来，显然他又想看又觉得这有辱君子之风。魏东侯则是很老练地侧过了头，轻轻地咳嗽了一声，表示自己未曾注意这等细节，他可没看见什么不该看的东西。

现在烛龙丝阵上只有大眼瞪小眼的两个人了，秦明瞪圆了眼珠子，赶紧缩手，心想这下太尴尬了，她会不会把自己想成登徒子之流，会不会觉得自己太不要脸了，他这么想着眼珠子还是忍不住往下瞄去，刚好看到了荆一飞白皙的大腿！

荆一飞急忙扯住裤带，喝道：“你还看！无耻！”

秦明口中急忙解释道：“我……我没想拉你腰带……我就是想拉下你衣服……我真的不是故意的，谁知道你腰带这么不经拉……”

总之，是越解释越黑。

荆一飞气急败坏道：“你……你……”

秦明争辩道：“我没有！我真没这么想！”

二人这一争闹耽搁，石子早已飞出，纷纷击打在柱子和瓦片上，由于魏东侯的这一下力道用得很巧，石子并未没入柱瓦之中，而是开始四处弹射，像弹珠一样在空中跳跃。

白齐用手半挡住眼睛，叫道："你们别吵了，石头还没落地，这一局还不算结束！还有机会！"

这句话倒是提醒了两个人，现在这比试可还没有结束呢，秦明心想反正都到这个地步了，不如豁出去了，省得鸡飞蛋打，名声也丢了，比试也输了，那才是真的失败！他迅速观察四周的情况，见现在的七枚石头更加分散，想要一举全部击中根本不可能了，没办法，唯有兵行险招了！

他咬了咬牙，单手突然一扬，袖中的藏锋突然如暗器般弹射而出，藏锋如梭，嘭的一声击碎了一枚石子，魏东侯正要暗叹这样飞兵而出虽然够出其不意，但是也只能击中一枚，十足无益，但不想秦明下一步的举动就令他目瞪口呆。

只见秦明右手张开，中指上的乌黑指环青光一闪，匕首在空中竟然开始强行转向，像一条游鱼般开始朝余下的石子飞击而去！

"这……这是御剑法门……"

一道青黑色光芒掠过，只听得叮当一串脆响，剩余的六枚石子完全碎裂，而藏锋则失控一般，最后当的一声插入半空中的木柱上，秦明的这一招完全是放手一搏，飞出了自己的藏锋一次性击落了七枚石子。

荆一飞既气又惊，气的是秦明耍赖，毫无武德修养，惊的是她未曾想到秦明的御剑法门已经熟练到这个地步了，至少现在看来这技法上与十剑生的差距都不大了，这人可真是练武奇才。

白齐愕然道："现在是十五比十五，打平了……"

事已至此，荆一飞反倒收了脾气，她自顾自收了斧头冷冷道："算了，打平了，不比了。"荆一飞这人倒是磊落，秦明虽然耍赖，但她想的却是，若是方才秦明不是扯她的腰带，而是一剑刺中自己的腰腹，自己也是要吃败仗的，二人对决，哪里有不防着对方的道理，自己吃亏只能怪自己修为不够，全身心都在招式的使用上，而忽视了对手，这才大意被袭击了，这也算是一个提醒，毕竟江湖中比秦明更狡猾无赖的对手多的是，自己如何能大意呢。所以，这一局在荆一飞看来，那可不是打平了，而是彻底地输了！还是输给秦明这样不如自己的对手！

只是这样一来，秦明倒觉得有几分尴尬，不知该说什么好。

魏东侯道："都下来吧，白齐，你也把烛龙丝收了。"

三人重新站好，面色各异。一个在生自己闷气，一个尴尬，一个在偷偷看荆一飞，魏东侯沉吟片刻，开口道："一飞，你可知你的风、火、山、林、雷五式问题在哪里？"

荆一飞道："在于全攻不守，暴露命门太多，容易被人偷袭。"

魏东侯道："那该如何化解？"

荆一飞道："唯有更加刻苦训练，若是用招时更加游刃有余，自然就不至于这样以身冒险。"

荆一飞自己分析的看似没什么问题，但不想魏东侯却叹了口气，摇头道："一飞，你错了！风、火、山、林、雷五式本就是残招，所谓残，便是不全，便是行事偏执和一意孤行，这样的招法只能求其一，而不能求其全，它最大的威力便在于无我，疾如风、侵如火、稳如山、徐如林、惊如雷，说的都是斧势，而人不过是助斧一臂之力罢了，只有无畏，不惧生死，这五招才能发挥出最大的威力，你若寻求游刃有余，顾全之法，只会让你的进攻停滞不前，而身上的漏洞却更加明显，所以你明白了吗？"

荆一飞怔了一下，她心想原来这斧势出去后就如同射出的箭矢一般，没有回头之理，只有用最快的速度、最决绝的信心打败对手，才有可胜之机，寻求迂回保全之法只会让自己输得彻彻底底，这便是这五招的要义吗？

片刻后她低下了头，淡淡道："属下明白了，唯有不惧，才能无敌！"

魏东侯点了点头，而后走到秦明面前，问道："秦明，这御剑的法门是谁教你的？"

秦明早就知道魏东侯肯定要问这件事，如实道："没有人教我，是我模仿蜀西十剑生的法门学来的，这个戒指也是他的。"

魏东侯好奇道："御剑指环乃是青城派的至宝，如何会在你手里？"

秦明笑了笑道："不是他送我的，他这是被狗咬掉的，我就捡了自己用。"

"被狗咬……"魏东侯脸色微微有些尴尬，十剑生虽然未列入当今风物榜十大高手之一，但他在江湖中也算是颇有名气的高手，在青城派之中，修为也是仅次于蒋道如的，这样一名高手却不想落得这般下场，还被狗咬掉了御剑戒指，料想这人当日遇到秦明这些人还是吃了不少苦头。他暗叹了一声，正色道："秦明，我们且不说这事，我们来说藏锋的事。"

“请魏大人赐教！”

“我教你的藏锋法门，关键就在一个藏字，让自己的兵器绝不离开自己的手掌，只要兵器在手，你就可以立于不败之地，但你刚才为求一胜，御兵而出，相当于把自己的身家性命都赌了出去，若是遇强敌时，不能一击必杀，空门暴露，那当如何？”

秦明想了想，这情况与刚才魏东侯说荆一飞的风、火、山、林、雷招法完全是一样的嘛，若是遇到强敌拼尽全力还不能一击必杀，那自己的招式再藏岂不是也没有用了？他不假思索道：“若是这样，依旧不能一击必杀，自然是实力有差，也没有胜算可谈。”

魏东侯笑了一声，心想这小子可真是个赌徒，他跟荆一飞有些相似，但又有些不一样，相似的是都有很强烈的求胜欲望，哪怕是小小的比试也是毫不懈怠，全力以赴，不同的却是二人的方法，一个是恪求原则、绝不越界，另一个却是毫无章法、随心而至，这两个人在一起难怪要互相看不惯。

魏东侯道：“你这是赌法其实也没错！不过，你练的是藏锋而不是残招，藏锋与荆一飞的招法不一样，她的招式本就不完美，所以必须偏执，而你的藏锋却是最完美的杀招，若是你自己自乱阵脚，岂不是白练了这四式？这世间任何的高手都有破绽，藏的目的便是迷惑，便是找出破绽，便是等待必杀的时机，好比赌博等的就是最关键的一局，所以对你来说耐住性子，等来正确的时机才是最重要的。这点，你务必牢记！”

秦明若有所悟，低头道：“谢魏大人指点，属下记住了！”

魏东侯苦笑道：“记住了？嘿嘿，以你的性子，我猜你能记住一句两句就不错了，不过这招式我已经教给你了，具体怎么用就看你自己的悟性了！”

魏东侯的话虽然有些调侃秦明的意思，但其实他的话里还有另一层意思，藏锋四式虽然有招式，但真正熟练之后，就是靠见招拆招、临机应对了，只要领悟到锋芒的藏和现二诀，不管有招无招，都可以立于不败之地。

七日教学完毕，秦明只觉得自己完全脱胎换骨了一样。

这七日的时间，魏东侯对秦明寄予了厚望，教得也最是用心，虽然藏锋式只有四招，但却凝结着姑苏三十六刀中关于藏刀式的精髓所在，若是日后勤加苦练，加以领悟，光凭这四式，秦明都足可以列入高手行列了。至于白齐和荆一飞，虽也有所获益，但毕竟一个修为早已位列高手行列，一个身体资质较差，二人所得进步自然没有秦明的明显了，尤其是白齐，在练武上难以有所成就，魏东侯只能指点他一些关于立阵的法门，也算让他更进一步。

学艺完毕，魏东侯开始正式交办任务，三人明日开始追查六穴的信息，势必要夺回六件法器，魏东侯再三强调道：这是一项秘密行动，若是行动失败，宁可牺牲自己也不可暴露所知道的秘密，否则整个金吾卫都将被牵连受罚！

三人深明大义道："入金吾卫者，自然不惧生死，此行为国君为社稷，当死而无憾！"

第九章　再遇锦衣卫

出了阳明院，已是月落之时。

荆一飞和秦明早已回自己的住处，唯有白齐一个人坐在桂花树下，仰望残月。

初秋之时，天高云淡，正是观星赏月的最好时节。

今夜虽然没有皎洁的满月，但天空中有无数大大小小的星辰在闪烁，一颗一颗汇聚成璀璨的银河披洒在夜幕上，既耀眼又静谧，细细看来也别有一番韵味。

白齐席地而坐，闻着桂香，想起自己年少时拜师学艺的情景，这夜观天象正是必修的功课，那时的他夜夜仰头望天，每一幕星象都要记录下来，三垣、四象、二十八星宿，自己都要背得清清楚楚，只是如今想来，自己有好多年未曾这么认真地抬头望天了。他望着天，心想这天上的星辰还是这么明亮灿烂，小时候他看星辰，总觉得星光之中会住着各色神仙灵兽，有一天他总会遇到他们，可长大了才知道，星光离自己何止千里之遥，世间又哪里会有什么神仙鬼怪，不过都是人骗人、人害人的假象罢了，星光依旧，可惜自己看星辰的心境却已然不同，这人长大了可真没什么意思，白齐终于重重地哀叹了一声。

晚风拂过，已带来丝丝凉意。

秋天的风已经吹进了南京城，它拂掉了莫愁湖边楸树的叶子，染黄了秦淮两岸初放的雏菊，再过一个月，就连紫金山上的枫叶都要完全变红了吧。秋色尽染金陵地，冷眼看尽帝王州，千年沉浮，犹如花开叶落，来来去去，不尽春秋。

白齐没有丝毫睡意，他跟他的师父一样，睡眠一向不好，时常夜不能寐，就算睡了也睡不深沉，一点小小的动静都会让他立即惊醒，他从年幼时就养成了谨小慎微的习惯，他的师父告诉他身为解衣人、阴阳术士，就要时刻保持警觉，任何的变化都要了然在心底，不可大意一日。久而久之，他的心底藏有太多的秘密了，这些秘密无处可以倾诉，只有深埋心底，夜夜拷问着他，让他醒来之时惶恐不已，甚至迷茫不知所往。

白齐觉得厌烦了，随手摘了一片草叶子，卷了卷，放入口中。

草叶微黄，吹出小曲无名，这曲子自创于山野田间，曲子时高时低，起初如夜虫轻吟于草丛，而后似黄莺欢唱于柳间，再而后调子渐高，仿佛百鸟齐聚欢鸣而起，一声一声自带着山野的悠远和静谧，倒也有种说不出的悦耳动听。

远山，松林，峡谷，幽泉，山涧，一时间纷沓而来。

似乎这里也不是繁盛的金陵都城，而是无人寻至的幽地，高阁、市井渐渐远去，清风绿野舒展眼前，时而还有小鹿跳跃在林间，有夜莺飞绕在叶下，还有百花静静地吐出芬芳，野草轻轻舒展叶片，连气味都是这么的清新宜人。

白齐自得其乐，只是这曲子只吹了一半，他突然就停了下来。

因为，眼前出现了几道人影，白齐心头一寒急忙站了起来，神色严峻地望着对方。来人身着青色暗纹飞鱼服、乌皮靴、幞头帽，正是三名锦衣卫！寻常的锦衣卫都是身着色泽偏红的飞鱼服，而青色暗纹的飞鱼服传说只有负责刺杀的锦衣卫才会穿。

绛色服明察办案，青色服暗中刺杀，这就是区别所在！

面对这充满杀气的锦衣卫，白齐忍不住退后两步细细打量这三个人，一个壮如金刚，一个黑脸高瘦，还有一个身材瘦小，正是锦衣卫中的举旗力士、黑脸鸩使和六指鼠探。

鼠探正是当日被荆一飞摔断腿的那名，只是没想到他的腿好得这么快，不过七日就可以正常行走了，看来果然是有异能。

他指了指白齐道："这也是其中一人，他叫白齐！"

力士粗声粗气道："可算找到一个，就这屁大点的地方，转了几天没找到入口！早知道就跟画押拿包千里追踪尘了，这般瞎转悠几晚上可是憋死俺了！臭小子，快跟我们走！"

白齐后退两步，镇定道："我金吾卫与你们锦衣卫素来井水不犯河水，你们到底想干什么？"

他指了指不远处的阳明院道："这里，这里可是金吾卫的地方！"

黑脸鸩使嘿嘿地笑了起来，这人脸皮黑得像炭，但牙齿却白得像抹了白灰一样，看起来尤为显眼，他姿态忸怩，说话的声音更是有些雌雄莫辨，十分的阴阳怪气，显然这人修炼了什么阴阳混淆的邪功，让他这般不男不女。

“啧啧啧，瞧你们几个，粗言粗语的，把这小可人儿吓的，真是不懂礼貌啊！白侍卫，你可不必过多紧张，胡千户今日特命我等前来，是请白侍卫到我典狱司饮杯冷茶，我典狱司内新进的鼠毛茶可是很不错的哟！”

到锦衣卫典狱司喝茶，又是胡狄相邀，那焉能有什么好事，基本上都是有进无出。

白齐心知来者不善，自己又不擅长武功，这样硬斗无益，所以急忙转身就跑，不想这鸩使轻功极佳，身子一掠，整个人就像一头夜枭一样振袖而飞，他在空中掠了几下袖子，就稳稳地落在了白齐的眼前。

鸩使最擅轻功，这速度自然是十分迅捷！不过眨眼间就堵住了白齐的去路，他拂了拂自己长袖上的羽纹，阴森森地笑道：“白侍卫这么紧张，莫非是做了什么亏心事？做了坏事不要紧，但可得跟哥哥我好好说说才行哦。”

白齐虽然平日里十分冷静，但关键时刻的心理素质却不怎么样，尤其是面对真刀真枪的对决时，他更是没什么底气，他权衡了下利弊，急忙靠住一株大槐树，喝道：“你们不要乱来，我金吾卫也是禁军，没有谕令，你们没有资格随意抓人。”

鼠探佝着背，尖声道：“你错了，除君在位时废除了锦衣卫的典狱之权，可如今早已换了新的天地，皇上已经准许我锦衣卫可以缉拿逮捕不法之众，我等怀疑你四人夜夜在此，有什么不轨企图，所以特带回去审问审问，这是依法办事！”

鸩使摆了摆手，有些不悦道：“哎，六鼠，你这说的什么话，胡千户说了，我等是来诚意相邀，饮茶聊天！谈什么审问缉拿，你可不是又要吓坏这可人儿了！”

“来！跟姐姐走吧！”说着，他突然单手一伸，手指上便化出五爪，这人手指甲每一根都有三四寸长，黑亮亮的就像乌金打造的。

这一爪直接朝着白齐的胸口抓去，白齐急忙翻了身，手中的烛龙丝也快速拉扯起来，不过片刻，一个四象阵便立了起来。

青龙白虎、朱雀玄武，各守一方，护得中宫安稳太平。

“好小子！还敢反抗！这就想绞断我的玉手，心眼可真歹毒呀！”鸩使显然早知道白齐会奇门遁甲术，很及时地收了手指，他身子一旋，姿态倒是极为优雅，像一个青楼舞女一样裹住羽状外衣，尖声道：“力士何在？速速给我破阵！”

背后的力士听令后大喝一声，猛地举起一块腰粗的石礅，轰隆一声就朝白齐砸去。

石礅沉重，在空中翻滚，势如流星般砸来。

鸩使眉眼一挑，呵斥道：“你个蠢货，我叫你破阵，可没叫你砸死他，快留他一个活口！”

力士一下子傻眼了，双手还往前探了探，似是想要抓回石礅，但这重物一出哪里还有可能抓回来，整个就是流星赶月般地奔了过去。一旁的鼠探搔首挠腮道：“糟了！糟了！这一砸下去只怕要成肉饼了，可不是白白跟踪了这么久！”

眼见石礅飞来，白齐的脸色也是微微一变，他双手丝毫不敢怠慢，急忙先往后再往前拉扯丝线，这丝线突然有所松弛，全部张开，就像一头巨兽张开了嘴巴，更像一张蜘蛛网扑住了猎物，一下子就将石礅完全包裹起来，而后白齐再猛地一扯，所有的丝网快速收缩绞缠，噼里啪啦一阵脆响，石礅在半空中立即化作一堆碎石，如暴雨般陨落下来。

这阵法的变化之快之巧确实匪夷所思，任是这么势大力沉的石礅都能在一瞬间化解，可见烛龙丝阵的威力远胜以往。很明显，七日的特训起到了效果。

白齐也暗叹自己反应够快，方才若是稍稍慢了半分，必然要被砸成肉泥，想到这，他后背都微微冒出一些冷汗。

锦衣卫三个人，更是神色各异。方才，他们还在担心巨石会不会直接砸死眼前这个文弱的少年，现在却开始担心自己能不能拿下这个人！鸩使脸色微微有些难看，而力士则还傻愣站在一旁，没了鸩使的命令，他一时间也不知道还砸不砸了，这三人中算是鼠探最机敏也最狡猾，众人迟疑间，他已经手脚并用蹿了上前，白齐急忙再设法阵，丝线在月光下流动，幻化出无数杀机，想要阻挡这个人上前。但不想，这鼠探的速度快得惊人，他真的就像一只老鼠一样穿梭在密密麻麻的丝网之中，东突西突，上蹿下跳，每一次身形变化都赶在了法阵变换之前，拦也拦不住。

鼠探一边躲闪，一边嘿嘿笑道：“你这法阵克重不克轻，克刚不克柔！小子，你还不束手就擒，随我等回锦衣卫！”

眼见鼠探很快就逼近自己，白齐大惊失措，急忙一拉丝线，想要彻底缠住对手。

周围丝线密集锋利，这样一拉紧，所有的空间都在收缩，鼠探被困在其中必然要被绞成肉片，白齐心地善良，不想随意伤人性命，但是情景急迫也由不得他手软，终于闭目咬牙一拉，想要彻底挡住鼠探的去路，但不想自己这豁出去的一拉居然没拉动，似是被什么东西锁死了。

白齐再定眼一看，才发现一根丝线竟然被鼠探的第六个指头紧紧扣住了！

烛龙丝的锋利众所周知，任是金刚玉石都要切成碎片，所以不要说有人想要徒手抓这丝线了，就是精铁打造的刀剑都很难，但不想这鼠探的一根手指可以钩住它而不被切断！

白齐原本还有些犹豫，怕自己一扯之下，这鼠探要死于非命，所以没有用尽全力，但如今情景反转，自己的丝阵居然被对手轻而易举地控制住了，自己一下子也慌了神，猛地加大力道，烛龙丝扯得吱吱作响，却依旧被死死地钩在鼠探的手指里，动也不能再动一寸，这阵法就像蛇被扼住了七寸，龙被按住了逆鳞，一个活阵瞬间变成了毫无用处的死阵！

难不成这就是鼠探六指的威力所在？坚不可摧？！

鸩使捂住嘴巴咯咯笑道：“六鼠的揭谛指乃是用秘药淬炼，代代相传，柔时无骨，可开锁取物，坚韧时却又逾过精金三分，可人儿，你的烛龙丝虽然锐利，但也是伤不了他的，咯咯咯，不如趁早投降吧！”

五方揭谛为五方护法大力神，民间也常有用五指指代五大护法神之说，六鼠的第六指便是自诩五指之外的第六揭谛，甚至这是他所有秘术最精髓的地方，有了这变化无常的揭谛指，他可以轻而易举地打开任何锁扣，破开许多难解的机关，甚至还能在关键时刻挡下天下最锐利的兵器。

锦衣卫人人有异能，或武功卓绝，或下毒无形，或千里追踪，而这鼠探便是这一根手指的本事就足以叫人佩服！鼠探得意扬扬，咧着嘴巴笑着，这一笑五官全部凑在一团，更像一只老鼠精，显得十分猥琐不堪，他突然猛地一拉扯丝线，整个阵法完全大乱，白齐更是被拉扯得踉踉跄跄，几欲跌倒，甚至差点被自己的丝阵所割伤。

鸩使再度伸手，柔媚道：“可人儿，还不跟我们走？”

三人紧逼，白齐已是毫无退路，眼看鸩使的利爪就要抓来，突然半空中有人笑了一声，这声音清朗而刚健，仿佛是来自天外，穿透了层层云朵，拨云见月而来。这人还未露面，光是听声音气量充沛，内蕴力道，已让人敬畏三分，显然来人是个修为极为卓绝的高人！却不知是谁这个时候会来这地方出没？

白齐听了这声音双眼倏地闪出神彩，他终于仰头大叫道："师父！"

第十章　临阵指点

“谁！哪个老扒皮，还不给我滚出来！”鸩使已经觉察到这来人的本事，他脸色一变，毫无素质地怒喝道。

以他们三个人的实力，尤其是鼠探这样五感异于常人的锦衣卫都没察觉出附近有人，显然来人的修为之高已完全超出他们的掌控，三个人都心头一沉，暗叫不走运。

来人声音从四面八方而来，让人根本猜不出他究竟在哪个方位，只听得半空中一阵阵声音如铁筝般铿铿传来：“白齐，为师传你的烛龙丝就这等威力了吗？可不是煞了我的威风！”

白齐羞愧道：“是弟子愚钝，领悟不到七十二路阵法的精髓，叫师父失望了。”

来人冷笑道：“非你愚笨，而是你太过心善，这烛龙丝戾气太重，一出手便要杀人，你自然是不肯苦修的，所以阵法修炼常常浅尝辄止。只是贼人当前，你如何还能这般仁慈，岂不是以德报怨，自寻烦恼？这烛龙丝七十二路阵法，为师只教了你三十六路，却还有另外三十六未曾传授，其实这三十六路就在这中途变化之中，谓之以阵变阵，阴阳转换之法，显然你用心不够，还未曾领悟。不如，今日师父就临阵传于你，杀了这几个妖人！”

这老者语气淡定，仿佛胸有成竹，这叫锦衣卫三人听得愈加恼怒，虽然这老头儿修为是很高，但他一不露面，二不出手，光凭动动嘴巴，想传道就传道，想退敌就退敌，想出来闲逛就出来闲逛，根本没把他们锦衣卫放在眼里，这等目中无人的姿态岂不是可恼？真是太小看他锦衣卫了！

“杀！”鸩使、力士、鼠探三人气不过，不由分说欺身而上。

三人绝技再使出，鸩使之毒、力士之勇、鼠探之诡，三层杀机陡然再现！

隐匿的老者也不多废话，当即指点道：“徒儿你听着，欲翻阴阳，必先动番蛇，以蛇尾入星宫！快！”

“啊……”白齐听了这话突然恍然大悟，番蛇正是他烛龙戒上弯曲如钩的青黑色番蛇钩，平日里他只把它当作拉扯丝线的工具，却不知道这番蛇钩正是烛龙戒威力翻倍的关键所在。老者要白齐动番蛇，入星宫，就是要取下番蛇钩，进入星宫阵图来改变阵法的形态。

其实以丝线立了阵法之后，这阵法并非固定不变，它可以顺着白齐的拉扯首尾来变换方位和形状，但是这样速度毕竟不快，灵活度有限，若是用番蛇钩入阵拉扯关键节点，会让这丝阵立即扭转，突然发生翻天覆地的变化，变得更加不可预测，甚至反守为攻，杀人于一瞬，这便是烛龙丝阵法最精妙的地方所在！

细细的丝线，不仅是防守的坚盾，更是杀人的利器！

“入北玄天虚宿星位！反守为攻！”老者迅速指点道。

白齐刚才设的是四象阵，这阵内有东南西北二十八个丝网交织的节点，每一个节点代表一处星宿，合起来就是四象二十八星宿。北玄天属玄武，主防御，亦可反守为攻！很显然，老者做事干脆利落、毫不犹豫，一来便要扭转局势！

白齐迅速钩住虚宿星位的一处交叉节点，一钩一拉，一面罗网立即朝鼠探绞杀去，鼠探正欲躲避，但奈何手里还拉着烛龙丝，这丝线汇聚成的一个关键节点被自己卡得死死的，白齐之前才无法改变阵法，他要是放了这个节点，这阵法变化这么快，想要再次牢牢抓住另一个制衡全场的节点就难了，若是不放自己行动不便，北玄武阵扑来，自己也是凶多吉少，这一下子反倒令鼠探陷入两难之境。果然，是一招反守为攻！

法阵之中，白齐双手齐动，整个阵法似乎都活了起来，所有的丝线像触须一样开始包围绞缠入阵的鼠探和鸩使，这二人开始叫苦不迭，心想自己何苦这么托大入阵，现在可不是自讨苦吃？

“再入西南朱天参宿星位！破他六指！”

老者不依不饶，每一次指点后的新阵法都是带着重重杀机，简直是不杀不快的感觉，可见这人做事十分杀伐决断，绝不是什么面慈心善之辈。

此番换阵后，南朱雀主杀，白齐再入阵、破阵、钩阵，再化出新的杀阵！丝线已经对着鼠探的揭谛指根部缠去，这揭谛指乃是他的立身之本所在，这一招真是歹毒，一下子就要断了对手的关键部位，鼠探吓得再也顾不得一切，脱了烛龙丝阵，再用揭谛指一拨，就朝阵外蹿去，只是这样强行破阵，自己右手大拇指还是被烛龙丝割了下来！

“哎哟！”一阵血花飞溅而起，大拇指直接掉在地上，现在这六指鼠探彻底变成了正常五指。

鸩使大惊，急忙挥舞利爪阻挡这丝线靠拢，只是这丝线坚韧，他无论怎么挥舞也切不断拨不开，反倒是自己一阵拨弄，阵法越来越密，已是重重死局，毫无退路。

他唯有朝后呵叱道：“力士，还愣着做什么，快砸死这臭小子！”

这名力士急忙应了一声，举起另一个更大的石礅再砸过来，石礅翻滚而来，呼呼生风，犹如陨石坠落！

老者不急不忙，哼了一声，又开口指点道：“小小石礅，何惧之有？入东苍天心宿，蟠龙御敌！破石！”

青龙属木，本就是代表灵活生机之力，丝网再度变化，所有网线蓦地张开，迅速包裹住石礅，丝线再一缠一绞，石礅再一次被卸力破解，无数细石坠落，反倒砸了鸩使一身。

有了这老者的指点，白齐的烛龙丝阵攻守兼备简直无懈可击，三名锦衣卫非但不能以多胜少，反而处处吃亏，鸩使和鼠探甚至差点毙命于丝阵之下，当真是狼狈不堪。

老者颇为自负道：“看来锦衣卫在纪纲的带领下，也没有什么长进，还是些花架子！不如就再给你们点教训！”他再次指点道：“最后一击，入中央钧天亢宿！四象杀敌！”这最后一变，法阵将会从四面八方开始收缩，任是鸩使武功再高，此时入了白齐的阵内，面对四面缩进的攻势也是难逃一死！

但这一击，白齐却犹豫了起来，能够退敌便罢，杀人一事始终非他所愿，这番蛇钩住丝线，迟迟未敢用力。

“白齐，还在犹豫什么？”

“师父，我……”

“你什么你，难道还要为师亲自动手吗？”

“绝非如此，弟子只是觉得杀人一事有些不忍……”

“脱！”鸩使趁这空当得了个机会，他双爪一撑，一双袖子突然鼓胀起来，瞬间撑开丝阵，整个人唰的一声从这险象环生的法阵中逃了出来，他虽未受重伤，但衣裳尽破，手脚之上亦是伤痕累累，如此险境还能逃出生机，已算是命大了，鸩使当下也是无心恋战，急匆匆地大叫一声：“快走！”三个人十分狼狈地朝街角疯狂逃窜，不过一眨眼工夫就完全消失在街道尽头。

“唉！”老者叹了一声，似是遗憾白齐未能一击杀死对手，又像是在替白齐的过于善良而感叹，毕竟这是个弱肉强食的时代，善良常常就等同于软弱可欺，善良的结局常常就是被人踩在脚下，想他何等叱咤风云，做事又何等干脆狠辣，却不想教出了这么个文绉绉的善良弟子，当真是命运捉弄。

“师父！”白齐收了烛龙丝恭恭敬敬道。

来人终于出现在墙角的阴影下，只见他一袭白衣如雪，却未见容颜如何。

这人并不高大，背还微微有些驼，但夜幕沉沉也掩盖不住他的卓绝气度，想来有这么高超奇门遁甲术的人，江湖中也不会超过三个。

这人正是风物榜上排名第三，赫赫有名的太清派掌门，贺知之。

只是太清派是个十分古怪的门派，不知道场在何处，也不知门派如何传承，只知道整个门派上下现在只有他们师徒二人，能入这个门派的人必然是要身体有别于常人，只是这个区别却不是像鼠探那样在肉体上有所奇异，而是在其他方面，千万人之中难出一个。江湖中人偶有听闻贺知之这个名字的，却极少有见过他真容的，就连风物榜上对他的描述也只是只字片语，传言他最厉害的秘法叫御天甲，乃是奇门遁甲之大成，几乎无人能破。

不过，传言终究是传言，这贺知之和白齐就像隐匿在繁华南京城中的两道影子一样，可能偶尔擦肩而过，却无人得识。

贺知之站在阴影之中，也看不出是什么模样，只是听声音，已然是个上了年纪的老者了，他又叹气道：“白齐，你还是太仁慈了！须知成大事者便要志坚意定，仁慈的结果便是犹豫不决，这会让你迷失判断的，而修行阴阳术的术士，决断正是我们的立身之本！”

古来修行阴阳术的人就不多，能修行到一定境界的更是少之又少，一来这是一门讲究天资的技术，若无悟性，就算再勤修苦练也没有用，二来阴阳术虽然也属于十大家之一，但毕竟是乱世之术，如今大明已是太平盛世，不论科举考试还是治国安邦都不需要这等术数，修行阴阳术既无功名利禄可取又难学难进，自然修行的人就越来越少了。不过，但凡愿意修行这一门的人无不是身怀大志之人，绝不是碌碌庸俗之辈。贺知之一身的阴阳术数，目前只教给了三个人，但是真正算是太清派弟子的却只有白齐一个，因为这个门派太特殊了，贺知之也是非常特别，非天资纵横、身怀奇异的人不能入这一门。

此刻，白齐低着头似有些羞愧，他师父的批评十分中肯，但自己心性如此又有什么办法。他心想为什么一定要杀人呢，杀人又有什么好，这世间有很多事情可以不用杀人就可以解决的，又何必要枉费一条无辜的性命？

贺知之太清楚自己的这个弟子了，他知道这少年说再多也没用，江湖险恶，只有自己去经历才能看透这一切，只有自己去历练，才能大彻大悟。他转而问另一件事："对了，你进金吾卫也有快两个月了，我叫你查的事情查得怎么样了？"

白齐急忙应了一声，上前道："弟子愚钝，尚未见任何端倪，不过今夜魏东侯跟弟子说起了阳明院的事。"

贺知之警觉道："阳明院？他说了什么？"

白齐如实相告道："魏东侯说自己曾驾纸鸢飞上半空俯瞰这书院，发现这书院内另有一方天地，他怀疑此处是传说中的六脉穴眼之一。"

贺知之沉吟道："真是如此？那他还说了什么？"

白齐想了想，将魏东侯收到了疑似刘子风的信函，以及如何传授他们武功都一一告诉了贺知之。

贺知之听了以后，有些将信将疑道："这就怪了，魏东侯这人做事最是狡猾，为何这次会这么信任你们三个，将这么机密的事情倾囊相授，只有你们三人吗？"

白齐道："只有我们三人！"

贺知之沉吟道："若说荆一飞乃是魏东侯的亲信，亲授机宜倒是合情合理，可是你和那小子又凭什么呢？会不会是他知道了你的身份？"

白齐摇了摇头道："理应不会，弟子入伍以来，一向谨慎，未露太多锋芒，反倒是秦明比弟子更加惹人关注。"

贺知之道："那小子天资倒是不错，只是性子太野，显然并非出身名门，倒是不足为惧，那还有其他的消息没有？"

白齐想了想，摇头道："只有这些了，弟子不敢隐瞒！"

贺知之道："金吾卫毕竟也是禁军，这些人与锦衣卫一样绝非什么善类，尤其是魏东侯这个人深不可测，不管他说什么做什么，都决不能被他的表面所迷惑，知道了吗？”

白齐急忙俯首道：“弟子自幼随师父苦修相面之术，自问观心察人也有几分水准，定然不会听信旁人的只字片语就做出武断之事！”

贺知之叹道：“秘术观心，只能观他人之心，自己却很容易当局者迷，这点你要时刻牢记！当日，若非为师盲目听信一些人的谗言，也不至于落下这么大一个遗憾，所以凡事一定要慎之又慎，切不可疏忽大意！”

白齐自然知道贺知之指的是什么事，这件事确实成了贺知之的一个大心病，若非如此，他也不会安排自己进金吾卫来探察魏东侯了，而他也不会暗中观察秦明，找一个搭档陪自己走这么一遭，所有的故事都有源头，也都会有终点，只是不知道自己的终点将会如何。

白齐正思绪游走着，突然贺知之问道：“白齐，你知道我为何会收你做关门弟子吗？”

白齐愣了下，俯首道：“弟子知道，四魂七魄阴阳心！”

贺知之点了点头，又道：“那我问你，你有多久没召唤第二个自己了？”

白齐听了这话整个人脸色大变，神情更是怔住了，第二个自己？！

若是旁人听了这话必然是一头雾水的，更有甚者只怕会心生几分恐惧，怎么会有第二个自己？而这也是贺知之愿意招白齐作为关门弟子的一个重要原因，四魂七魄阴阳心，简而言之，就是白齐的意识中拥有很完整的双重人格，而且他是可以自如掌控自己的人格转变，若是白齐愿意，他可以同时开启双重人格，用一个人格随时观察监督另外一个人格，甚至互相辩论，分开学习，这样可以自如转换的人在整个世界上都找不出几个。

贺知之问白齐有没有召唤这第二重人格，其实就是想问白齐有没有狠下心来调查此事，白齐的两种人格就好比阴阳两面，是完全不一样的，一个优柔寡断、善良单纯，一个却城府极深，杀伐决断，拥有这四魂七魄阴阳心的人，才是修炼阴阳术的极致天资，这样的人一日修行往往抵得上常人数日的苦修，只是这样的天资对白齐而言，带来并不是什么好处，相反更多的是一种害怕和负担，甚至是极度厌恶的，所以白齐一度人为地将他的第二重人格，即阴心封闭起来，基本不再调用。

现在贺知之问起这件事，白齐不由得愣了片刻，如实答话道：“禀报师父，弟子至今未曾召唤，已有一年有余。”

贺知之冷哼一声，道：“我早知会是如此！我太清派的人都身怀阴阳心，比常人多了一个心思，你若是身怀异能却不时常利用，这既压抑了自己的性情，也暴殄了这等天赋！你须记得，为师能有这般成就，便是时常自己与自己较量，自己与自己探讨，若是你连另一个自己都害怕，都拒绝，甚至躲避，如何能突破修为，如何能谋断天下其他的术士，成为不世之才？！”

贺知之的话语如同一声声响雷般在白齐的脑海里炸开，逼迫着他深深地低下了头，他羞愧道：“弟子……知错了。”

贺知之高声道：“白齐，我再给你两个月时间，若是还不能查出，你便给我回来，我让其他人去查！”白齐知道贺知之对此事的迫切程度，若是他真的查不出来，他师父必然不会让他再留下来，这结果可不是他所愿的，他咬了咬牙，俯首道：“请师父放心，弟子一定会查个水落石出的！”

“希望你别让为师失望，对了，这东西你先收着。”贺知之突然飞来一物，白齐接了一看，登即神色微变。这是一把黑檀木泥金丝扇，明朝扇子的使用都是有严格等级的，三品以上才能使用泥金扇，而这金丝扇不但做工精美，选材更是十分考究，扇骨用黑檀所制，硬如玄铁，扇面却是用金蚕丝所织，水火不侵，刀刃难断，扇面上书阳奉阴违四个字！所谓阳奉便是要忠诚不贰，所谓阴违便是说要审时度势，关键时刻情况有变就要自己决策！这扇子如此奇特，自然不是凡品了。

贺知之道：“你身子孱弱不能修炼武艺，所以为师只传你烛龙丝阵法，但阵法毕竟是以守为主，难免有失守之时，这是阴阳破骨扇，正为阳，背为阴，扇子里还藏有十三枚破骨针，使用时挥动扇子对准对方的七十二道穴位发出骨针，只要扎中任何一个穴位，都可立即破肌裂骨，令对手浑身骨骼寸寸碎裂，生不如死！白齐，我知你善良，但若是逼不得已之时，为师希望你能抛却仁慈，改为奋力一击，不负师父所愿！”

贺知之传白齐扇子，除了想要增强白齐关键时刻杀敌的本领外，还有一个很重要的作用，这扇子阴阳两面，正好代表了白齐的双重性格，一个善良，一个冷酷，见阳则阳心现，见阴则阴心出现，扇子有阴阳两面，人亦如此，持扇就要他阴阳结合，不可一味善良。

白齐捧着扇子点头道：“弟子明白，多谢师父教诲，多谢师父赐宝！”

夜，依旧暗沉沉，犹如墨色。

贺知之早已离去，他来去如风，一向如此，除了白齐，无人得知他的行踪，也无人知道他的目的。

白齐握着不足一尺的扇子，矗立在阳明院门口，他望着空荡荡的街道，竟然有些怅然若失。

第十一章　探查地泉穴

翌日，金吾卫大营门口，三人两马集结。

秦明望了望大营内，没有其他人再出来，他突然有些兴奋道：“看来魏大人真的是不再管我们了，哈哈，我们可算是彻底自由了！”

荆一飞正色道：“人虽是自由了，但重任在肩，可不能有一丝一毫松懈。”

秦明笑道：“行了，行了，这事我还能不知道吗，不过今天是第一次出发，大伙可不能这样丧着脸的，兆头不好，我说我们就该雄赳赳气昂昂地策马扬鞭出去，保准是鸿运当头，顺利完成任务！”

秦明揪着踏云来回踏了几步，突然又有些感慨道：“不过呢人丁稀少，总归是少了些派头，若是能像魏大人一样，身后带着一大群侍卫去查案，那才叫威风凛凛！”

荆一飞白了他一眼，反驳道：“魏大人查案从未前呼后拥，带一大群小丑般的侍从，又成什么样子了？秦明，你能不能扭转下你那腐化不堪的观念！”

“不能！一点也不能！威风和正义又不相违背，叫好比行侠仗义和赚钱致富也是可以共存的，这如何能叫腐化不堪？！”秦明哼了一声，捅了捅身后的白齐，想叫他帮腔自己几声，却不想白齐还在低着头抚着扇子在发呆，不知道在想什么，秦明有点不爽快，粗咧咧地用肘子打了他一下，叫道：“喂，白大侍卫，这扇子你都玩了一上午了，那个金漆都快给你摸没了，你这是中邪啦？！还不快醒一醒，我们要出发了！”

白齐这才哦了一声，合了扇子问道：“我们，我们去哪里？”

秦明问道：“你这是刚睡醒吗？当然是要找六件法器啊！”

白齐清醒了一些，反问道：“找法器必然要先找到穴眼，可你们知道这六穴是哪六穴？分别在何处？”

这一句话问住了秦明和荆一飞，是啊，魏东侯也没告诉他们这六穴是什么，三个人学了七天功夫，一大早睡醒了，就觉得激情满怀准备去干大事，可是到现在他们都不知道自己要找的东西在哪里。

白齐说得很对，要找法器，先要确定六穴。这么机密的事情想必魏东侯也不是很清楚，不然早就告诉他们了，眼下他们能确定的只有阳明穴和地泉穴的位置，其他的就毫无头绪了。三人之中只有白齐懂一些寻龙点穴之法，只是南京城这么大，建筑房舍何止数万，更有山脉、河道、湖泊连绵，别说找六个不知道名字的所谓穴眼，即便是知道了名字那找起来也是大海捞针，十分困难。

秦明一下子有点蒙了，一腔的热血和兴奋劲立即烟消云散。

不过，他这人向来乐观，果然只沉吟了片刻，就又嘿嘿地笑了起来，荆一飞以为他又有什么好主意，忍不住问道："怎么，你有法子？"

只是以她对秦明的了解，刚问完就后悔了，果然秦明搓了搓手，露出一丝猥琐的笑容道："我有个很妙的法子，不知当讲不当讲，当然了你们不想听我也得讲，不如我们先去赌坊赌一局，这么重要的事，出发前自然是要博个好彩头的！而且观星点穴有时未必有赌博来得好用，常言道赌中自有乾坤在，赌中也有风云在，是不是两位？"

"休想！"两个人几乎是异口同声加上一致的翻白眼，二人早就知道，这个时候，秦明是不可能提出什么实质性的建议。

秦明不快道："我看出来了，你们这是歧视赌博这一行当，赌博自古就是中国传统技艺，怎么能这么不分青红皂白呢？话说，我都好久没去赌坊耍两把了，分外想念啊……"

荆一飞不客气道："你再提赌博二字，信不信我这就把你踹下马！"

秦明这才瘪了瘪嘴，表示服气道："好，你是小队长，你厉害！我不说话了，你们自己做决定。"

荆一飞不客气道："你不说话最好，这事我们还得听白齐的意见。"

白齐想了想，终于开口道："六穴关乎京城风水，当初刘伯温设下风水大阵时，即便再隐秘，也不可能一点风声都没有走漏出来，须知更改穴眼，费时费力，有时甚至要设下庞大的奇局，对这些事，京城内的风水师自然都会十分关注的，我有个想法，不如我们先去问问南淮安？上次勘查刘大人府上时，他很明显知道些什么，只是不肯告诉我们而已。"

上次调查刘府雷火案时，南淮安似乎已经看出了什么端倪，他一再犹豫，最后也不肯多说，事实证明，这件事他也没有跟魏东侯禀报，而是自己压了下来，从这点反应来看，他对六脉风水一事是有所察觉的，甚至是知道一些内幕的，只是为了某些不可告人的原因，他没透露出来。

荆一飞想了想，摇头道："我觉得不妥，南淮安这人虽然入我金吾卫年岁已久，但他一向寡居，与人相处也都是刻意保持几分距离，这样的人敌友未分，若是直接相问，难免会暴露我们的动机，这样太危险了，也不是魏大人愿意看到的。"

白齐道："我与南淮安认识时间虽然不长，但我相信自己看人的眼光，他理应不是汉王的人。或者说，他应该不属于任何一个派系，他的目的很明显，明哲保身，怕引火烧身！不如这样，我自己去找南淮安，这样就算他有所怀疑，也不过是怀疑我一人，一飞和秦明你们先去找刘大人察看下地泉穴，我们分头行事，更有效一些。"

秦明有些不太放心，毕竟二人入伍以来，无论是考核还是巡逻，甚至落难，两个人都是一同行动，在他心里已经把白齐当成自己的亲弟弟看待，觉得自己有义务去保护他以免受到别人的伤害，这次白齐突然说分开行动，而且南淮安敌友未分，他明显有些担心，一句话是欲言又止。白齐笑了下道："你放心吧，眼下我还是禁军一员，不会有人敢对我怎么样的，而且我和南淮安都是六相司的一员，我只是去试探下他而已，又不是与他为敌，不会有什么危险的。"

秦明从怀中掏出一锭银子塞给他，道："那好吧，你骑不来马，这银子给你坐车，走路过去可是太远了些！"

白齐推托道："银子我还有一些……"

秦明偷偷笑道："拿着吧，这是前日我从丛百户那里赢过来的，我这还多着呢！"

白齐这才接了银子，道："时辰不早了，那我们还是速速行动吧。若是事情顺利，我便早点来刘府找你们，若是晚了我们便回金吾卫大营再聚。"

三人就此议定，正准备分道扬镳，突然见金吾卫大门内走出了几个人影。

"是辟火司的薛仁德！"荆一飞用余光瞄了一眼道，这人现在倒是老实了很多，今日专程到金吾卫大营也是找魏东侯禀报秋冬城内防火的事宜。

看到这人，秦明不由得暗叹了一声："现在想想，当日伤了薛晋确实有些不该，怎么说也是同门一场，下手还是重了。"

荆一飞冷冷道："都是过去的事，记着做什么，若是旧事重来，只怕人家第一时间就要取了你性命！这事纯粹咎由自取，可轮不到你可怜别人，我们走吧！"

二人也不再管这些人，径直驾马而去。

秦明和荆一飞使了个小役去暗中通知刘小芷，他二人先行到了废弃的刘府门口，这里一直未曾重建，大门更是一直紧闭，不让外人入内，二人偷偷潜入园内静等刘子风父女的到来。

过了一会儿，刘子风和刘小芷也到了现场，刘子风虽然已经可以站立行走，但气色比起几日前却更差了，脸上毫无血色，青黑一片，显然他已经病入膏肓，剩下的时日确实不多了，刘子风病重，刘小芷也没了往日的活泼，即便是看到了秦明，也只是客客气气地打了个招呼，便自己静默不语。

刘小芷不吵不闹，眉头紧蹙，反倒让秦明心中生出几分怜爱，但二人只是对视了一眼，就一个看左，一个看右，不好意思再多看。

刘子风知道荆、秦二人这时候找自己必是有要紧的事，于是强打精神问道："不知荆百户和秦侍卫这么着急找老朽有何贵干？"

荆一飞开门见山道："上次刘大人说这地下有地泉穴和太渊玉塔，那不知道这穴眼和玉塔还健在否？"

刘子风愣了下，突然就冷笑一声，直接变了脸色反问道："我不知什么是地泉穴和太渊玉塔，荆百户这话老夫可就听不懂了。"

"哎，上次不是你自己说的吗……"

秦明有些纳闷这刘子风怎么说变脸就变脸，明明前些日子还说得好好的，怎么今日就不认账了，他还欲发问，荆一飞却拉住了他，荆一飞常年办案，有的是这方面的经验，她看了秦明一眼，好似在说："你果然是个嫩手，还看不明白情况吗？"

秦明被这一看，这才有些恍然大悟，刘子风不是不认账，而是在试探！

毕竟这件事关系他一家人性命和天章死侍的使命任务，他不可能不谨慎，江湖中有太多精巧的易容术，锦衣卫内也有千变万化的千面客，有心之人想要化成荆一飞和秦明的样子太简单了，所以他必须要试探眼前的这两个人是不是真实的。

荆一飞掏出怀中的金吾令牌道："这块令牌想必刘大人是认识的，人可易容冒牌，但金吾令却是很难做出一模一样，如今令牌在我手中，我荆一飞可是如假包换！”

刘大人依旧摇头道：“老夫实在不懂你在说什么，金吾卫有金吾令不是很正常的事吗？”

荆一飞心想这老头儿可真是谨慎，她想了想，不得已收了金吾令道：“刘大人既然有疑惑，不如你先问吧！”

刘子风嘿嘿笑了一声，果然发问道：“老夫残躯虽朽，但心中却还是明镜的，就说这残垣断瓦前，君子有三约，却不知是哪三约？”

荆一飞笑了一声，道：“君子三约，一曰保密，二曰抉择，三曰托付，不知对否？”

刘子风这才舒展了眉头，笑道：“正是此三约，两位既有金吾令又能对上三约之事，看来是作不得假了。方才一试，还请二位多多见谅。”他又环顾了四周，道：“穴眼和法器皆健在！老朽守护此处将近十年，从不曾离开一日。却不知今日二位有何打算？”

荆一飞直截了当道：“我们要进地泉穴拿法器。”

刘子风又愣了下，这次轮到他苦笑道：“看来是魏东侯要你们这么做的？”

“正是。”

“唉！”

“这样看来那信函是你送与他的！”

刘子风叹完气后，点了点头道：“不错，看来我猜得没错，这七煞门果然是汉王朱高煦的死士，他们一心想要夺走这六件法器，扭转风水大阵，达到逆天改命的作用，我肩负这地泉穴的守卫，一直担心这穴眼不保，尤其是最近他们越发地疯狂，已经用秘术引雷炸掉了好几个地方，我怀疑那些天章死侍大多都遇害了，我深恐自己也将性命不保，所以悄悄送信给魏东侯，希望他能早日擒获这些贼人，护我平安，但不想他竟然这么着急，也要拿走我的法器，此事只怕……”

他犹豫再三，最后坚决道：“毕竟守护法器乃是我的职责，若说要取出法器，没有皇上的谕令，此事恕我不能配合！”

第十二章　二十八星宿锁

六脉风水大阵，传说中是融合了天地山水气运之势而设计出来的一座精巧法阵，六处穴眼环环相扣，缺一不可，刘子风的职责是护住这穴眼和法器，守住地一势的平稳，若是没有建文帝的谕令，自然是不会也不敢随意去改变这穴眼里的一切。他送信给魏东侯也是出于无奈，因为这守护穴眼的天章文六侍，除了建文帝外，六个人都不知道对方是谁，也不知道对方的穴眼在何处，这当然是为了确保这些人的绝对隐秘，防止抓到一个就暴露一群，可是如今时局易传，这种守护模式也出现了一个很严重的问题，那就是建文帝失踪后，这些穴眼一旦被对手发现，守护穴眼的人根本找不到其他的求助力量，孤立无援只能眼睁睁地看着自己的穴眼被破，法器被夺。这不能不说是一个巨大的漏洞。

朱高煦为了抢夺这穴眼内的法器，刘子风为了保全自己的穴眼和法器，而魏东侯则是为了尽快查出幕后真凶，这三个人的关系已经很明显了，形成了一一追逐的链条。但秦明就是觉得这其中的逻辑似乎哪里出了点问题，似乎有些说不通，或者说是太通顺了，一切都是顺理成章地出现，要知道这世界上太不合理和太合理都是不正常的。秦明虽然没有荆一飞的办案经验，也没有白齐这么细腻的细节分析，但他有一个很独特的办法，就是他的直觉，这也是能让他屡屡化险为夷的法宝之一，现在他就有一种直觉，他觉得这三个人里有一个人在刻意隐瞒！究竟是谁在隐瞒他们？为什么要刻意隐瞒一部分他们知道的东西？

秦明的脑袋突然要炸开了，好在荆一飞拍了下他，将他从作茧自缚的思路中及时拉了出来。荆一飞有些奇怪道：“你怎么了？”

秦明摇了摇头道：“没什么，刚才有些胡思乱想了。”

荆一飞劝道：“别乱想了，现在最主要是说服刘子风，让他把法器给我们。”

秦明点了点头表示了认同，其实荆一飞已经做了一些努力，但刘子风并不为所动，这个场面二人早有预料，秦明想了想，突然道："刘大人，这穴眼和法器你恐怕保不住了。"

刘子风愣了下，面色有些不悦，反问道："何以见得？！"

秦明诚恳道："我们都知道刘大人是尽忠职守之人，但七煞门的人既然能这么准确地获知六脉的秘密，想必是你们这六侍之中出了奸细！"

刘子风啊了一声，脸色更加难看，若说建文帝的队伍里有叛徒他绝对相信，但说这六侍中出了叛徒，他当真是不敢相信。

秦明继续道："其实你也知道，这出事的地方未必就是六穴所在之处，但一定是六侍所在之处，他们要开六穴必然要先得到钥匙，现在他们已经找到你了，想必再找到你的地泉穴也不会太迟。而且，我还听到一个消息，汉王近来多次跟皇上提出索要天策卫，汉王不肯离京去云南封王，相反在京城内大肆扩张势力，这样的目的再明显不过，如今他已是一人之下万人之上，声势甚至超过了太子，一旦再索要天策卫成功，只怕到时候刘大人受到的威胁会更大，以你的能力，就算联合了其他穴眼的力量，这六穴尚且都保不住，更何况你们现在单打独斗？魏大人是看清了形势的，所以要我们来提前取法器也是迫于无奈之举，都是为了大局着想，试想我等若不提前拿出法器，尽快逼出汉王，日后这六物都被汉王所夺，岂不是一切枉为他人作了嫁衣？只怕这局面不是刘大人等所有天章侍卫想要看到的吧。"

秦明出生市井，自幼学会了以骗人为生，所以别的本事暂且不说，哄人说服的本事还是很有一套，他见刘子风已经有些动摇了念头，又趁热打铁道："刘大人，你也很清楚，现在六脉法阵已有几件法器被七煞门夺走了，不管是文象还是武象都早不成型了，而风水一事最讲究缺一不可，这留得残阵在穴眼里其实是百害而无一利，所以当务之急是先把六件法器夺回来，再想办法重新放回去启动，不然刘大人守着这地泉穴除了给你招致灾祸外，已经没有任何用处了。"

秦明的话说得很直接，六脉法阵的用途主要是维护南京城的风水，协助帝王延续龙脉的生机和活力，若是如今风水大阵少了几件法器，那必然就没有什么效果了，这样就算他地泉穴的法器还健在，依旧起不了什么大作用，相反还极易被七煞门的人抢走，还不如提早准备，将法器重新找个地方藏起来，只要法器在手，这阵法就有重新启动的可能。正所谓，留得青山在不愁没柴烧。

刘子风显然被秦明说动了，但他心中还剩下最后一个疑问，这魏东侯原本可以如实禀报皇上的，为什么要帮他这个建文旧臣，所以他问了最后一个问题：“那敢问魏大人是心向何人？”

若他心向朱棣，自然不可能帮刘子风，若是他心向汉王，也不可能做这事，看来只有可能是心向太子了。

“这……属下就不知道。”介入党羽之争最是危险，荆一飞和秦明急忙摇头否认道。

荆一飞又道：“魏大人的事我们确实不太清楚，心向何人我们也没必要多问，我们只是遵令照办罢了，还请刘大人速速做决定吧。”

刘子风犹豫许久，最终苦笑道：“想不到我刘子风还有自毁阵法的一天，这可真是有违我天章死侍的职责！真是可笑可悲！”

秦明道：“刘大人，这并非违背你的职责，而是为了更好地护住法器，此乃从长计议！”

荆一飞也劝道：“刘大人，锦衣卫的人早已在四处布下眼线，你我四人在此密谈时间过长，只怕早晚要被锦衣卫察觉，所以还请刘大人尽快抉择，以免夜长梦多。”

锦衣卫的厉害人人皆知，只怕不需要一个时辰，这些身着锦衣的杀手就会把他刘府围得一只苍蝇都飞不出去，刘子风有文臣固有的气节，但毕竟现在的时代早已不同往昔，若他还抱着必死的心来守护这个穴眼，到最后自己以身殉职倒没什么，最怕的是这穴眼和法器依旧保不住，那真就有愧朱允炆了，如今这七煞门的人很显然只是想要夺取六件法器，还没胆子破坏六处穴位，所以自己若是能提前取走法器，找个稳妥的地方藏起来，再静待时机等建文帝归来自是最好的选择！

刘子风终于下定决心：“好，我可以帮你们打开地泉穴的入口，不过这法器必须替我藏好，改日我若有需要，你们必须还我！”

秦明和荆一飞齐声道：“此事不消说，请刘大人速速打开穴眼吧！”

刘子风嗯了一声，示意其他人退到一旁，他自己站在化为废墟的聚珍阁上，神色肃穆道：“这地泉穴就在这下面，我上次给你们的钥匙呢？”

荆一飞将钥匙重新交给刘子风，他认真地看了看钥匙，这钥匙形如宝塔，乃是由黄金所雕琢，无论飞檐宝顶都精细无比，充分展现了精湛的皇家工艺技术。很多年前，这把钥匙于刘子风而言代表的是建文帝对他的一种信任，也是他身为臣子至高无上的荣誉和责任。多年来，他尽心尽责，忍辱负重，即便是南京城被朱棣攻破，建文帝下落不明，方孝孺、黄子澄、胡迪等人在聚宝门外被一一诛杀，他都不动声色，也未曾留下一滴眼泪，非他看淡一切，只是有特殊任务在身，隐忍不发罢了。他很清楚，他的人生只有这么一项使命，就是守护这里的穴眼和法器，静静等待他的君王再次回归，他坚信苍天有眼，天地自有公道在人心，朱允炆德才兼备，他才是朱元璋亲自传位的正宗天子，他朱棣不过是不忠不义的夺权造反者，终究是大逆不道不得人心的，只要有一天建文帝再度回归金陵，这天下便终究会回到他们的手里，他们终将开创一个太平盛世！

所以，他现在所做的一切都是为了朱允炆，为了更好地迎接他的回归！

刘子风神情激昂，他带着一种强烈的使命感将钥匙高举起来，这一个动作本是平平无奇，但在他肃穆的神情下，竟然也生出了一种庄重的仪式感。钥匙的塔尖正对着太阳，秋日的阳光照在金色的塔檐上，突然折射出一条条丝线般的光芒，光芒变换转动，像无数利剑刺入了大地，更添神秘和奇异。

秦明和荆一飞大气都不敢出，生怕一个动静就会打散这些若有若无的光线，破坏了刘子风的仪式。废墟中央刘子风开始缓缓转动钥匙，光影变化，时而扩散，时而收缩，像牢笼、像网线，越发绮丽梦幻。

突然，他的手停了下来，手中所有的光线也都定了下来，一条一条穿透废墟仿佛要直达地心。秦明看得清清楚楚，现在一共是二十八条金色的光线，有密有疏，仿佛某种特定的密码。

刘子风道："我的聚珍阁内置天井，天井正下方便是地泉穴的入口，六大穴眼的入口都有不同的锁来解开，只有守护的天章死侍才知道如何解开，我这是二十八星宿光影锁，昼借日光，夜借月光，以光芒为钥匙，穿透这二十八个特定的地点，融化其中特殊材质的封蜡，才能打开大门！"

原本刘子风的二十八星宿锁由于建筑的特殊构造，只有在午时和子时两个时间段能够借用到独特的日月光芒强度开启，现在阁楼倒塌，光芒虽然更容易借用，但光线涣散，想要调试到理想的角度，其实手法上是更难了。

光线丝丝缕缕射来，终于定准了二十八处封蜡口，这蜡和锁采用了特殊的技术，只有被强光照射才能消融，而二十八处锁眼只有同一时间消融解开这闭合的机关才能开启。

果然，一阵咔嚓咔嚓的声音从地下传来，声音空空作响，带着亘古的回音，仿佛是深埋地心的远古机关被缓缓启动了。地面的废墟开始缓缓降落，一面石刻的厚重八卦终于被打开了。

刘子风道：“这便是地泉穴的入口。”

神秘的地穴入口再度出现，这尘封多年的秘密终于要被人再一次踏足。

第十三章　先抑后扬

六相司内，南淮安邀请白齐入室饮茶闲谈。

白齐虽然已正式调入六相司，但由于有特殊任务在身，他几乎很少待在这院子里，而南淮安亦是如此，一个月能有四五天在六相司都算不错，所以今日二人能坐在一起喝茶也实属难得。

南淮安的屋内比想象的要宽阔，古书、物件摆放虽然很随意但却不凌乱，这也正如他的做事风格，随意却也有原则。

火堆之上，黑色铁壶内已经有水汽咕咕冒出，南淮安轻轻晃了晃青瓷茶盏中的茶叶，茶芽摩擦盏壁散发出很淡的香气，他低头嗅了一下，有些陶醉道："这是今年刚出的信阳毛尖，气味香醇悠远，白侍卫要不要先试一盏？"

他熟练地注水泡茶，山泉水浸透茶叶，水色转为通透澄亮的淡黄，白雾带着茶香弥漫开来，令人瞬间觉得好似深居山岚起伏的茶谷之中。眼前是一望无际绿幽幽的茶田，白色的雾气浸透在刚刚冒出的芽尖上，化作了饱满的茶汁，散发出阵阵的清香，偶尔有青鸟飞过，驻足树梢，发出一声声鸣叫，鸟鸣山更幽，这身旁的一切早已是物我两忘了。

白齐捧杯，掩袖轻嗅，茶香丝丝缕缕渗透进鼻腔和肺部，令人说不出地通泰舒畅，他忍不住赞道："苏仙有云，淮南茶，信阳第一。学生还未品茗，单是闻这茶香，就知道名不虚传！"

南淮安笑道："看来白侍卫也是个爱茶之人，那这杯茶就算没被辜负。"

白齐抿了一口，茶汤滋味醇厚，入喉如清溪流经山间的鹅卵石，又如琼浆洒过五脏六腑，叫人备觉畅快，他又赞道："光有好茶若无好水，滋味定要减掉三分，先生用的可是苏州虎丘寺的石泉水？"唐代张又新《煎茶水记》中有记，天下煎茶之水前二十名中，苏州虎丘寺的石泉水可排第五，此泉水质地清冽，味美甘醇，若是用来冲泡毛尖茶芽，最能激出茶叶的香味。

南淮安点了点头："你倒是生了一副好舌头，正是石泉水所煎。石泉之水较别处更滑腻，便是这点区别，提升了它的品质。"他轻轻地放下杯盏，突然意味深长道，"我记得当日白侍卫报名入我金吾卫时，写的是庶民出身，只是如今看来，以你的眼界和学识，不仅仅是庶民吧？"

白齐认真道："先生好记性，但学生确实是庶民出生，此身份黄册库内都有记载，岂敢造假？只不过学生自幼博览杂书，知道的事情杂了一些罢了。"

南淮安笑了一声，并不肯就此放过，继续道："看书确实能开阔眼界，但一个人若是没有亲自尝过石泉水，就算看一百遍《煎茶水记》也永远不会知道这些水的区别，所以这应该不仅仅是博览群书了吧。"

白齐道："天下名水虽然不可多得但也非天上玉液，我就算尝过也不足为奇吧。"

南淮安又咄咄逼人道："那再加上通晓奇门遁甲、柳庄面相二术，以及你手中的烛龙丝，可就不是寻常人了，敢问你师父是何人？"

面对南淮安的发问，白齐突然表露出了一丝不安，声音更是低了几度："我师父向来喜爱隐于深山，早已不问红尘世事，此事恕学生不便回答。"

南淮安又笑了一声，他是个十分聪明的人，早已猜出了白齐此次的来意，只是他终究是大意了，觉得白齐虽然见识广博，但毕竟还是个少年，如何能与他相提并论，自己对付这种小毛孩自该是绰绰有余的。他见白齐露了怯，突然就想要来激一激这少年，让他知难而退，以后不必再来麻烦自己了。

南淮安突然颇有深意道："你的师父必然是个高人，可曾是风物榜上的人物？"

白齐表情更加慌乱道："不是！"

南淮安莫名得有几分得意，这白齐果然是个少年，这两句话就慌乱成这般模样，他缓缓道："看样子，真的是风物榜上的高手，那他一定是精通道术了？"

白齐急忙道："请先生不必再问此事了！"

南淮安突然变了脸色，提高音量道："你来金吾卫到底有什么目的？！"

他原本以为自己这一喝问，白齐必然情绪崩溃，而后全盘溃败！但不想这少年突然神色一变，他不是变得害怕，而是突然冷静，就像一壶马上要沸腾的开水突然冷凝，化成了冰霜！南淮安何等聪明，自然一下子就觉察出这种变化，他分明看到白齐的眼神开始变得精光熠熠，就像野兽面对强敌时燃烧起了熊熊的战意，又像是一座沉寂多年的火山终于苏醒爆发。

他突然意识到，有些事情不妙！

白齐敢来找他，自然是做好了万全之策，无论从精神还是物质，他先示弱不过是要放松南淮安的警惕，让他得意自大，而后再给他致命一击。南淮安刚才一个怒喝没有吓住白齐已经是开局不利了，接下来，白齐自然要发难了。

果然，他主动给自己斟了一杯茶，声音清冷道："我一向听闻先生闲云野鹤，诸多事情已是置身事外，怎么反倒今日非要打听我师父的消息，却不知先生又是什么目的？"

白齐一个反问，让南淮安猛地怔了下，方才他以年长欺幼弱，本身就有几分不妥，现在白齐这么一问，自然脸上就多了几分尴尬，他笑了笑道："哈哈哈，刚才只是跟你开个玩笑罢了！"

白齐也不依不饶道："先生一向做事严谨，只怕不是开玩笑吧？"

南淮安更加尴尬，这样被小辈质问，滋味可不好受，他主动给白齐倒了杯茶，绵里藏针道："此事不说也罢，不过你今日来找我恐怕不会是来讨一杯茶吃，必然是为了一件急事，对不对？"

白齐俯首道："先生心中明镜，学生正是有事相求，还望先生不吝赐教。"

南淮安终于舒了一口气，道："你所求之事想必也与风水有关，不过有件事我必须跟你说明，若是关乎前朝之事，我一概不会回答。"

很显然南淮安很清楚白齐想问什么，只是一来此事南淮安也只是一知半解，不想以自己的猜测作为答案告诉对方，失了真伪；二来太过敏感，也不想如此介入纷争之中，扰了清净，毕竟他南淮安来这六相司就是为了找一方相对清净地界的，由纷扰尘世入清净多难啊，现在要让他再返回乱世，他自然是抵触的。

白齐轻轻笑了一声，道："先生有意拒绝，着实令学生十分遗憾，学生也是心中有惑不能自解，这才不得已来求先生，今日我只问先生三个问题，若是先生能如实回答，学生定当感激不尽！"

说着他恭恭敬敬地俯身一拜，白齐的面色虽然依旧诚恳，但刚才的语气已是完全不容他人迟疑，似乎是在质问和要求了。南淮安微微有些不悦，他也语气冷冷道："那你如何确定我一定会如实回答你呢？"

"因为我知道先生从不说谎！"

“那若是我执意不说呢？”

“那是先生有所顾虑，所以学生今日就是来打消先生心中的顾虑。”

“白齐，你知道不管你说什么此事我不会回答你的，我想今日你恐怕得不到你想要的答案，若还想饮茶，你我便继续，若是还想问问题，那便还请回吧。”南淮安的话已经有些不客气了，他觉得这少年有点太执拗了。

“若我执意要问呢？”白齐突然很古怪地笑了一声，他的双手不自觉地打开了扇子，扇面上露出的正是阴违二字。

南淮安心中咯噔了一声，甚至掠过一丝不安，他原以为自己一番逐客令，白齐必然要知难而退，但不想这人突然间就变了脸色，感觉就像换了一个人一样，他变得神采奕奕，眼神之中充满了自信和冷漠，甚至还带有几分嘲弄，仿佛南淮安此刻就像一只笼中的野兽，根本逃不出白齐的手掌心，他南淮安在白齐的逼问下一定会回答这三个问题。

这神情完全是对他的蔑视，南淮安心头的不快瞬间转为了愤怒。

“你……有何资格这么问我！”他突然站了起来，大声怒喝道。

白齐一动未动，只是又笑了一声，笑得更加轻蔑，而后他从怀中掏出一样物品，解开莲花纹的绢帕，那是一枚罕见的佛眼紫檀佛珠，佛珠中有一树眼，巧妙的打磨和长年累月的摩挲，让它看起来就像一颗闪闪发亮的眼珠子，闪动着罕见的光芒。这样名贵的佛珠却不知是哪位高僧身上的物品。

白齐淡淡道：“想必先生认得此物吧？”

南淮安浑身颤抖了一下，他怎么会不认得此物，应该说这东西他太熟悉了！

这佛珠是他当年送给千禧寺主持溥洽的，溥洽精通风水天象，二人兴趣相投、历来交好，南淮安愿意定在六相司半隐居起来，有一半的原因也是因为有溥洽在附近，他隔三岔五可以前去千禧寺讨杯茶喝，二人谈经论道研究古卷颇为自在。只是几年前，有人跑到朱棣那里告密，说溥洽与建文帝朱允炆私交密切，甚至知道朱允炆消失后的行踪，朱棣下令锦衣卫连夜缉拿溥洽，并以莫须有的罪名将其逮捕入狱。

那是一段异常黑暗的时光，朱棣发了疯地追捕着建文旧臣，只要是有人举报，不管证据属不属实，都一并抓入锦衣卫和大理寺先行拷问再说，屈打成招之人自不在少数，南淮安害怕朱棣会因为六脉风水之事找到自己，所以更加不愿靠近皇城，只是不想，他的莫逆之交溥洽，却是一个和建文帝私交甚密的人，而这个秘密又被人告到了朱棣的耳朵里。

在劫难逃！在劫难逃！这是当时溥洽临捕前一天突然喃喃自语的一句话，只是他不承想，这个劫数会来得这么快！而眼睁睁地看着溥洽入狱，更加坚定了南淮安不去参与这些党羽争夺的想法，既然不能达济天下，那不如就独善其身。

可是南淮安毕竟对溥洽是有很深的感情的，眼见白齐手中握着溥洽生前最喜爱的紫檀佛眼，南淮安开始眼露惊恐：“这东西怎么在你手里？他……他还活着？！”

第十四章　窥破六穴

白齐早已经换了一副阴沉的脸孔，冷峻道：“溥洽大师自然还活着，只不过活得有些辛苦罢了。”

南淮安蓦地大怒起来：“你们如何折磨他了？他一心向佛，与世无争，你们为什么还要这么对待他！你们这些杀人不眨眼的刽子手！你们这些朝廷的疯子和恶鬼！”

白齐摇头叹道：“先生不必苛责我，此事与我无关，我不过是小小的侍卫，如何能给溥洽大师定罪，不过你若如实回答我三个问题，我倒有法子可保溥洽大师十年性命无忧。”

十年无忧，这对于溥洽而言，是多么大的机缘，南淮安怎么会不知道大理寺、锦衣卫这些人的手段，寻常人进了大理寺、锦衣卫通常熬不过三五年就被活活折磨死了，而且听闻溥洽因为掌握了绝密的信息，已经被关押在一处十分机密的地方，若自己有机会保最好朋友十年性命，甚至最后救他一命……

南淮安冷冷道：“你……究竟是谁？！”

白齐道：“我是谁你不必多问，你也无须知道，你既然选择了独善其身，又何必来问不该问的问题，我只要你的答案换大师十年性命，这个交易很公平。”

南淮安道：“那你为什么认定我知道这个秘密？”

白齐道：“因为我知道，溥洽临走前肯定会告诉你一些关于六脉的事情。你二人皆醉心风水，私交又甚密，他不可能不透露这些事情给你的，更或者他以某种外人看不透的方式告诉了你，所以你一定知道有关六脉的消息。”

白齐猜得没错，溥洽在被捕的前一日，确实告诉了南淮安关于六脉的事，而且这千禧寺内就有一处穴眼，那是有关天的穴眼，叫天宗穴！只是不承想，这天宗穴如今也被七煞门所破，法器被盗，大殿琉璃宝塔更是焚毁在大火之中，化作了一片灰烬。

那日，南淮安看着熊熊燃烧的千禧寺，忍不住潸然泪下，他心想为什么人不在了，这寺庙也要付之一炬，究竟是什么样的人，要这么残忍地将这千古名刹这样毁掉！要将这么多珍藏着大明璀璨文明的秘密都毁掉，政治争斗不应该以这些为牺牲品！

可是，在漫长的历史长河中，所有的一切都可以是权力争斗者的牺牲品，一座辉煌的宝塔，烧了也就烧了，一群无关的人，杀了也就杀了，没有人会去记得的。

南淮安心中一哀，苦笑道："看来你今日是有备而来，所以是有人指使你这么做的吗？"

白齐摇了摇头："没有，我也是被逼无奈，南先生，我最后问你，三个问题你答还是不答？"

面对白齐的反攻，南淮安终于妥协了，他当初之所以离开钦天监就是不想介入皇城的争斗，可如今他发觉自己还是没有能逃脱这纷争，即便他深居在无人问津的长干里六相司，麻烦依旧还是会找上门。人的命运有时候根本就无法掌握在自己手里，你觉得你很努力，已经跳出了旋涡，可是到头来才发现，这个旋涡早已经蔓延得无边无际，你的一举一动一直就在这旋涡里，你根本没有离开过。人有时就像逆水溯流的鱼，麻烦就像迎面而来的水，你越是躲避，越会被冲刷到更危险的河道里，最终万劫不复，唯留残骨！

南淮安突然觉得很可笑，自己看了一辈子风水，给人算了那么多次命，最后连自己最基本的选择权都没有，他低垂着脑袋，又坐了下来，无奈地吐出两个字："你问吧！"

白齐笑了起来，他原本文弱苍白的脸上露出了一丝难寻的狡黠，这个人从现在开始仿佛完全变了一个人，不再是文文弱弱，犹豫不决，而是动机十分明确，步步为营，远不是平日里所看到的那样。或许，现在的他才是真正的白齐，一个名师教导出来的阴阳家高徒！

白齐道："我的第一个问题是，传闻当年太祖定都南京，令军师刘基依据南京城的风水设下了六脉法阵，传言六脉法阵依据南京城的地势、水脉、气场而设，核心是六处穴眼，这些穴眼若是悉心维护，至少可护我大明五百年江山不动，这虽然只是传说，但我查过了这法阵是确有其事，只是我现在还不知道这六脉具体位置所在，所以……"

白齐还未问话，不想南淮安却突然抬头，出口拒绝道：“我方才说了，我会回答你的问题，但是我不想回答有关前朝的事情，你要问这些不如去查史库，那些史官会给你写得更清楚。”

白齐笑了下，心想这风水师可比自己想得还固执，他道：“放心，我不会问你有关前朝的事，我只问你风水之事，我要问的第一个问题便是，如果我让你来改改南京城的风水大势，你会怎么改，不知道先生会先从哪几方面入手？”

白齐变了一个方式，不问他这风水大阵是什么样子，是否真实可靠，而是换一种方式，直接问他若是他要怎么改风水，简而言之，便是要南淮安以刘伯温的角度来考量，自己当初遇到这情况要怎么做？他南淮安若是不懂得六脉之象，这个问题未必会回答得出来，但是以他大风水师的身份，加上对六脉法阵的了解，就不可能不知道怎么改了。

南淮安再度震惊：“白齐，看来我真的小看你了，你确实很聪明，想必你的师父一定很以你为傲吧？”

“师门之事，不劳先生操心，还是请回到我的问题吧！”

“那好，我回答你这个问题，若要更改南京的风水，护稳龙脉，可从三个方面入手。”

“哪三个方面？”

“一曰形，二曰气，三曰势。形主外，气主内，形气兼备则生势，三者若是兼具，则龙脉稳矣！”

白齐似有所悟，自言自语道：“这么说，是由这三个方面生出六处穴眼，再延伸出六条脉象所以称之为六脉了？”

南淮安道：“不错，这是你的第三个问题，我们的聊天到此为止吧。”

这所谓的第三个问题原本不过是白齐的自言自语，南淮安却直接替白齐答了话，显然他实在是不想回答这些问题了，他希望一切就此打住，溥洽告诉他的秘密他不想暴露给白齐。不料白齐却再次笑了起来，他不急不缓道：“先生的心情我可以理解，不过话都到了这个份上，就此拂客恐怕于礼不合吧？怎么说，我也替你保住溥洽十年的性命，就凭这点，你都该感激我一番。”

南淮安如实道：“你能保住溥洽十年性命我自然非常感激，但你用这等方式，实非我所喜欢的。”

白齐自己斟了一盏茶，道：“先生不喜欢，那是怪学生做事太鲁莽了，不过方才先生所告知的三个答案倒是让我明白了一些事。"

南淮安再度错愕，单凭这几句话，白齐能知道些什么？

白齐继续说道："风水一事，学生虽然不如先生这般精通，但也略知一二，先生说六脉大阵是真实存在的，这法阵又依据形、气、势三象而定，三象生出六大穴眼和六条脉象，所以这六个穴眼的设定必要暗合形、气、势，那么破解这六大穴眼的重点就在于如何定形、定气和定势了，想刘军师是何等博学通天的奇才，他要想方设法护住我大明龙脉，必然要借助天地间最强盛的力量才行，这形、气、势必是不同凡响，所以我猜想这第一个形字必然是世间最威猛、最有帝王之威的形才能贴合，试问先生，除了龙虎二形，还有什么更能代表帝王的外形？况且南京龙盘虎踞，以龙虎铸形也是十分恰当的。不知先生觉得我这第一象的猜测对还是不对？"

南淮安脸色开始变得越发暗沉，显然白齐的第一步猜测与他知道的一模一样，这第一象正是龙虎二形，盘龙穴和虎踞穴。

白齐接着道："形出而孕气，龙虎二形何等威武，孕育出的气势自然是磅礴无比，所以这内在的二气也就不难猜了，必是阴阳二气，世间万物皆是由阴阳二气交融而生，以此为气，自然可保阵法阴阳不乱，气运绵绵。至于势，嘿嘿，此阵法既是要逆天改命，若无天地之意如何能成，法阵既有龙虎之势，阴阳之气，最后自然还需要天地相助，所以这势必是分为天势和地势，综合起来，我猜测六处穴眼应当就是天、地、阴、阳、龙、虎了。"

"天地者，天宗与地泉！阴阳者，太阴与阳明！龙虎者，龙盘与虎踞！所谓的六大穴眼是不是这六处？"白齐步步推断，严丝合缝，其实他原本心中就有些猜测，只是毕竟对风水一门他还没有十全的把握，他无法精准地定下穴位，所以他需要一个突破口，现在加上南淮安的线索，魏东侯的阳明穴、刘子风的地泉穴，他就可以完全推断出这六处穴眼的性质了，甚至还有几处穴眼他已经能明确下来，这个千年古城里最神秘的一面即将在他眼前揭开，想到这他的眼角忍不住露出一丝笑意。

白齐长得很白净，笑容也很单纯，但是他的眼睛却很奇怪，仿佛两潭深不可测的井水。

南淮安越发觉得眼前的这名少年深藏不露，他的心机和能力远不是他们所看到和了解的，他背后的势力很可能也远远超出金吾卫的掌控，皇城之内势力的角逐已是越来越复杂，这交锋之下，他们这些小小的卫士焉能有安身之地？！想到这，他就开始心生恐慌，惶惶然有些不知所措。

白齐看了看南淮安的神情，突然有些失望道：“看来我高估先生了，先生知道的也只有这些了，再多的溥洽大师也不曾告诉先生，或者说，他自己也不知道。”

南淮安在白齐面前，现在已经透明得毫无遮掩一般，他垂头丧气道：“既然你什么都知道了，那我也没多余的东西告诉你了，请你走吧。”

白齐饮尽了杯盏中的余茶，茶水早已是冷冰冰的，滋味再无醇香，只有一阵苦涩和刺喉，就像南淮安此刻的心情，只是彼之寒冰，却是己之暖阳，朝堂之内的人做事历来都是这样的，或者说很多时候人与人的交往不都是这样的吗？所以这也是没有办法避免的，你要存活，就意味了其他人要牺牲。

白齐站了起来，轻抖了下衣袂，恭敬道：“今日多谢先生指点，日后可能还有需要先生解惑的地方，还希望先生慷慨相授，学生告辞了。”

南淮安有气无力道：“不必了，你我道不同不相为谋！”

白齐笑了一声，道：“道不同，不必同行，但却难免有交叉的时候！”他心里很清楚，不久以后南淮安一定还会来找自己的，因为他的麻烦才刚刚开始，他白齐有能力帮他救溥洽，就有能力帮他解决更麻烦的事，当然这要南淮安心甘情愿做出更大的牺牲才行。

他要让南淮安成为自己的一颗棋子！

白齐掀帘而出，脸色又恢复一副文弱和善的书生神态，室外秋日阳光刺眼，两株丹桂开得热烈灿烂、满树橙红，阵阵香气袅袅而来，他轻轻一嗅，很是沁人心扉，眼前这碧树还是碧树，花香还是花香，只是秋日艳阳再好，终究抵不住即将到来的隆冬。

白齐心中突然有个声音：时之所至，命之所至，人又怎么改变得了呢？接受不是很好的结果吗？

“对，接受他吧！”他笑了笑，终于打开扇子遮住头顶走出了六相司。

第十五章　地泉穴

刘府废墟之上。

四人环立地穴处，眼前的洞口阴暗而深邃，乍看之下就像一口巨大的深井，黑暗无光，见不到底，时不时还有呜咽声挟带着寒气从下方传来，仿佛是通向幽冥地狱的入口。除了刘子风外，其余三个人或多或少有些震惊，尤其是刘小芷，她住在这里十几年了，都不知道这阁楼下面有个这么机密的洞穴，这洞穴这么阴寒，却不知道里面有什么，会不会有死人和怪物？只是再多想想，她就有些心惧害怕。

所有人都望着刘子风，很显然都希望他能多说一些关于这个地穴的信息。

刘子风咳嗽了几声，又深吸了一口气道："你们放心，这地泉穴内虽然幽暗深邃，直达地心，但沿途却没有什么机关，一路向下就可顺利抵达地泉处，不过今日实在抱歉，老朽暂且只能送二位到这了。"

"刘大人，你不下去？"秦明奇怪道。

刘子风不下地泉穴，这有点出乎二人的意料，秦明原以为这人守护穴眼这么多年，这穴里的东西对他来说比性命还重要，今日地穴开启机会难得，他必然是要亲自下去看一看才放心，却不想到了紧要关头，他却止步不前了。

刘子风急忙解释道："这一路向下虽无太大危险，但需要借助绳索垂吊攀爬，整条通道十分深邃，以我现在的身体根本不可能走到底了，去了也只能给二位徒增麻烦，所以此行我就不下去了，还望二位见谅。"

这人现在身体虚弱如斯，连走路都是颤颤巍巍，要他在这空气混浊、道路难行的深渊内攀爬确实是强人所难，非其不入，而是实在没有这个能力了。

荆一飞道："既是如此我们也不多勉强，却不知道刘大人还有什么需要特别交代的没有？"

刘子风想了想，又道："此地泉穴乃是对应天上的穴眼而言，所以一入地下，景象便是上下颠倒，你们以绳索垂吊一路向下，到达高塔终点便能见一条地下泉眼，这法器就放置在泉眼正中央，你二人顺着绳索下去轻轻取了便是，只是切记不可惊扰了泉水，传说这泉眼中有守护泉灵，若是惊扰了它，恐怕就没那么容易出来了。”

“泉灵？那是什么怪物？”秦明心想这地穴果然没那么简单，毕竟像这么重要的穴眼，怎么可能没有三五道机关守护，任由外人轻易入内，单就这泉灵一物，只怕都没那么好对付。

不想，刘子风却哈哈笑道：“所谓泉灵不过是传言罢了，我担任六侍一职以来，共入穴眼两次，皆无大碍，相信以你二人的身手，这件事更是易如反掌。不过，规矩嘛，还是要遵守的好些，以免生出意外。”

秦明又看了看洞穴，问荆一飞道：“那我们现在就下去？”

荆一飞甩入早已准备好的绳索，挎上了背囊等物，甩出一句话：“此时不入，难不成还等太阳下山吗？”

绳索往下垂放共有百余丈之长，长度比刘子风说的地穴深度略长一些，二人利用绳技打好结便从洞穴一侧缓缓吊下深洞中。

这洞口最初只有不到一丈宽广，一路向下，空间越来越开阔，整个洞穴就像酒瓶一样，而且随着不断深入，气温也在快速降低，冷冰冰得都有些冻骨头。

四周从最开始的晦暗不明转为幽暗，头上也只剩一轮明月似的光盘，以荆一飞的眼神这洞内只要有些许光她就能看得清清楚楚，所以她倒也不觉得有什么不适应。但对秦明而言，这样的环境可就太糟糕了，初入穴内，身旁一丈之外基本上就什么也看不清了，感觉整个人好像悬挂在幽深冰冷的海里，四周空荡荡静悄悄的什么都没有。

再往下十余丈，四周渐渐出现一些微弱的光芒，光芒越来越近，渐渐幻化成两个巨大的人形，看起来尤为壮观，秦明叫道：“这下面还有人？”

他的声音原本不大，但是在密洞里回音重叠，却变得声若震雷，轰鸣不止，荆一飞视力要好得多，看了一眼便道：“那不是人，是两尊夜光石神像。”

再靠近一些，秦明终于看清了那确实是两尊巨大的神像，一名身着兽纹盔甲、手持金吾、腰配宝剑，正是武将，另一名手拿玉圭、头戴幞帽、一身长衫，显然是文臣，一文一武两尊石像高约两丈有余，雕刻得栩栩如生，只是皆是头朝下倒立于洞穴两侧的岩石上，看起来既奇异又威严。

神像泛出荧光绿，映照洞壁都是一片清幽，让整个洞穴看起来更增添几分寒瘆。到了此处，就连荆一飞的声音都谨慎了一些：“想必这就是守护的神像了，过了神像应该就是刘大人说的倒悬高塔了。”

秦明抬头望了望洞口，这口子已经小如茶盏了，他估摸自己已经下来了四十多丈，也就是说这下面还有接近五十丈的高度，真不知道当年的刘伯温是用什么办法开凿了这么深的一个地穴。

岩壁上的夜光石越来越多，星星点点的犹如一条奇异的隧道，近了看，才发现那是岩壁上雕琢镶嵌的飞檐和塔壁，夜光石被磨成粉融入砖石和瓦片之中，依照六角玲珑塔的形状，雕砌在岩石中，一层一层，往下堆叠。从上往下看，就是一座内置的高塔倒插在地下，九层夜光瓦闪闪发光，每一层都雕刻了精美绝伦的石门、神像、石狮、大象、蝙蝠、莲花、松枝、山花、蕉叶等，九层倒悬石塔，每一层都有斜着的石梁交替连接，不知道是用于通行还是加固。

秦明和荆一飞完全看呆了，二人怎么也没想到这地底下是如此壮观的场景，这石塔的精美程度完全不逊色于天禧寺的琉璃塔，就算是建在平地上也算得上精品之作，更何况它还是以这么奇异的方式倒悬在幽暗的地下。它就像一座美玉雕琢出来的巨型工艺品一样，深埋地心，雄伟又孤独。

到了宝塔的第八层，绳索却突然到头了，这绳子在洞穴里的长度足有一百丈，先前刘子风说塔顶距地面刚好百丈，现在看来这距离又延伸了五六丈了，唯一的解释就是由于地面震动等原因，这石塔一直在缓缓下坠，这些年已经下坠了一定的距离了，只是这样一来，就不能顺利滑下去，只能另寻下去的途径。

秦明看了看四周，果然塔壁上有几处明显的裂纹，严重的地方甚至出现了一些剥落，露出了塔身后面灰黑色的山石，他皱眉道：“看来这里的地脉不太稳固，很可能这塔已经移动了好几丈，只怕石塔和岩壁的连接处都有些撕裂了，我们得小心点。”

荆一飞点了点头，她轻盈地一晃，就飞跃到就近的一条横梁上，石梁有两尺宽，歪歪斜斜的不知道是不是被震歪的，荆一飞担心这地方不够稳固，落下脚后，轻轻地跺了跺，见没有异样，才抬头道：“下来吧。”

秦明也跃了下来，笑道：“你倒是对我越来越好了，知道先给我探路，该赏！”

荆一飞并不吃这一套，哼了声道：“少油嘴滑舌，这地下不比地面，处处都是危机，你可小心点。”

秦明不服气道：“荆大人又小看人了不是，别忘了，我们比试还打了平手呢，半斤对八两。”

秦明真是哪壶不开偏提哪壶，荆一飞原本面色还算和善，听了这话不由自主地回想起那日的尴尬场面，她一个女子在三个大男人面前春光乍泄，若是换作其他柔弱的女子只怕就要非秦明不嫁了，她想到这情景，脸色立即晴转阴沉，冷冷道：“那不过是游戏罢了，你还真当真了？”

秦明摆摆手道：“好吧，谁叫我秦明是个男人，不能跟女子一般见识，我少赢都算输，何况只是打平，况且我还不小心拉了下荆大人的衣服，让荆大人春光乍泄了下，唉，现在想起来都有些不好意思呢。”秦明絮絮叨叨，而后突然愣了一下，弯下腰盯着荆一飞的腰部看，而后叫道：“喂，你这腰带还不换啊，就这么缝缝补补几下又用上了，太随便了吧？”

“这……关你屁事！”

“怎么不关我事，万一又被扯烂了，可是要关乎我整个金吾卫的尊严啊！”

“这个……不用你操心！”

“哦，我知道了，你肯定是自己缝的，啧啧，这女工很是粗糙啊！”

“……”

“你不会是拿着劈斧头的手法来缝针线的吧？荆一飞，不是我说你，我秦明的手艺活都比你好啊……”

“给我滚开！”荆一飞终于怒了，她骂了一声，自己扭头不想理他，直接就沿着石梁噔噔而下。

荆一飞一生气，秦明急忙喂喂两声追了过去，但这人走得很快，根本不等他，她再走两步，就直接就飞出锁链，一钩一挂，整个人像个燕子一样轻盈地荡到第八层的下方，再点了两下脚尖就飞落到了第九层的塔顶处。

荆一飞这是用实际行动来表明她的情绪，她不想跟秦明这样的无赖说话了！

只是秦明一没有锁链，二来轻功也不如荆一飞，自然是不能这么潇洒地下塔，他一个人孤零零地被留在上面，一脸怨气地叫道：“喂，你别走那么快啊！等等我啊！”可是他这叫了一阵也没看到荆一飞等他一下，反而人影都看不到了，无奈之下，他只好沿着横梁和岩壁上的栈道自己转下去，这道路曲折，加上此处寒冷异常，许多石梁上甚至都开始结出薄薄的霜花，道路是又窄又陡，既冷又滑，这一路走起来当真是冷汗都冒出来了。秦明本来性子就急躁，这么小心翼翼地走起来，好似如履薄冰，真是越走怨念越大，越走越觉得窝火，他一着急，这嘴巴就闲不住，口中碎碎念道：“这都是什么破路，修得这么窄，还歪歪扭扭的，方不成方圆不成圆，让不让人好好走了！”

“荆一飞啊，荆一飞，你动不动就要生气，活该是个嫁不出去的母夜叉！”

“对了，我听白齐说女人喜欢男人呢，就会假装不喜欢他，然后给他脸色看，这叫欲迎还拒，这男人婆不会是看上我了才会这样吧，不可能，不可能，荆一飞这样的应该是不分男女的，她是独特的生物，真是白瞎了这张脸，长得再好看也是颗母夜叉的心，再说了，我秦明多有定力和原则，哪有这么容易被女色所勾引！嘿嘿，不过呢，这娘儿们脸蛋长得还是够漂亮，如果性格再温柔一点，我还可能考虑考虑，现在这样子可不行！坚决不行！”

他一个人低着头嘀咕着自言自语，又走了一阵，四处安静得就像深海一样，秦明觉得太冷清了，向下看，也看不到荆一飞在哪里，向上看，漆黑一片，连洞口的光亮都不见了，他喊了两声，可是底下并没有人回话，只有回音在四周回旋，他心想估计荆一飞还在生他的气，故意不想理他吧。

秦明环顾四周，夜光碎石隐藏在石塔的墙壁内，发出绿莹莹的光芒，好似灿烂星河，这些绿光幽幽闪现，营造出梦境一般的虚幻感，放眼望去，人就像站在了星空之中，整个世界化作了一片虚无，前后左右，十方之内都是虚无，只有他一个人孤独地存在此处。

这景象如梦似幻，他不禁怔了怔，蓦然间，秦明就想起小的时候，他的父母半夜匆匆回来后，又总是匆匆离他远去，那种感觉现在回想起来就像小时候做过的一场梦，那个梦醒了就像潮水无声退去，空荡荡的黑夜迅速包裹着心灵，孤独充盈，让秦明心中的害怕无处排遣。孤独，可能是很多人一辈子也逃不掉的梦魇……

秦明就这样呆立在原处，仿佛陷入了梦魇之中，无法自拔。

他的思绪开始随着光芒闪烁，不断游走，仿佛已经飘到了千里之外，万里之遥。那里有阴冷的夜、昏黄的光，外面的雨凄厉地下着，隐约还有一阵阵呼号的风在屋外徘徊，他的父亲坐在床边静静地看着他，烛光很暗淡，摇晃着映照在他父亲的脸上，隐约照出入鬓的剑眉，灿灿的星目，看起来很是英武，只是此刻他的脸上少了往日的祥和，多了几分悲戚。

他低声说道，阿溪走了，不会再回来了。

阿溪是秦明的母亲，一个很温婉贤惠的女子。

江南的女子多是这样，眉目秀美，举止端庄，但骨子里却带着一股天生的倔强。

他的父亲低着头说话，声音很轻，似是对自己说，又像是对秦明说，他说了许多话，那些话像风像雨，如泣如诉，秦明迷迷糊糊中都忘得差不多了，他只记得，他父亲临走前交给了自己一件物品，正是那柄无坚不摧的藏锋，父亲叫他务必要保管好，终有一天他会凭着这个来找他的，他告诉秦明，只要藏锋还在，他就不会忘了秦明，就一定会回来的。

最终，他还是消失在风雨之中，从此前程茫茫，再也没有见过了。

“爹……娘……”秦明喃喃自语，不知过了多久，终于有人拍了下他的背，正是又寻回来的荆一飞，她有些奇怪地看着秦明道：“你怎么了？中了迷幻术么，怎么一动不动地站在这。”

秦明回过头看了看荆一飞，此刻两个人隔得很近，只有一拳的距离，彼此的体温都能清楚地感知到，二人面对面地站着，荆一飞很罕见地有些尴尬道：“你，不会是生气了吧？我都没生气，你不至于吧……”

秦明突然做了一个让荆一飞浑身一震的举动。

他伸出手，轻轻地拢住了荆一飞，二人面对面搂在了一起，在寒冷的洞穴里像两只孤独的鸟互相萃取着彼此的一点体温。荆一飞有些震惊也有些愕然，不知道为什么突然就这样了，只是她看着秦明的神色又不像开玩笑，震惊之余竟然也没有推开他。

秦明静静地抱着她，忽然觉得有种温暖的感觉，他觉得自己不一定是喜欢，只是他想排遣自己内心的孤独，在他感觉孤单的时候可以轻轻抱住一个可以信任的人，这感觉让人很踏实。

光芒环绕，星星点点，好似在最通透的北极星空下，又像是置身最美的夏夜萤火虫洞，二人默立无言，停住了时间。片刻，秦明终于松手，他微微有些歉意道：“不好意思，我突然就是想抱你一下，没别的恶意。”

荆一飞用一种很复杂的眼神看着秦明，心想这人怎么了？

她理了理自己的衣服，别过头问道：“现在你清醒了吗？”

秦明笑了笑道：“清醒了，彻底清醒了，我们走吧。”

第十六章　地下奇观

二人重新下塔，到了塔底，此处空间已不如上方的开阔，最窄处不过两丈有余，六个石面上刻着六扇精细的石门，再往下就是宝塔的塔顶，皇家宝塔向来以蟠龙藻井为装饰，只是这宝塔的蟠龙藻井却破损十分严重，似乎是被什么压碎了，根本不能辨别原先的形状。

荆一飞指了指碎裂的塔顶，道："你看这里。"

秦明也看了看，沉吟道："肯定是这塔下坠的时候触底震碎了宝顶。"

他话刚说完，自己想了想又觉得有些不对劲，这塔倒悬在地下，刘子风说塔的下面就是地泉，那么高塔即便下坠触底碎裂，也应该是浸没在水中才是，怎么可能像这样被震碎了，这岂不是与自己设想的自相矛盾，若是硬要解释，那就是有另外一种可能性！

"难不成……"

"是地泉干涸了！所以塔顶被震碎了？！"荆一飞也想到了，两个人几乎是异口同声道。

地泉水干涸了，宝塔触底震碎了塔顶，那法器呢？岂不是……

"糟了！怕是被砸坏了！"

"小心！"

秦明想直接跃入藻井内翻找法器，还好荆一飞眼疾手快，急忙用锁链钩住他，她有些着急喝道："你这么下去可不是找死，没看到墙壁的缝隙里有光？"

秦明悬挂在半空中，这把离得近了终于看清了，这扭曲破裂的石缝里确实有一道道极为微弱的蓝色光芒透了出来，不仅塔顶处有，第九层的塔壁四周也有，好似里面蕴含着什么宝物一样。只是这光芒分明不是夜光石的色泽，准确地说这光有些通透，好像月光透过屋顶流落进了房间，十分奇异。

荆一飞道："看来这塔的外面是空的，说不定外面就是万丈深渊！"

秦明一想到这不禁冒出了一身冷汗，现在他还不知道外面什么情景，若真是万丈深渊，自己这样贸然坠落，可不是直接撞破塔顶，摔入万劫不复的深渊？

荆一飞拉起了秦明，轻轻敲了敲塔壁，发出铿铿铿的声音，外面果然是空的。

秦明实在想不出这外面会是个什么地形，只是心有余悸道："想不到这里的地形这么复杂，要不我们先绕到塔外面看个究竟。"

他瞧了瞧四周道："这里应该有门窗才对，我们找找看。"

二人细细查找一阵，这塔顶空间不大，但雕龙画凤，石刻十分复杂多变，二人担心这塔结构不稳定，也不敢太用力推拍，如此看了一圈，终于发现一处奇特的地方，那是石门旁边的一处突出的龙首，所有的龙浮雕都是半隐没在祥云纹的，只有这一条龙是破云而出，张口衔珠，秦明心想此处必然有问题，于是上前试探了下，果然可以伸手入龙口，他顺着石壁触摸到龙珠之后的机关，用力掰了下，一道石门咔嚓一声打开了。

石门开启，首先辉耀而入的是一道淡蓝色的光芒，而后是一股透骨的寒气，就像冰天雪地一样的气息，冷得叫人发抖！二人虽然还没有看到外面的场景，但是光凭这光线和温度，极易产生一种错觉，就是这塔外是一幅明月映照苍茫雪地的情景，只是这毕竟只是猜想，一切还要眼见为实，秦明急忙步出塔门，只是刚走了一步就停了下来。

他不得不停下来，若不停下脚步，只怕就要直接摔了下去！

眼前的情景既诡异又壮观，更可说是不可思议！这是一处巨大的地下溶洞，空间大得惊人，秦明所站立的这座石塔倒悬在高穹的顶壁上，穹顶之上还有无数大大小小的钟乳石倒悬，放眼望去，就像上百座大大小小的石塔倒悬空中，又像是天幕上缓缓卷下的龙卷风，二人所处这座石塔显然是工匠利用其中一株最大的钟乳石柱挖凿雕刻而成。

距离塔顶不到一丈的距离，便是平滑如镜的地下湖泊，湖水虽然纯净无瑕，没有任何杂质，但却望不到底，深度十分惊人，一团团淡蓝色的光芒挟带着冰冷寒气从湖泊中发出，让整个湖面就像一轮明月一样辉耀万里，很显然这湖下有可以发出光源的奇石或者动物，只是这光芒遍布巨大的湖泊，明暗辉映，看上去就像凌空踏在了月亮之上。

溶洞内一片静谧，没有一丝一毫的声音，只有薄薄的寒气升腾，告诫此处很可能是危机重重。二人惊叹之余，也不禁裹了裹衣裳，这洞穴内真的太冷了，就像千年的冰窟一样，多待一会儿只怕都要活活冻死在这里面。

这洞穴内虽然奇异、壮观，但秦、荆二人毕竟是肩负重任而来，顾不得流连，四道目光开始快速搜寻，想要尽快找到法器。荆一飞心想这地泉穴的法器定不是在塔内，它很可能就在这湖中，她眼力极佳，看了不一会儿，果然就见石塔顶正下方的水中隐约有一轮巨大的八卦，黑白两种玉色雕琢成阴阳双鱼在透明的湖水中时隐时现，这阳鱼的鱼眼上端端正正地放着一尊一尺大小的玉塔。

玉塔晶莹剔透，几乎与整个湖光融成一体，仿佛浑然天成。

眼见法器在前，荆一飞心中大喜，她暗忖此行不可谓不顺利，甚至说太过顺利了点，这么容易就找到了法器，她正欲甩下锁链钩住这玉塔，突然想起一个问题，这石塔顶是碎裂的，他们原先一直认为是地泉干涸，石塔下坠压倒了地面所制，但现在看来这石塔根本就没有压倒湖底，也没有触碰到道坛，那这石塔是如何碎裂的？

她抬头一望，再细细观看，又发现这些钟乳石上都是累累伤痕，一条一条，好像刀剑等利刃击打一般，她心中一惊，心想是谁有这么厉害的本事，可以飞上半空伤到这些钟乳石，而且看那力道还十分之重，绝非常人所为，难不成这地泉内真的有所谓的泉灵？

荆一飞道："这可真是古怪！"

秦明正欲问清楚，突然石塔之内就传来一阵窸窸窣窣的声音，声音虽小，但在寂静无声的地下，却是听得一清二楚。

"有人来了！"

"谁？！"

二人急忙回塔内一望，却见石塔内不知何时多了两道人影。

荆一飞下意识地锁链一甩就打了过去，来人急忙退了两步，大叫道："荆大人快住手，是我们，是我们！"

借着湖面上的光芒一看，却是刘子风和刘小芷，这二人吓得跌倒在地，脸色更是一片煞白。

秦明心生好奇，问道："你们怎么下来了？"

刘子风惊魂未定，半瘫着喘气道：“我始终不放心你二人，怕出了什么意外，所以特地叫小芷陪我下来看看。”

刘小芷也抚了抚心口道：“是啊，我阿爹看了一会儿就耐不住了，硬说自己也要下来一趟。”

荆一飞满脸狐疑道：“这地穴深达百丈，你们是怎么下来的？”

刘子风道：“老朽虽然年迈，但年轻时也曾学过拳脚功夫，加上看守地穴，这下滑绳索的本事自然还是有一些的，只是小芷身子文弱，带着她下来颇是费了一些时间。”

荆一飞依旧冷冷地看着刘子风。

刘子风愣了下，哑然笑道：“荆大人这般谨慎也是应该，不如这回换你来问我。”

荆一飞想了想，道：“算了，暂且不必了，我相信刘大人。”

刘子风这才舒了口气道：“还是荆大人的眼神够凌厉！”

刘小芷站了起来，她裹了裹自己的衣裳，微微有些发抖道：“这下面可真冷呀！对了，荆大人，你们要的东西找到了没有？”

荆一飞道：“那东西就在湖下面，我们正想着如何取上来。”

刘子风道：“既是如此，那还请两位速速去取了上去，这下面始终不是长待之地，难免生出意外。”

刘小芷也道：“是呀，这里可冻死我了！对了，这锦衣卫的人只怕一会儿便要来了，还是快快取了好，省得遇上他们就麻烦了。”

荆一飞俯首道：“那请二位在此稍候，我二人这就去取。”她转过头，眼神里突然掠过一丝杀机，而后紧接着飞出手中的斧头，斧势旋转化成一道青色的光斩直接就劈了过去。

“荆大人，你想做什么？！”刘子风拉着刘小芷慌忙躲了过去。

荆一飞冷笑道：“就你二人还想骗我？！刘小姐下来后第一时间不看秦明，竟然一直在偷偷看我，这可不是太奇怪了！你二人还不露出真面目！”

荆一飞再劈一斧，这两人双手一翻，急忙翻出一把乌黑色弯刀，齐齐叫道：“好歹毒的眼神！”

斧势劈来，二人合力一挡，却还是被斩翻在地，连连打了几个滚，荆一飞御斧再上，半空中却突然有人冷哼一声，两道彩丝飞来，直接将这两个人卷上了半空中。

抬头一望，这石塔内已经显露出十余名身着锦衣的卫士，一个个立在高高低低的石梁栈道上，好似幽魂一般，四边崖壁里窸窸窣窣的声响连绵不断，看模样却是一只只拳头大小的七彩毒蜘蛛。

“是锦衣卫？！”秦明心里一沉，他没想到这些锦衣卫的速度如此迅捷，这么快就能找到这里来，最关键的是还易容成刘子风和刘小芷的模样，那他二人现在岂不是已经身陷危险？这可大大的不妙！

第十七章　又见锦衣卫

此行锦衣卫带队的正是镇抚司的千户胡狄，胡狄官职虽然不算太高，但在朝野之内却是大名鼎鼎，几乎是无人不知无人不晓，这人生性冷血残暴，喜好以各种方式折磨犯人，更是发明了明朝十三种最残忍的刑法，叫人听了都胆寒心惧！若说镇抚司是人间炼狱，那胡狄就是那个最恐怖的活阎王，他的手段变态残忍，就算是做尽恶事的各路邪派人士听了也是摇头发指。

此刻，他居高临下，双眼带着寒光，犹如魔神出现，秦明抬头也看不清这人什么神情，只听得他阴冷冷地笑道："怎么，不认得飞鱼服吗？"

他从石梁上径直往隔空处走去，一步一步开始悬空，最后直接悬浮在高塔的半空中，他颇有几分赞许道："荆百户能一眼看穿我锦衣卫千面客的易容术，眼神果然锐利！此等人才却不能被我锦衣卫所用，真是可惜！"

锦衣卫人数虽然不过数百，但个个都有特长，这擅长易容术的人，叫千面客，这些人不但可以模仿对手的外形声音，甚至功力深厚的还可以模仿对手的招式，叫人防不胜防。两名千面客此刻正吓得蜷缩在角落里，一声不敢发出，毕竟假扮刘小芷的千面客没能准确掌握少女的心理特点，忘记了刘小芷其实是喜欢秦明的这个特点，导致很快就被荆一飞识破，这便是严重的失策了，以胡狄的作风，是不会轻易饶了他们的。

胡狄朝着二人狠狠地盯了一眼，吓得这两个人面色瞬间惨白如灰。

胡狄冷哼一声，自己凌空踏步，站在洞穴上方，俨然是一副高人的姿态，大有局势在握的感觉。胡狄还未再开口，荆一飞却率先冷笑一声道："胡千户的蛛丝百闻不如一见，今日在半道结网，是打算将我二人一网打尽吗？"

这胡狄能够凌空踏步，原理在于他的脚下有一张七彩蜘蛛网，这七彩蛛丝乃是四大丝线之一，不仅锋利还有毒性，常人一旦被蛛丝绞住就算不被切断胳膊大腿，也会中毒麻痹不能动弹。蛛丝不像烛龙丝有正反两面，胡狄能稳稳地站立在蛛网上，靠的并不是他轻功有多好，皮肉有多坚硬，而是他那双特殊的靴子，他靴子底比较厚，内里有兽筋凝炼，外贴一层精金，铸成饕餮兽形，金靴内还藏有暗器，可弹出利刃，人称饕餮靴。

此刻他扬起双手，微微劈开双腿，双眸之中散发出嗜血的光芒，活脱脱像一只巨大的食人蛛傲立在蛛网上，他略带不快道："你的眼神好，但我已夸过你一次了，你却还在一而再地卖弄，这种人着实令人讨厌！"

秦明反驳道："只怕讨厌你的人更多吧！"

胡狄哼了一声，厉声道："不得废话！你二人若想活命，就老实告诉我这下面有什么，那刘子风与你们又有什么勾当。若是有一句假话，便要叫你们葬在此处！"

这胡狄虽然声势很足，但不经意间也暴露了自己的底细，通过这句话秦明和荆一飞都明白了上头的刘子风什么都没说，毕竟刘子风现在还是堂堂正三品侍郎，胡狄在没有任何证据前，不可能直接用酷刑拷问，所以他才叫千面客易容成刘子风父女下洞试探究竟，但不想一眼就被荆一飞看穿了。

一计接一计都失策了，这胡狄才会如此不顾一切，开始狗急跳墙，想要硬取。

秦明心里已有数，冷笑一声道："这下面有什么我们也不知道，刘府遭遇雷火案件，今日又现一个未知洞穴，金吾卫负责调查此案，特派我们进来看看，这是正常公差啊，倒是你一个堂堂锦衣卫千户，尾随我们至此，才不知是何目的！"

胡狄神色一变，喝问道："你是谁？胆敢这么与我说话！"

秦明道："我站不改名坐不改姓，自然是你秦家大爷，秦明是也！"

"放肆！"胡狄勃然大怒，随着他这一震怒，周边的锦衣卫齐刷刷地翻出兵器，一片寒光闪烁不停，四处的七彩蛛更是聒噪得如同百爪挠墙，刺啦刺啦作响。

荆一飞抬头道："胡千户，锦衣卫与金吾卫向来井水不犯河水，如今皇上要求两卫联合查处此案，可不是叫你来领率我们，你更没有资格来问我！"

胡狄神色更加难看，咬牙切齿道："好一个没有资格！就凭我胡狄的本事，我看你们今日如何出去！"

荆一飞不屑道："那看来胡千户也是想试试我的七漩斧了？"

秦明也笑道："我的兵器可是专门破你这些破烂玩意儿的！"

胡狄面色越发得阴沉，喝问道："无知小儿，不知天高地厚，我再问你们一句，你们来这塔里找什么，说还是不说？"

秦明道："其实答案很简单，这东西已在我手里，你若跪下来好好求我秦爷，我便考虑下要不要告诉你！不过我看你这么不得了，你现在就是跪着从三山街爬到紫金山，我都不会告诉你的！"

"可恼！给我擒住他，我要回锦衣卫好好拷问这两人！"胡狄一挥手，十余名锦衣卫快速地穿越石梁，如灵猴般杀了过来，这些人用的都是乌金色的半月形弯刀，弯刀的中央镶着古朴的暗金色花纹，两侧锐利发白，正是赫赫有名的暗月斩，刀如暗月，飞刀旋转而出，百丈之外轻松取人首级。

十几名锦衣卫在跳跃时纷纷飞出手中的弯刀，一柄柄弯刀化作飞轮快速地穿过纵横交织的石梁切了过来，这一招叫飞星逐月！

荆一飞叫了一声小心，手中的青玉锁链已经快速舞动起来，这一招"青蛇舞"施展了出来，锁链如蛇盘成一轮盾牌，密不透风，叮叮当当地将十余把弯刀全挡了下来，只是这些弯刀被挡飞了之后，在石壁上反射几下，就又飞回到这些锦衣卫的手里，这些人再度出手，不过是指梢快速一拨，弯刀余力未消，又添新的力道，速度更加快速地旋切了过来。

这四两拨千斤的转刀术正是暗月斩独有的手法，以指头拨动刀上的花纹，让其产生快速旋转的切割之力，若是这一招功夫练到家了，一个人便可以御使百把弯刀，以一敌百，无人能靠近其身，这十三名锦衣卫虽然一次只驾驭了一把弯刀，但由于配合默契，技巧娴熟，这些弯刀联合起来，威力已是十分惊人！

洞穴中，荆一飞格挡，锦衣卫转刀，双方互不相让，只是这些人已经悄然拉近了距离，双方之间相隔已是不过五六丈了，秦明暗叫不好，若是这些锦衣卫杀了下来，发现了玉塔的秘密，这十几个人兵分几路抢夺玉塔，那可就糟糕了！

"一飞，这里我先顶着，你快去取东西，我们速战速决！"

荆一飞犹豫了下，她首先担心的是秦明能不能应付得了这么多锦衣卫，这些人的暗月斩虽然火候不算超一流，但毕竟人数众多，合力起来也十分不好对付。

秦明叫道："你又小看我了是不是？你忘了魏东侯教过我的藏锋式我都没

用呢！”

秦明推了一把荆一飞，道：“还愣着干什么，快去取东西，我在这等你！”他主动往上方跃去，双脚踏着石梁快速地朝最近的锦衣卫冲了过去，而荆一飞一咬牙也终于消失在石门处。

胡狄眼见这秦明不退反进，还意欲主动出击，忍不住轻笑了一声，他很清楚这人的实力，出身低微，武力也不过平平，想要近身以一敌十三，可能吗？

他一挥手，示意锦衣卫对此人不必客气，大可以随时卸掉手脚，只要留他一口气查问便可！

十三名锦衣卫齐齐喝了一声，再度飞转弯刀，这一次暗月斩的速度已经快得看不清刀形，加上光线昏暗，只感觉有一圈圈黑影在四处飞快旋转，发出嗡嗡嗡的尖锐声，十三把弯刀发出的震动声，在洞穴空旷的效果下，如海潮，如惊雷，如上万只鸟雀振翅而过，光是声势都足以令人胆寒！

十三把飞刀就像十三个摇摆不定的杀手在身边飞舞，每一次都是险象环生，但越是这样困难的环境下，秦明越觉得兴奋难耐，他突然觉得魏东侯教给自己的藏锋式真是太及时太有用了，这样的场景与自己在烛龙丝阵上击杀石块何其相似，只不过这刀势更猛，而石块速度更快罢了！

藏锋一术，不怕猛，不怕快！因为藏锋本身便是灵巧和锐利的极致，对手的刀势再猛也有弱点所在，再快也快不过自己手里的藏锋，须知兵器的力道都是发乎人力，兵器离人越远，沿途消耗的越多，这威力就会越弱，光凭力道和速度，这些锦衣卫个个都不逊色于秦明，只是利用飞刀旋转，虽然增加了攻击距离和方向的不确定性，但却损耗了一些速度和力量，而藏锋始终在秦明手中，自己的力量完全凝聚在手指间，未损一分一毫，守株待兔，静待锋来，这便是藏字以静制动的优势所在。

眼前的弯刀速度虽然迅捷，但尚不如魏东侯以双指抖出的石子快，可见这些人内力与魏东侯差距较大，只不过这十三把弯刀同时旋转，进攻的路线诡异难测，比较不好对付。秦明已然心中有数，他看似一动不动，但手中的藏锋已经微微露出自己的指尖三分有余，看起来就像自己的手指伸长了一节，这点锋锐虽短，但若是点杀及时，足以击断上好的兵器了。

暗月斩已经呼啸而至，四周都是海潮般的呼呼声。

秦明藏手在身后，双脚微分，静如泰山，静等这一轮弯刀的飞来。

弯刀旋转，三丈，两丈，一丈，七尺，六尺……

这距离很近了，暗月斩表面上的暗金花纹都能看得一清二楚，这些弯刀到了这个时候，转速方向基本上都可以判断得精确无误了，现在它们就是一群待宰的羔羊！是时候了！

秦明突然主动出击，脚下的步伐与之前的完全不一样，他脚踏乾、震二步，而后身子一旋，右手突然从背后劈斩而出，一道青黑色的光华被划了出来，光芒所及之处，速度戛然停止，所有的速度都在最快的时间内化作了一条割裂的线，力量也全部汇聚到一个点上。

聚千刃之力于一指！破！

铿！第一把暗月斩应声裂成两半，干脆利落！

胡狄眉头猛地抽搐了一下："这人……好怪的招式！是什么时候学来的？"他回头想要责骂鼠探探察不力，但又想今日鼠探未能一路跟随，一腔怒火无处发泄只好又压了下来。

其他的锦衣卫更是大吃一惊，根据密探回报，秦明虽然有一把古怪的匕首在手，但武力不过是最初等的水平，如何能有这么强横的破兵能力，只是这些暗月斩都已经脱手飞出，这些人又没有十剑生隔空御剑的本领，只能眼睁睁地看着秦明化作一道旋风冲向自己的兵器。

这下，暗月斩所有的优势瞬间都变成了劣势！

秦明转身出招，黑暗一瞬间仿佛变得更暗了，寒气似乎也更加的冷冽，无数的手掌劈了出来，每一掌都带着一道黑光，好似千手观音舒展，又像一树繁花绽放！

胡狄人在正上方，所以他这次是看得清清楚楚，只是他越看得清楚心里就越不安，因为秦明的招式让他只感觉到了四个字，那就是招招必杀！

铮！铮！铮！

一串串清脆的破兵声连绵不绝，十三把暗月斩在眨眼之间全部被劈成残刀，化作无数的废铁落了一地。

秦明收招藏刃，落地的碎片正好以他为中心摆成一个圆形，这是他的第一招：叶底藏花！虽说是藏，但这透出的杀气却叫人十丈之外都开始胆寒！

秦明一招制敌，不禁抬头咧嘴笑道："什么破兵器，如此不经打，差劲儿！"

十三名锦衣卫面面相觑，不知如何是好，他们远远低估了秦明的战斗力，这一招便把自己的兵器全部击断了，这可有些匪夷所思，他们十三人虽然算不上一流高手，但是十三人联手，也绝少有输得一败涂地的情况，更不用说像今天这样直接被击断了十三件兵器，当真是奇耻大辱!

胡狄的脸上已是完全挂不住，他恶狠狠道：“敢断锦衣卫的刀，小子，我真是低估你了！”

他吹了声口哨，四周的七彩蜘开始聚拢过来，巨网之上，每一团碗口大的黑影都是一只硕大的毒蜘蛛，毒蜘蛛汇聚起来，变成一面散发妖异七彩光泽的怪异虫网。胡狄道：“小子，我要让你生不如死！”

第十八章　地泉之怒

高塔之外，荆一飞早已站在石塔的外檐上。

她往前倾去，就像攀附在垂莲柱上的一只燕子一样。这塔下是发出淡蓝色光芒的地下湖水，静谧而又诡异，这样的湖水仿佛天生就带着灵性，人站在湖边多看两眼就要被这深邃的蓝色所迷住，甚至你会不自觉地产生一个念头：跳下去，融入湖水之中，感受水的冷冽和阴寒！

荆一飞多望了两眼，眼神微微有些昏花，她一向对自己的眼神很自信，只是面对这样一汪通透又毫无杂质的湖水，她反倒开始看不清了，太干净了，以至于什么都没有，世界上哪里会有这样的水，加上光芒的散射，明暗交替，她分明又觉得这水下藏了什么东西，这东西似乎在虎视眈眈地窥视着自己，想要等待一个时机浮上来，瞬间将自己吞没！

这湖有多深？地下通到哪里？湖中藏着什么，是深湖中的水怪，还是囚禁多年的冤魂？抑或是……荆一飞急忙摇了摇头，心想自己一向冷静，怎么多看了这两眼湖水就心生这么多杂念，这可不行，秦明还在外面抵御锦衣卫，眼下自己还是赶紧取了法器最要紧，可不能在这东想西想了！

她瞄准了湖中的玉塔，正欲下手，突然脑子里又划过一道霹雳，刘子风曾告诫他二人，取法器时不可触碰地泉，否则会惊扰了泉灵，只是如今玉塔在这泉水中，想要取走法器就不可能不触碰泉水，这可如何是好？

这到底是取还是不取？荆一飞思来想去，终于一咬牙，猛地甩出锁链，当的一声锁链钩住了玉塔，再猛地一拉，玉塔终于离开了八卦基座。

只是这玉塔刚拉上来一半，荆一飞突然就脸色大变！

整个湖面的色泽都发生了剧烈的变化，湖底更是发出轰隆隆的巨响，仿佛是从最深处的地穴里迸发出的一种强大的远古力量，准备随时吞噬入侵者的一切！

刘子风没有说谎，这地泉里果然有泉灵！而且这泉灵已经发怒了！

石塔外，风云突变。石塔之内，也是战事正酣。毒蜘蛛早已密密麻麻地列好阵形，胡狄的手里绕过几丝细如毛发的蛛丝，冷冷道："我看出来了，你的招式是以快制快，以刚克刚，却不知遇到我这软绵的蛛丝，你又如何破解！"他吹了声口哨，十几只蜘蛛齐齐收缩腹部，喷吐出一道道绚丽的蜘蛛丝，这蛛丝与白齐的烛龙丝大不一样，白齐的烛龙丝是一条条细如丝线，而七彩蛛的蛛丝却是绞缠纵横，像一面巨大的蜘蛛网一样铺天盖地罩了过来。

蛛网又软绵又坚韧还有剧毒，一旦被罩住必难以脱身，秦明的藏锋四式只能算是初成，火候还没有完全到家，若是硬接这一招难免太冒险，他急忙施展脚步，往后跃了五六步，只是胡狄的蛛网面积太大，四面八方地罩了下来，秦明已是无处可逃。

胡狄冷笑一声，用力一扯蛛丝，四处的蛛网都开始快速收缩，就像猎手开始准备收网了。

蛛网包裹而来，四处闪动着彩虹一般的妖异光泽，眼看这毒网就要包裹住他，秦明突然身子一翻，直接朝下跃去，蛛网猛地收缩，半空中的石梁瞬间被绞成碎渣！

秦明身子一翻，落在下一道石梁上，他暗叹好险，方才自己要是稍微慢了一点点，必然要被这人绞成一堆肉泥，他正要开口臭骂胡狄，却见这人又甩动蛛网而来，又一团七彩蛛丝飞梭而来，这蛛丝既像暗器又像一抹彩光，十分诡异。

秦明急忙仓皇躲避，这次蛛丝被几道横梁一挡，再次落空。

眼见自己抵不过对手的蛛丝，秦明当机立断，方向一转，急忙就往下面逃去，大喊道："荆一飞，你在搞什么？！还不快走！我快顶不住了！"

连叫了几声，都没反应，秦明暗想不好，莫非是荆一飞出事了！他正准备翻出石门查看外面的情况，却见荆一飞也狂奔进来，两个人直接撞了个满怀，秦明刚要叫骂，却见荆一飞一脸惊慌，似是看见了什么恐怖的事情一样，她也顾不得男女有别，一把搂住秦明脖子，一边拖着他一边说道："别说了，快跑！"

她带着秦明飞快地往上跃去，胡狄冷笑一声，心想这二人可不是愚蠢，还要来自投罗网，他还要引导七彩蛛吐丝擒人，却见整个石塔突然猛地抖了一下，而后一股寒气冲天而起，整个石塔内瞬间都冷若冰窟。

寒气上喷，让毒蜘蛛瞬间也都缩了一下，这蛛丝自然也没喷出来。

胡狄大骇，“这……”他话还没说出口，突然一声巨响，嘭！一支三丈高的巨大冰剑突然从石塔的藻井里刺了上来，而后无数的冰刺咔嚓咔嚓地从四面八方刺出，整个石塔里内开始以飞快的速度灌满冰锥、冰柱、冰凌，好像瞬间坠入了冰寒地狱！

秦明突然明白了，一定是荆一飞惹怒了泉灵！

他指了指荆一飞，有些埋怨道：“你对我不客气就算了，你怎么还去惹泉灵？”

荆一飞一边跑一边叫道：“什么狗屁泉灵，那是真水！那湖里全是真水！”

所谓的真水便是温度远低于零度的水，由于水质纯净无法结冰，一旦有外力介入，便会快速结冰。地泉穴本来就是一处极为奇妙的穴眼，它的奇妙不在于水质，而是它四周的岩石，这些岩石有许多细小的空洞，就像蜂巢一样，泉水由于四周岩石孔缝的吸附作用，经过一段时间过滤会达到通透无任何杂质的程度，虽然地底温度极低，但水质过于纯净又无外力所以一直不能结冰，一旦有人进入地泉穴，误动了泉水，就会破坏这平衡，快速引发冰冻，冰的体积比水略大，湖水又深不可测，自然会化作无数的冰刃喷涌上来，将入侵者冻死在洞穴内。所以这真水就是刘子风所说的泉灵，只是很可能连刘子风也未必知道这所谓泉灵的内在原理，他只是遵照着前人的要求，严禁触碰地泉水，不要惹怒泉灵。

南京地理气候特殊，冬季十分冰冷，夏季却像个大火炉，就算有误入的甲虫野兽引发真水冻结，到了夏季由于气温回升，这些真水也会缓缓融化，重新变回低于冰点的真水。这样的循环变化犹如阴阳交替，也是每一个穴眼独有的神奇功能之一。只是现在他们没有工夫去感叹这个穴眼的神奇，比起神奇的大自然，自己的性命显然更重要一些。

一道道冰柱冲天而起，十三名锦衣卫没来得及逃脱，直接被冻结在冰柱之中，胡狄也顾不得这些锦衣卫是死是活，急忙收了部分毒蜘蛛就往上奔去，他拉住下垂的绳索，快速抖动发出求救暗号，上方接应的锦衣卫见了急忙绞拉绳索，这人就如飞天一般直接升了上去。

荆一飞和秦明也握住绳索急急抖动，上方的锦衣卫不知是敌是友，也一并拉绳，三人就一前两后纷纷往上飞去，胡狄一看这两个人也想逃命，他一口恶气未出，如何能让他们这么容易逃脱，口中恶狠狠道：“还想跑？不如给我十三名属下陪葬吧！”他抽出短刃，唰唰两声割断了绳索，荆一飞和秦明手中的绳子一松，两个人就像断线的风筝一样落了下去。

下面有锐利的冰柱蔓延上来，一旦坠落下去不被插成肉串也要冻成冰棍，危急关头荆一飞一把抱住秦明，一手飞出锁链噗地缠住胡狄的腰间，这下子，三个人就像一根绳索上的蚂蚱一样，溜成了一个长串。

秦明惊魂未定，气得大骂道：“胡狄，我干你全家，要死我也拉你陪葬！”

胡狄是腰部被锁链紧紧捆缚，加上两个人的重量，直勒得他有些喘不过气，他用匕首奋力凿击锁链，只凿得火星四射，但这横山青玉何其坚硬，寻常的铁器根本击打不断，胡狄一顿猛戳，非但没有击断锁链，反倒被震得自己虎口一阵酸麻，他气得怒骂道：“臭娘儿们，快松手！”

荆一飞哼了一声，再用力一拉，锁链再紧三分，胡狄只觉得腰都要被绞断了，而且这三人一阵乱晃，上面的绳索明显有些支撑不住，开始咯吱咯吱作响，胡狄大惊道：“快放手！这绳子负担不了三个人重量！要断了！”

秦明冷笑道：“既是如此，那不如你先下去！”他挣脱了荆一飞，顺着锁链飞快地往上爬去，荆一飞担心这人一冲动又要干什么傻事，急忙喝止道：“秦明，你干什么？你疯了！”

胡狄也怒喝道：“臭小子，你想做什么？！”

秦明头也不回道：“我去给他点颜色瞧瞧，我们在下面，始终受制于他，他若是这时给我们飞来一串蛛丝，我们都活不了！不如先下手为强，趁现在要了他狗命！”

秦明爬得很快，二人距离越来越近，胡狄又吹了声哨子，几只蜘蛛从他的袖口中爬了出来，蜘蛛顺着绳索朝秦明快速爬过去，只是这蜘蛛还没靠近，突然秦明右手一拍，两枚袖箭就射了过去，噗噗两声，毒蛛炸裂化作一团浆水。

胡狄大为心疼，这毒蛛难寻，自己本来也没有太多，今日一战被冻死的都有十余只，这下又被射死两只，可不是要了他半条性命，他急忙唤回蜘蛛，换作甩出袖子中的七彩蛛丝。

蛛丝如天罗地网般盖了下来，只是他人在空中，一只手还要紧紧握住绳索，这样甩出的蛛丝力道自然不会太大，秦明用力一甩，整个人就跟荡秋千一样甩了起来，险险地避过蛛丝，胡狄还要再来，秦明突然一跃，一匕首直接刺入他的小腿，痛得胡狄痛呼了起来。

胡狄未曾想到，这秦明根本不像原先的金吾卫那么讲规矩，做事还这么狠辣，一来就要取他性命，他心中闪过一丝危机感，急忙狂蹬双脚，想要甩掉秦明，但不想秦明再往上一扑，整个人如蜘蛛一样就骑在胡狄背上，他一手扼住胡狄的喉头，一手高举藏锋就要往天灵盖凿下去，这一击下去，必然是要凿穿胡狄的脑袋，只是不想到了这时候，这胡狄不但不害怕，反倒哈哈大笑了起来，他似有些嘲笑秦明道："小子，你够狠，不过你这时候杀了我，我松手掉下去，荆一飞必然也要跟我一起葬身地穴之中！你，舍得吗？！"

荆一飞靠着锁链挂在胡狄身上，若是胡狄死了，荆一飞也要跟着摔下去，秦明听了这话一下子冷汗都冒了出来，他心想自己方才一时热血上头，太过冲动竟然差点害死了荆一飞，这真是千不该万不该，他低头看了看下方的荆一飞，满脸都是愧疚之色，突然荆一飞叫道："你别分神，小心他的匕首！"

犹豫之间，为时已晚！胡狄右手反向一推，一把短匕扑哧一声已经深深地插入秦明的腹部，一股猩红的鲜血冒了出来，鲜血凌空洒落，就像血雨一样滴滴答答洒落在荆一飞的脸上身上，映衬得她的脸色一片惨白，她分明感觉到自己脑子里嗡了一下！一片空白！

胡狄哈哈笑道："小子，我还真以为你有这么狠辣，没想到你这么顾及儿女私情，如此婆婆妈妈怎么能成大事，现在我先杀你，再杀了荆一飞，直接灭了金吾卫两名干将，日后叫各禁军都不敢小觑我锦衣卫！"

胡狄的疯狂人尽皆知，他挥动匕首想要再刺一剑，荆一飞突然喝了一声，七漩斧已经脱手而出，玉斧飞旋，高速摩擦，一丝丝的血红色从旋涡纹中透了出来，这血色像星星之火，迅速燎原，整个玉斧的色泽从青翠完全转为了鲜红色，好似荆一飞的怒火已经完全渗透到玉斧之中，令这斧头生出了烈焰一般的色泽。

红光耀耀，快速飞来，像是地狱的火焰，又像是燃烧的鲜血。

杀！荆一飞的眼神里只有满满的杀意，这胡狄想要杀了秦明，自己就必须抢在他之前一招灭了这人，否则秦明必死无疑！胡狄身在半空中无处可躲，又惊又怒："荆一飞，你疯了！我死了你一样要死！你想要与我同归于尽吗？！"

荆一飞冷笑道："嘿，怎么，你很怕死吗？！"

侵吞如火，招式发出便如烈焰侵吞而至，不计后果，荆一飞使出这招时就不曾考虑自己的后果，而是想要第一时间击杀这人，这是她一向的作风。胡狄大为震惊，他很清楚荆一飞的为人，但不承想有这么杀伐决断，这么不惜代价，在胡狄看来没有什么是比自己的性命更珍贵的东西了，荆一飞连自己性命都不要，可不是比自己还疯狂？！

迟疑之间火光袭来，他腹部正中一斧，撕裂的痛楚从腹部迅速透出蔓延，很快他就痛不可遏，这斧力贯穿腹背，简直是要他五脏六腑都碾碎了一样，他终于手上一松再也握不住绳索，整个人就直接坠了下去。

胡狄一坠落，荆一飞也跟着悬空下坠，但这人的反应毕竟不同一般，实在是够快，她一抖锁链就解开了胡狄，而后再一甩，就要钩住上升的绳索，但不想这胡狄在空中怒吼一声，利用下坠之力直接扑向荆一飞。

“母狗，给我陪葬吧！”

荆一飞知道自己也上不去了，干脆用锁链直接钩住了胡狄，一翻身将这人拉了下来，这两个人像缠绕在一起的风筝，再也无法分开，一同摔向了冰柱林立的深渊！

“一飞！”秦明脑子里一空，失声大叫了起来。

声音响彻洞穴，如雷震苍穹，似哀鸣万里。其实从荆一飞使出这招七漩神炎斩，秦明就有预感结局会是这样，因为以胡狄疯狂的本性是不会这么轻易放弃对手的，这么刚烈的两个人最终只会斗得同归于尽，半空中荆一飞冷笑了一声，从后背甩出一个包裹，喝道：“拿着！”

余音未消，两个人就消失在黑暗中，洞穴之内除了胡狄的哀号，就只有无数毕毕剥剥的冰柱涌动交迸声，而荆一飞火红色的身影也早已消失在漆黑阴寒的洞穴之中。

第十九章　地穴寻人

沉甸甸的包裹划着一道弧线飞了上来，里面包着的正是荆一飞找到的太渊玉塔。

只是这玉塔到手了，荆一飞却永远地留在地穴之下。秦明一脸惊愕，他到现在还不肯相信，这荆一飞会掉下去，下面冰柱林立，无数的冰刀冰枪像喷涌的岩浆一样往上涌去，简直就像阿鼻地狱里的刀山火海，这么复杂险恶的情况，别说是荆一飞了，就算是轻功再好的人这么摔下去只怕也是毫无生还的可能了。

难道这人真的就要香消玉殒此处……

秦明透骨彻寒，犹如冰冻，双眼直愣愣地望着空荡荡的洞穴迅速发直，他活了这么大还没有这么恐慌过，他怕的自然不是这下面的冰锋危险万分，纵有千难万阻他秦明也从未惧怕过，他怕的是荆一飞真的已经摔死了。且不说这荆一飞是为了救自己而坠落，单是这人与自己往日有过的恩情如何，自己都偿还不完，若今日她真是这样毙命地泉穴内的话，秦明真要愧疚一辈子也不得安生了！他心中闪现出无数个念头，或许这人会逢凶化吉，或许这人已经摔成了肉酱一片模糊，或许……

秦明突然狠狠地打了自己一巴掌，大骂自己道："你傻了吗，现在还想这些做什么，可不是救人要紧，就算这次她真的，真的有个不测……那我也得把她的身子给背回来！决不能把她留在这么冷冰冰的地方！"

眼见出穴在即，上面就是井口大小的亮光处，秦明突然用力一甩，身子一荡就抓住了旁边的另一条绳子，他手脚并用，快速地往下顺去。这些锦衣卫下来时原本就顺下了十余条绳索，只是下面的都被胡狄削断了，上面的还余留一部分，秦明顺了一阵到了文武石像处，这时候手中的绳索到了尽头，可下面依旧是黑洞洞的一片，并有冰敲玉击的铿锵声、回音激荡的隆隆声不绝，叫人听了心中更加慌乱不安。

好在旁边开始有沿着石塔环绕的栈道，秦明用力一晃想要荡到栈道上，却不想这一用力，自己腹部猛地一痛，低头一看却是那伤口撕裂了，血就像朱红色的墨汁晕染了开来，这一下只痛得他几乎要脱手坠落下去。

他咬了咬牙，心想自己怎么也不能死在这里，荆一飞生死未卜，太渊玉塔也在自己身上，他这下要不咬牙挺住，那可真就什么都完了！秦明啐了一口，也顾不得伤口有多深有大，再用力终于荡到了旁边的道上，此时这地穴内寒气逼人，栈道上已经开始结起薄薄的霜花，又滑又窄，十分难行。秦明心忧荆一飞的安危，一路飞奔而下，这一路走得是险象环生，好几次踉踉跄跄差点直接摔入深渊中，就这样又走了片刻，终于看见一层层乳白色的冰柱出现在眼前，这些冰柱还在向上缓缓蔓延，只是这势头显然已到了强弩之末。

秦明心想此处距离刚才他们跌落的地方不过十余丈，荆一飞手里有锁链，若是她反应够快，能够钩住两侧的栈道还是很有希望活下来的，他这么一想心里就多了几分欣慰，不由得加快了脚步，只是他再往下走了一段，心里却又透寒了起来，因为他分明看到层层冰柱锐利得就像刀刃，一把把，一条条闪动了逼人的寒光，若是人直接摔在尖柱上，只怕……

秦明摇了摇头，再也不敢多想，他再往下一丈，终于到了冰层处，此刻放眼看去，只见四周所见之处皆是白茫茫一片，处处是缓缓移动的冰柱冰刃，除了被顶上的残砖破瓦，再也没有看到其他的人或者物件，他仿佛来到了冰天雪地之间，这样的奇景当真是外人难以想象。

秦明心想这二人坠落时冰层还在上涨，所以就被顺势掩盖在其中了，若是这样就更危险了，自己要是救迟了，荆一飞就算没被冰峰刺中也要被冻死在冰层里。

秦明用力叫喊了几声，可这洞穴里死寂沉沉，除了冰层交错的声音和隆隆的回音，什么都没有。

不行！事不宜迟，得赶快找到荆一飞！秦明毫不犹豫地跃入冰层之中，这冰层内处处都是利刃一般的尖锥，而且冰片厚薄不匀，有许多夹缝空隙，一不小心就会跌入其中，十分难走，他见腹部又再痛起，干脆勒紧了腰带，忍痛御起脚步，在冰层上飞快地掠动，双目在快速搜索，双脚不停一分，想要第一时间寻找到荆一飞的身影，可是这地穴之内光线昏暗，自己的眼神又不如她好，要找到一个人真的不太容易。

“荆一飞！荆一飞！”秦明高声呼喊道，只是这呼喊的声音一过大，通过地穴的反射，就会震得冰层隆隆作响，仿佛要地震坍塌了一样。

这洞穴的面积并不算太大，秦明几乎已经走完了一圈，还是没看到荆一飞，他的心越来越沉，神情也越来越暗淡，只是他绝不相信这人真的会丧生在这样一个地方，他虽不尽信命，但也觉得人生该有各自的归宿，像荆一飞这样的女子，就算要死，那也要死得轰轰烈烈，要身着红衣，缀满红花，在开满红色杜鹃的栖霞山上沉沉睡去。

秦明走得踉踉跄跄，想得乱七八糟，终于在一个冰层下发现了一摊血迹，血沫渗透在冰晶之中，就像几朵傲骨红梅绽放在冰雪之中，十分鲜艳夺目。血色通红，似乎是从下面喷上来的，秦明心中一慌，这红色可不是……一时间他竟然不知道该挖还是不该挖，不挖便救不了她，可是若挖出的是一具面目全非的尸体呢……只是过了片刻，请急忙握住藏锋，奋力地凿击冰层翻找，他挖开冰层，撬开冰砖，最终隐约看到两道堆叠在一起影子，人影的衣着颜色青红皆有。

青黑色是胡狄的飞鱼服，而朱红色必然是荆一飞则的朱雀服！

“一飞……”秦明心底彻底地一寒，他发了疯一样，不顾一切地凿开周边的冰层，直刨得双手鲜血直流，腹部伤口再度迸裂也顾不上，就这样终于先拉出了最上面的尸体，那果然是一名身着青黑色飞鱼服的锦衣卫，尸体已经被压得完全变形，到处是半干涸的血液。秦明急忙翻开这具尸体甩在一旁，再定眼一看，才发现这锦衣卫的下面并非荆一飞，而是另一名锦衣卫，只是这人浑身被血染透，所以才显露出一片血红。很显然，这两个人是刚才舞动暗月斩的锦衣卫，他们被冰柱直接冲击上来，被压死在冰层之中，全身骨骼尽断，死状甚是凄惨。

这些锦衣卫在那么深的地方，尸体都被冲了上来，那荆一飞和胡狄呢？是不是应该就在这附近了？！

秦明站了起来再一次大叫起来：“荆一飞！我来救你了！你听到了应我一声！荆一飞！你倒是说话啊！你别不应我！”声音在地泉穴内回荡，隆隆作响，这声音甚至让不少冰层都开始坍塌凹陷，秦明又叫了一阵，突觉得腹部剧痛难耐，低头一看，鲜血已然洇红了一大片，胡狄的一剑刺得虽然不算致命，但口子很深，这血一时间也无法完全堵住，若是再不出去救治自己也得失血过多死在这里，可是这个时候自己怎么能就此放弃？忘恩负义，不顾女子，岂是男儿所为？！

他揉碎了一把冰碴扣在自己伤口上，再用衣襟狠狠地捆住，想要让血流得慢了一些，只不过这也只是缓解而已，失血过多的症状开始显现出来，秦明神智明显有些恍惚，踉踉跄跄走了几步，看出去都觉得四处一片恍惚，原本光线昏暗不明的地穴里更显暗沉。他又拧了下自己的大腿，大骂道："我呸，老子才不会死在这鬼地方！要死也要死在紫金山上的帝王冢！跟他太祖肩并肩！"他口中虽然不服气地叫骂着，但心头却是越来越绝望，他心想荆一飞只怕真的是找不到了，他叹了口气，一抬头，却突然瞪大了双眼，因为他分明看到对面的武将雕像的脚下的缝隙处似乎有一抹红色的身影在抖动，那红的颜色就像一团烈焰在冰雪中的燃烧，这样鲜艳的红色整个大明朝只属于一个人！

一只色如白玉的手微微地举了起来。

"一飞！是一飞！"秦明狂喜，赶忙狂奔而去！

荆一飞半个身子被掩埋在冰层中，整个人脸色被冻得十分惨白，显然她是摔伤了脚，身子又被冰层卡住，动弹不得，这么冻了一段时间，体温越来越低，神智也有几分恍惚了，只是当她看见秦明时，还是不自觉地笑了起来，荆一飞很少笑，但她笑起来却有着说不出的好看，甚至在秦明现在看来，还有几分少女的可爱。

只是这一笑过后，连着的却是一声质问："我要你走……你干吗不走？"

秦明道："我怎么会做这见死不救独自苟活的事，这样我会愧疚一辈子的！"

他一边说着一边奋力刨出了荆一飞，从头到脚好好地看了一遍，见这人身上没有什么明显的外伤痕，只是冻得瑟瑟发抖，这才长吁了口气，而后紧紧地抱住她。

荆一飞原本苍白的脸一下子就红了起来，这人下地穴以来已是第二次这样抱自己，第一次是莫名其妙，这一次她虽然知道他的想法，但还是下意识地推开秦明，别过脸道："你……干什么？我还死不了！"

秦明眨了眨眼珠子，愣了下道："你不冷啊？我让你暖暖啊。"

“不用了，我还好，歇一下就好了！”荆一飞推开了秦明，尝试着自己走路，但是双脚早已冻麻了，这一步还没迈出，就差点跌倒在地，显然她浑身都冻僵了，加上扭伤了脚踝，哪里还能自己走路，只是她这一跌，刚好又扑在了秦明怀里，这双手一沾，就看见了一摊黏稠的血迹，荆一飞脸色大变，她想起秦明是被胡狄捅了一刀，这伤口已然恶化了！

“你……”荆一飞显然也是被吓到了，她未曾想这一刀会伤得这么严重，还流了这么多血，这一路这人带着伤冒着生命危险来救自己，自己如何还能这样冷眼相对，她暗自责备自己不该这么冷言冷语，秦明本着情义来救自己，自己却自作多情，胡思乱想，可不是太可笑了！

“秦明……”

“不碍事！”他笑了下，用力一拉荆一飞，将她拽到自己的背后，一把将这女子背了起来，“我背你上去吧，这里太冷了，得赶快出去！”

“你肚子还有伤……”

“小伤，没问题的，他这一剑还不如十剑生那一剑呢！”

洞内幽暗，寒冰料峭。秦明背着荆一飞望着上方不足碗口大的一个白色亮光，那是地泉穴的出口，现在这里没有人会来救他们，想要出去就只有这么一步一步地爬上去。

秦明背着荆一飞一步一个脚印，他强打着精神回头道：“喂，一飞，我告诉你，你可别睡着啊！我听人说这样睡着了就死翘翘了！你就再也见不到我和白齐了！”

荆一飞别过头：“我……”

“冷就抱紧我啊！我身上还热乎着呢！”

“你……”

“我啊你啊什么啊，反正现在也没人看见，怕什么，这时候保命要紧！你要死了，我这半天可就白忙活了！”

秦明踏上了台阶往上方走去，荆一飞突然想轻轻靠在秦明的背上，这人的背厚厚的很暖和，就像一个宽大的枕头，甚至像年幼时父亲的臂弯，这感觉竟然让她有一种沉沉地想要睡去的冲动。她时时刻刻都在警觉，都在防备，只因心有仇恨，但现在她只想轻轻地这么靠着他，卸下所有的防御和伪装，让自己像个少女，或者说像个婴儿一样被人保护着，做一个轻轻软软的好梦。

直到很多年后，荆一飞才明白秦明能给她的这种感觉就是安全感，这个世界上除了秦明，再也不会有第二人会给予她这种感觉了。只可惜，有时命运终归弄人。

第二十章　寻六穴

秦明醒来已是两日后。

他都有些记不清自己是怎么把荆一飞背出地泉穴的，二人是怎么爬上绳索走出洞口，又是怎么求救医治的，一切都是迷迷糊糊，感觉像做梦一样不真实。他只记得当时自己一再告诫自己不能死、不能停、不能倒下，如果倒下了，荆一飞和他都要死在这洞穴里了，哪怕是做梦，梦里有烈焰洪水阻挡着自己，自己都不可以放弃。

他就记得自己一直在走路，虽然很累很困，但是一直在走，正是靠着这个强大的意念，他背着荆一飞走出了地泉穴，等到了后面赶来的白齐。

秦明昏迷的时间太久了，醒来之时，神智一直还有些恍惚，只是即便是如此，他醒来后第一句话便是："一飞呢？"

"一飞……"白齐面露古怪之色，嗫嚅道："一飞她……"

"她怎么了？"

"晚了！一切都晚了！一飞姐姐她被救上来时已经不行了！嗝屁了！"刘小芷听到荆一飞三个字显然有些吃醋，甩了甩手帕愤愤道。

这话不仅秦明，就连白齐都是"啊"了一声，很显然这是刘小芷故意说的气话，她心想我也照顾了你两天两夜，你倒好！醒来第一句话就是问荆一飞荆一飞的，一点都不顾及我的感觉，那我就故意再气气你！

秦明果然神色一哀，垂然坐在床上，一动也能不动。他心想，明明自己背上来时，荆一飞一路上都跟自己在说话，她好端端的怎么可能突然就不行了！

刘小芷再次补充道："一飞姐姐冻得太严重了，上来没法治了，昨天都抬出去烧了！"

这次白齐又"啊"了一声，他盯着刘小芷，低声道："你这会不会太过分了！"

刘小芷回瞪了一眼，狠狠掐了下白齐，故意问道："是不是啊，白齐？"

白齐被掐得痛了，连连点头道：“是是是！你快放手！好痛！”

秦明现在脑子还不太清醒，他听了这话就信以为真，哭丧起脸道：“不会的，一飞不会死的，一飞是母夜叉嘛，母夜叉是不会死的！对不对白齐？”

白齐的脸色有些古怪，不知道该怎么回答这个幼稚问题才好。

刘小芷趁机过来扶住秦明，安慰道：“好啦，秦明哥哥不要难过了，这人死了就死了，不是还有我吗？”但不想秦明一下子甩开了刘小芷的手，干号了起来：“荆一飞这么凶恶，这么蛮横，阎王爷看了都不会收的，没理由这么早就死了，对不对？！我还费了好大劲去找她，都白费力气了！”

白齐的脸色更不自在，他不时地望了望门外，好像生怕什么事发生一样。

秦明还在干号，叫声越来越大，终于房门嘭的一声被踹开了，只见荆一飞拄着拐杖，一瘸一拐地冲了进来，怒骂道：“秦明，你死全家了，一早就在哭丧？！”

秦明愣了一下，他见荆一飞居然又站在了自己眼前，虽然这女子满身都是伤，但毕竟还是生龙活虎的，她的眉，她的眼，她玲珑有致的身材，还有她那冷冰冰的神情都没有变。秦明大呼大叫道：“你，你是人是鬼？！我这是在做梦吗？！我知道了，荆一飞你一定是有心愿未了，回来跟我交代的对不对？！”

“滚！”

荆一飞气得瘸着腿要过去踹秦明，一旁的白齐急忙护住荆一飞道：“一飞小心伤口！”

荆一飞一边跺脚一边骂道：“你才死了！我荆一飞有那么容易死吗？”

秦明这才确认了眼前真的是荆一飞，她没有死，就活生生地站在自己面前，秦明这次再也不顾自己的伤口直接就扑下了床，一把冲过去死死地抱住对方，大叫道：“我就知道你不会死！你这母夜叉这么可恶，就算阎王爷也不会收你的！哈哈哈！”

荆一飞脸色剧烈变化，神情是又尴尬又羞涩，她原本是气冲冲的，但现在这么被秦明死死地搂住，她觉得自己的怒火似乎瞬间就消失不见了，二人肌肤相亲，好似要融在一起了，一股热流开始在自己身上快速流动，她分明听到自己的心脏突突突地在加速，感到整个脸都是火辣辣的在燃烧，这种感觉真的好奇怪，但又让她有几分激动。

秦明抱着荆一飞就像八爪鱼抱住了猎物一样，根本不肯放手，过了片刻，荆一飞觉得在众目睽睽之下，两人这样实在有些不成体统，她用力推开秦明，冷言冷语道："快放手！听到没有！"

秦明终于放开了手，他看了看旁边一脸错愕的白齐和醋意更甚的刘小芷，顿时也觉得有些不好意思，秦明看天看地，搓手蹭脚板，终于想起一事，岔开话题问道："对了，那玉塔呢，我那怀里的包裹呢，拿回来了没有。"

白齐道："我来得还算及时，太渊玉塔已被我藏了起来。"

秦明吁了一口气："那就好，若是玉塔丢了，可真就白遭这罪了。外面的锦衣卫怎么说？这事可是闹得有点麻烦！"

白齐道："这个我们早处理好了，地穴泉建造于洪武初期，虽然在刘府下面，但没有人能证明此事与刘家有关，一切都只是偶然罢了，另外锦衣卫那边似乎也在暗中与金吾卫较劲，不想这么早暴露事态，虽然胡千户受了重伤，但这几天也没见纪纲向皇上禀报此事，足可见他们也想摸清其中的玄机利害再作处置。"

荆一飞担忧道："只是这样一来，就有越来越多的人知道了六脉的事，总有一天这事会传到皇上那里，这可始终不妙。"

秦明眼神一暗道："这次我们以为行动已经很机密了，没想到还是被锦衣卫的人跟踪上了，若是下次还有七煞门等其他势力介入其中的话，只怕更没那么容易脱身了。"

荆一飞斩钉截铁道："所以我们必须加快脚步，早点拿到六件法器才行！"

白齐道："要拿法器必须先要查明六穴的地址！"他出门瞧看了一番，而后关闭了门窗，从怀中取出一个纸卷，在桌子上缓缓铺开，那是一张十分详细的南京城地图，这京城的地图历来都是机密文档，深藏于宫廷内府之中，非特殊官员持谕令不能查阅，就连负责京城守卫的魏东侯也只有都城和外城的部分地图，而皇城之内以及部分皇家禁地的地图都是残缺的。却不知道白齐手中的地图是从何处而来。

荆一飞和刘小芷率先惊了下，这二人都在府衙之内生活，自然是知道这个规矩的。

白齐笑了笑道："放心吧，这地图不是偷来的，这是我自己画的！我初来南京城时，每日以步丈量城郭，而后逐日更新细化其中的局部细节，直到昨日才算完成这初稿，虽然其中还有一些机密场所不得而知，不过大抵也能用一用了。”

古代画师画地图大多数以马车来丈量距离，以星辰和罗盘等确定方向，先画出山脉、河水和道路，最后再标记建筑物，只是这样画出的地图与真实场景相比仍会有不小的差距，所以一般严谨的地图，必须有五个以上画师分别完成，然后将所有的地图放在一起进行比较，不断地调校误差，达到最佳的效果，白齐一个人只用双足就能画出这么精确的地图，说明他的记忆力和方位感非常好，光凭这一个本领，他就已经是奇才了。

四个人围将过来，细细瞧看这南京城的全貌，这几人虽然都生活在这座城池里，但从未从这么全局的角度看过这座京城，四圈城墙，七十一道城门，四十二条街道，一一在列，就连皇城之中的部分建筑都画得清清楚楚，当然最机密的一些地方，由于白齐未曾踏足，也只得留下一处处空白。

白齐徐徐分析道，这六脉风水大阵共有六个穴眼，分别是天宗、地泉、太阴、阳明、龙盘和虎踞，眼下地泉和阳明两穴已经确认，两件法器也都在金吾卫手里，剩下的四个穴眼却不曾知晓，不过依照以前七煞门的行动来看，应当也可以分析出一些眉目，比如这龙盘穴若是没猜错的话应该是后湖漩涡中的那个八卦法阵，长江本来就有水龙脉之说，水龙到此回旋，犹如龙盘，既可以扭转江势去而不回的风水残局，也可以净化后湖水质，同时从形上来说，江水盘旋，正如巨龙卧盘在京城之后，可不正是龙盘穴吗？至于天穴，自然是在天上。

“天上？”自古穴眼都是在地上，从未听说过还有在天上的道理，就算有，那这天上要怎么设穴眼，莫非是有悬浮在空中的云顶天宫不成？白齐主动问道：“你们还记不记得上次七煞门的人盗取的那尊鎏金佛塔？”

这事秦明和荆一飞自然是知道的，白齐这么一问，二人就有些明白了：“你的意思是说这天宗穴是在这琉璃塔顶？”

“不错，你们想想，这千禧寺从东吴以来，几经焚毁更名，又几次重建，不过这寺庙不管怎么建却始终有一个特点不会改，那便是围着塔来建寺庙，寻常寺庙都是整体建设，或者以大雄宝殿等主殿为中心点，但千禧寺却恰恰相反，它始终都是以塔为中心。塔的高度亦保持了三十二丈三尺左右，所以我猜想这天宗穴其实就是在离地三十二丈三尺左右的地方，刘伯温巧妙地利用了这个点，在高塔之上设下天上的法阵，而那座鎏金佛塔就是我们要找的法器。”

经过白齐这么一分析，荆一飞和秦明也有所领悟，当日螟蛾漫天飞舞而来，集结在九层塔顶久久不肯散去，现在想来一是有人暗中驱使，二是这塔顶必然有一处很特殊的气场，可以吸引蛾虫聚集环绕不肯离去，毕竟这些穴眼都是非同寻常之处，没有点异象如何能成？

只是，这些毕竟都是白齐个人的猜测，还未得到任何人证实，如果一旦猜测错误，就会影响其他穴眼的推算，所以如果真要想全部掌握这个六脉风水大阵，就必须一处一处到现场实地查验。不过由于琉璃塔已经焚毁在烈火之中，他们想要上到三十多丈高的塔顶考证也是不可能了，那已知的只剩下另一处龙盘穴还可以验证下。

白齐道：“所谓龙盘虎踞，只有先验证了龙盘，我们才能准确找出虎踞之处。”南京城龙盘虎踞，这句话最早出自三国诸葛亮之口，说的是钟阜龙蟠，石城虎踞。具体来说就是钟山冈峦连绵好似一条巨龙盘伏，而石头城巍然屹立，好似猛虎踞坐，这是南京城风水绝佳的最好印证，只不过按照诸葛亮的说法，龙盘虎踞二穴应该是在钟山之上和石头城里，但是根据下过后湖的鲛兵描述，那江水回旋以及设下的八卦坛，又分明就是应和了龙盘穴的特征，两个地方都有一些依据，这就有些不好判断了。

白齐指了指地图上的后湖，道：“所以，我必须先验明这龙盘穴究竟是不是在后湖里才行，只有定下了它的位置，我们才能找出相对应的虎踞穴所在，否则便是一步错，步步错，恍若大海捞针而不可得。”

第二十一章　点睛术

现场四个人除了白齐，其他三人对风水一事都是一无所知，一个个听得云里雾里、似懂非懂，纷纷问道："那我们要怎么验证？用罗盘分金点穴之法吗？"

白齐摇头道："天象如云、地脉如水，都是在随时改变的，分金点穴只能确认大致的范围，想要确定穴眼的具体位置，必须要用另一种独特的术法。"

"什么术法？"

"点睛术！"

"点睛术？"这个词众人皆是第一次听说。

所谓点睛，便是用秘法寻找地脉范围内气场最强大或者最独特的中心点，这个点就犹如法阵的阵眼，气旋的中心，星云的核心一样，在这个点上放置特殊法器，堪比画龙点睛，瞬间可以激活整个风水法阵。只是不同的穴眼要用不同的点睛方法，更确切地说是用不同的灵媒。

白齐沉吟道："阳明穴用的灵媒是归阴还阳草，草籽种入地穴之上，会根据地穴里的阴阳二气情况，生长出不同颜色的青草，这穴眼显露在草色上，一看便清清楚楚。而天宗穴在空中，所以我猜测点睛用到的灵媒必然是能飞的东西，察气循迹，没有什么比朝不保夕的虫子更厉害，所以理应是那黑色的冥蛾，这些虫子会自动分辨出气场的强弱所在，争先恐后地围绕穴眼中心飞舞。同样的道理，要看这龙盘穴是不是六脉穴眼之一，也要用到类似的灵媒，让它们来找出最后的那个点。"

秦明挠挠头道："这可麻烦了，我们也不知道这龙盘穴的灵媒是什么啊？"

"我看未必，我听白齐的口气应该是已经知道龙盘穴该用什么灵媒了。"荆一飞见白齐说话的口气是自信而从容，料想这人已经知道了具体的实施办法。

白齐笑了下，道："确实，此物我恰巧知晓，倒是让一飞见笑了！"

秦明哼了一声，道：“可别说这些没用的，你就赶快说要用什么灵媒吧？嗯，在水里的穴眼，我猜不会是鱼吧，不行，鱼太笨了，或者是乌龟王八？”

白齐突然合了扇子，指了指秦明道：“哎，这次你说对了，正是乌龟！”

秦明叫道：“乌龟？！乌龟这么笨能点睛？！”

白齐道：“这能分辨龙盘穴的灵物可不是普通的乌龟，而是九甲灵龟，龟本是真武大帝之形，九又是帝王至尊之数，有一种灵龟背上生有九片龟甲，每一片龟甲里都有一圈圈圆形图案，看起来好似铜鼎，这龟驮九鼎，可不是大祥之物？所以分辨龙形穴，必要用这九甲灵龟。”

九甲灵龟乃是龟类中的异数，一旦出现，都会被当作吉瑞之兆。但这龟十分罕见，数量也很稀少，中国江河纵横千百条，湖泊山泉数万处，兽羽昆鳞千百万,九甲灵龟却找不到几只，一旦有这等奇异灵龟出现，各地官员无不争先恐后以高价购买而后进贡帝王邀功，宣称祥瑞降世，大吉之兆，所以这皇宫的御花园里想必是有那么几只灵龟的，其余的地方只怕就闻所未闻，见也未曾见过。

刘小芷叹道：“这灵龟啊，我也曾听人说过，不过见过的人可就太少了。”

秦明道：“听起来就是个不好找的东西，对了，其他的乌龟不行吗？”

白齐摇头道：“点睛一法，历来一物一点，除此之外，再无他法可以确认。”

秦明道：“这么说，我们得进皇宫御花园偷乌龟啊！”

白齐轻轻开了扇子，摇了摇道：“这倒不必，我知道有一个人手里就有九甲灵龟！”

众人齐齐问道：“谁？”

白齐道：“六合赌坊的主人，汉王麾下的谋士，六公子！”

荆一飞听到六公子的名字就忍不住皱起了眉头，低声道：“他怎么会有？”

秦明却叫嚷道：“六公子？他一个开赌坊的居然有这等宝贝？他是哪里抓来的？居然不上贡！”

白齐道：“他是哪里得来我也不知道，不过我可以确定他有，这就足够了！”

荆一飞反问道：“此事你何以见得？你是亲眼所见了？”

白齐道：“呵呵，你们知道这六合香是怎么炼制出来的吗？这六合香的六种毒药成分都很特殊，若是用寻常的丹火淬炼，极易烧化成灰，毁坏了药性，根本形不成毒药，也不能致人入幻，除非他们用一种很特别的方式来炼药，这种方式就是用这六种毒药喂养九甲灵龟，因为九甲龟背上的图案就像九口大鼎，灵龟吃了毒药，通过消化、发酵、融合，就好像在九口鼎中炼制一样，最后这灵龟会分泌一种黏液，这黏液就是六合香，因为九甲灵龟可以分泌能让人致幻的毒药，所以这灵龟又叫蜃龟，说它就像江河里的蜃妖一样，能营造出海市蜃楼的幻境。六公子既然可以用六合香修炼魔术，就必然拥有九甲灵龟！”

“啊，原来如此！不过……”秦明摸了摸下巴，有点忧虑道，“上次我们在六合赌坊搞得可是有点不愉快，一飞还砸了人家的大轮盘，这个六公子一看就是脾气很怪的人，一定是记恨在心的，恐怕打死也不会帮我们了吧，这样去求他只怕非但拿不到乌龟，还要被他奚落一顿，不如这样，我们去偷！这一只乌龟也就这么巴掌大，我跟一飞两个人溜进他院子里，不要说一只破乌龟了，就是整个鱼池里的鱼我都能给他捞干净了！妥当！”

刘小芷当即拍手表示赞同，荆一飞却直接白了一眼，骂道：“妥当个屁！”

白齐也摇头道：“不妥！不妥！你忘了他那魔术的厉害？说不定你入了他的院子，都分不清这院子是真是假，这方向是东是西，你还如何寻龟盗龟？”

秦明呃了一声不说话了，若是真刀真枪的硬斗秦明还真不怕任何人，但这六公子的魔术确实太厉害太诡异了，一旦入了这人的魔术之境，他完全是有力无处使，只有任人宰割的份，秦明现在还没想到怎么破这鸟人的法术，这样贸然前去可真是自投罗网，到时候别说是偷乌龟了，就是死都不知道是怎么死的。

那可怎么办啊？！秦明哀叹了一声。

白齐突然意味深长地看了一眼荆一飞：“此事恐怕只有一飞亲自去求最合适！”

荆一飞直接拒绝道：“我不去，我不会去求他的。”

“为什么？”秦明好奇道，大家都以为秦明要问荆一飞为什么不去，结果他却问白齐：“为什么非要一飞去求才行？一飞上次可把人家盘子都打烂了！这六公子肯定恨死她了，她去了也好不到哪里去啊！”

白齐笑了一声，道：“此事，一飞自己心里有数，我便不多说什么了。但是我要告诉你们，这是最有效的办法。”

荆一飞摇了摇头，斩钉截铁地表示坚决不去，此事没什么可再商量的余地。

白齐不动声色淡淡道：“若是没有灵龟，就确认不了盘龙穴，确认不了盘龙穴，我们查找六脉穴眼的事就很难继续下去，要知道魏大人给我们的时间也只有不到两个月，若是时间拖久了，只怕皇上震怒，整个金吾卫都要受到牵连，却不知荆大人还有什么更好的办法来解决？”

白齐的扇子上两个字“阴违”好是显眼，硬生生地刺激着荆一飞的双眼。

荆一飞心里咯噔了一下，她突然觉得白齐的神情似乎与以前的有些不太一样，只是这具体哪里不一样她也说不上来，这人明明眉眼还是那对眉眼，嘴巴还是那个嘴巴，可就是突然不一样了，仿佛换了个人一样，或者说是换了个魂魄。

白齐又问了一声：“荆大人，还在迟疑什么？”

秦明也大为不解，问道：“对啊，一飞，这有什么好迟疑的，魏大人的事你平日里不是最关心的嘛。”

荆一飞想了想，终于咬牙道：“若非要选一样，我宁可选择偷灵龟……”

这个选择完全符合了秦明的想法，他立即打了个响指笑道：“我就说这东西求不如抢，抢不如偷，去求他那多没面子！”

荆一飞道：“只此一次，下不为例！我们三人都是金吾卫，若非逼不得已，怎可做这等有辱名节之事？”

秦明道：“那是自然，只此一次！而且我们是借，用完就还给他。”

白齐见事已至此，没有办法只有摇了摇头，问道：“那时间呢？”

荆一飞道：“我听说六公子每次月圆之夜都会去灵谷寺拜会慧海长老，直到第二日天明才会归来，十日之后就是月圆之夜，不如我们就在那天行动。”

白齐道：“如此甚好，不过六公子的魇术防不胜防，他的家中难免有各色陷阱，这次我们也要做好万全的准备才行。”

秦明想了想道：“其实，我们可以喊阿福一起。一来阿福可以使唤野狗，野狗的嗅觉和警觉性远胜常人，自然更容易分辨出这些潜伏的危机。二来阿福跟我们也很熟络了，还是比较信得过。”

荆一飞点点头道：“他来倒也合适，就这么定吧。”

一旁一直没机会参与讨论的刘小芷嘟起个嘴，问道：“秦明哥哥，我也想跟你们一起去。”

秦明很严肃道：“你不可以去，很危险的！”

刘小芷道：“有秦明哥哥在，我不怕危险的！”

秦明嗯嗯了两声道："虽然我保护你是没有任何问题，但你是女孩子，不可以偷东西，要注意言行举止！"

刘小芷不依不饶道："那一飞姐姐呢？她也是女孩子啊，她还不是可以去！哼，你这是偏心！"

秦明偷偷瞄了一眼荆一飞，阴阳怪气道："荆一飞啊，她还算女的啊……哎呀，荆一飞，你打我干吗，我的病还没好，你就揍我！快住手！"

第二十二章　盗灵龟

十日后，入夜，明月高悬天际。

今夜正是满月，六合赌坊的主人六公子按照以往的惯例，都会去灵谷寺找慧海大师谈经论道，这一去通常都是一整夜，直到翌日的清晨才会回来歇息，这个节点正是秦明等人入室盗取灵龟的最佳时机，一旦失去，就又要等待一个月了。

六公子的住所就在六合赌坊后面，一方院落隐匿在秦淮河畔的烟柳深处，大有闹中取幽之妙。夜已深，秦明、白齐、荆一飞加上阿福四个人绕过人声鼎沸的赌场，再穿过一条柳巷，就见一堵白墙黑瓦拦住了去路，这堵围墙之后就是六公子的宅邸所在。

到了这里，空气都突然变得静谧起来，似乎有一面无形的罩子将这个地方罩住了，刚一踏步靠近围墙，不远处赌坊喧嚣的声响就丝毫都听不见了。

众人深知这六公子魔术的厉害，也不敢随意行动，先翻上墙头察看地形再说，这庭院之内空间不算太大，布置得却很是风雅。处处佳木葱茏，奇花烂漫，一带清流蜿蜒于花木湖石之中，更增添了几分生气。再往前看去，碧瓦飞楼，雕甍绣槛，庭院之外，正是徐徐流淌的秦淮河，若是有雨的天气，在凉亭内闲坐，煮一壶杭州龙井，听雨打芭蕉，看秦淮东去，倒也是尽得人生雅趣。

不过，由于之前大伙都领略过六公子魔术的威力，现在看到这庭院想到的可都不是什么景色风雅之类，能想到的都是机关重重、危机四伏等字眼，尤其是眼前的石头小径曲曲折折，在月光下白森森的就像一条巨大的银蟒蛇一样蛰伏不动，只叫人心生几分惧意。

白齐从袋子中取出三个面罩，道：“先把这个戴起来，以防不测。”

为了防止再中六公子的魔术，白齐专门制作了这个面罩，他用十几种草药熬水，再将这面罩浸泡药水中三天三夜，让药力完全沁入面罩之中，只要一戴上它就可以让人时刻保持清醒，有效化解曼陀罗等毒物带来的致幻效果。

秦明率先戴起面罩，果然一阵药香扑鼻而来，闻起来叫人神清气爽，而且这药力渗透，脸上还有种冰冰凉凉的感觉，说不出的受用。他心里不仅坦然了几分，心想这下子可不用再担心六公子的破魔术了，若是这人今夜没走，自己下去非得揍他一顿解气不可！

不过为了谨慎起见，秦明还是俯在围墙上朝外面使了个眼色，这下方蹲着的正是阿福，阿福会意后立即打了个响指，一条黑色的短毛小狗就从排水口钻进了院落里，小狗一进院子就开始边跑边嗅，这一路疾奔也未见任何异常，它走动了两圈后，终于在正中央的房门前停了下来，朝大伙摇了摇尾巴。

前方的这栋房子三间开阔，两层高，挂一匾额叫灵犀阁，无论是从朝向、规格来说都是这院子内最核心的位置，显然这里应该就是六公子的寝房了。此时此刻，屋子内无火无烛、无声无息，漆黑一片，就连看门的仆人都没有一个，很显然六公子早就去灵谷寺谈经论道去了，这会里面已是空无一人。

众人见小黑狗站在灵犀阁下毫无异样，既没有口吐白沫被毒翻在地，也没有被各色机关扫射洞穿成马蜂窝，更没有说中了幻术木然不动，这才放心地跃下围墙朝里走了过去。

这一路上石头高低不平，走起来并不顺畅，甚至隔着靴子都能感觉到那种被硌得生疼的痛感，古时有人坚信这足底连同五脏六腑，经常用顽石按摩脚底会刺激某些穴位，促进血液循环，从而保健身体，所以不少花园里都会布置这等足道。秦明走的是一阵痛痒，好似被人在脚底捅刀一样，这走了才几步，心里就是破口大骂，可是骂归骂，脚下还是小心翼翼，不敢轻举妄动一下，终于三个人谨慎地来到了房门前，抬头一看，高耸的阁楼木门上雕刻着一个与赌场类似的轮盘，上面刻着的却是这个院子的场景。

这轮盘上有阁楼亭台，有花树溪流，虽然刻得惟妙惟肖，十分精美，但依旧是秦明心中的魔咒，他再见此物，当即如临大敌，立即别过头提醒道："注意，大家千万不要盯着这破盘子看，小心遭了这人的道！"

白齐摇摇头道："你这就多心了，六公子的魔术威力在于六合香而非这个盘子，若无毒香，这木盘子也就是个普通的盘子罢了，无甚大碍。"

秦明将信将疑，但见白齐一直盯着轮盘看，这才放心地看了看盘子，果见没有异样，心里终于舒了口气，上前一步道："这便好，这东西可恶，待我先来把这门给破了再说！”他半睁着一只眼睛，摸索了一阵，凭感觉用匕首往缝隙里轻轻一探一划，咔嚓一声就破开木门。

轻轻一推，房门大开，秦明大喜道：“哈哈，看来徒有其表，吓唬吓唬人而已！”

三人推门入内，荆一飞点亮了火折子，室内的布置终于展露在眼前。入门便是厅堂所在位置，内里颇为宽敞，正中央摆放着一尊巨大的赤铜鼎，鼎上刻满了铭文和兽形，墙上则悬挂了九张丈余高的古画，这些画卷的年代都有些久远了，上描的画色都有些褪色暗淡，整幅画灰蒙蒙的像是蒙了一层细灰，但借着火光依稀可见各色奇形怪状的妖魔鬼怪，有狗头人身的魔将，有长满触手的海中怪物，有身披僧人皮囊的暗影，有状如僵尸的恶鬼，也有九条尾巴的魅惑狐妖，每一张都极尽血腥怪异。这些古画看纸张泛黄和颜料失色程度，至少已经存放了数百年了，只是画风如此诡异骇人，却不知道挂在这里是做什么用的。

秦明摇头啧啧道：“邪教！这六公子果然是个邪教！”

他开始指指点点道：“你看，狗头军师，鱿鱼精，狐狸精，还有这个最不可思议，晒脱皮的秃驴！都是些什么乱七八糟的！”

荆一飞盯了秦明一眼：“你能不能安静会，还有，不要乱碰这些画！”

三人中只有白齐一见这些古画来了兴趣，他细细观摩，而后自顾自沉吟道：“这些画像确实很古怪，因为它们都不是汉人的画师所画，这是东瀛的画风，这可真是有趣。”

白齐还欲认真研究古画，一旁的秦明已经弃了古画缓缓靠近那铜鼎，他伏在鼎边朝里看了眼，只是看了一眼就忍不住咧嘴笑了起来，这鼎里果然趴着一只碗口大小的乌龟，龟甲共有九片，色如鎏金，每一片龟甲上都有类似年轮一般的花纹，一圈一圈看起来就像一个个深不可测的旋涡，又像一口口装满水的金鼎。身披金甲，背负九鼎，这样奇异的乌龟可不正是他们要找的九甲灵龟吗？

秦明指了指金龟笑嘻嘻道：“白齐，别看画了，重要的东西在这里！这乌乌龟还在睡大觉，要不要现在取了？”

白齐兀自在目不转睛地看着画，摇了摇头道：“不对！我总感觉得有些不对劲！”

秦明回过头道：“还有什么不对劲？难不成又是个陷阱？我看赶紧取了乌

龟早点走得好，这地方阴气森森的我一刻都不想多待了。”他话还没说完，一个人影突然从门外冲了进来，这人身子又矮又壮，正是原本守在院前外的阿福。

秦明喝问道：“阿福，叫你守门你跑进来干什么？”

阿福嘿嘿一笑，冲到水缸边，叫道：“你们每次……都让我守门，不让我……我进来玩，可不是……急死我了！抓龟这么好玩的事，让我来吧！”

秦明正欲阻止，但不想这阿福速度很快，整个半身一下子就探进水缸中，两只短粗的手快速一抱，就想要把金龟抓出来，却不想这一抱之下，金龟竟然一动不动，阿福有些生气，猛地再一用力一扯，金龟依旧不动。他咦了一声，奇怪道：“这龟难……难道还生根了不成？看老子不把你掰起来！”

荆一飞大觉事情不妙，立即阻止道：“阿福快放手，这不是灵龟，这恐怕是机关！”

果然，水缸中一阵水波涌动，金龟缓缓沉了下去，房间内气温陡降，更有阴风乍起，吹得九幅画卷开始剧烈地掀动起来，随着这画卷的抖动，画中原本斑驳的人像不知何时开始变得越发鲜艳而清晰，一个个栩栩如生，仿佛随时要从画中走出来一样。

秦明气得骂道：“臭阿福！你个丧门星，谁叫你乱动了，果然中了机关，还不赶快撤！”

四人还未拔足，就见屋内光影大变，一道道黑影从古画中蔓延出来，原本的大门和墙壁早已消失不见，四周只有无尽深邃的黑暗和九张越发清晰的古画。

秦明气道：“死阿福！你……你……你这下把大伙害惨了！”

阿福吓得缩成一团，哭丧着脸道：“我看你们一直犹豫，我……就想着……想着快点帮你们……我哪知道还有这么多机关。”

荆一飞疑惑道：“这恐怕又是魇术，不过房间内外都没有六合香味，为什么我们还能中了魇术？”

六公子的魇术都是以六合香毒为基础，而后通过秘术引导，让人的神智进入一个特定的空间，叫人受困其中无处可逃，可今夜众人自始至终并未闻到任何香味，也没有六公子在场引导，如何还能中了魇术？难道这六公子今夜没去灵谷寺，而是还在这院子里……

第二十三章　斗式神

墙壁上的黑影开始四处扩散，更有像黑发一样的影子率先渗透进其中一幅画，那画里画的是一张僧人的皮囊，皮囊干瘪如半透明的薄衣，软软地垂放在一座残破的佛像下，昏灯破庙，尸囊如纸，显得颇为阴森诡异。只见黑影快速地钻进僧人的皮囊中，原本皱成一团的皮囊突然开始起了变化，逐渐充盈起来，变得润泽饱满、充满肌肉，他的僧袍无风而动，干枯的手指瞬间弹了一下，干瘪的嘴巴也在奋力地努动着，喉头上下蠕动，似乎是在吞咽着什么东西，双手双脚剧烈地颤抖、抽搐、扭曲着，摆成一个异于常人的怪异姿势，仿佛是一个被打断手脚的人努力地想要站起来。

唰！僧人终于睁开了双眼，它的眼中一片乌黑，没有眼白，怪异至极。

这模样像极了民间传说中的画皮鬼，只是敢以修佛的僧人为皮，这样的鬼魅也是极为罕见。其他的图画中，各色魔神、鬼物也都渐渐活了过来，大蛇的鳞片内长出了三尺长的黑色发丝，原本身披红鳞的巨蟒，此时就像一条长满了头发的毛蛇一样，轻轻摆动着身体，发出令人毛骨悚然的嗞嗞声。而尸魃也变得毛茸茸的，尖牙利齿长如筷子，不停地挠动着画纸发出令人毛骨悚然的嘎啦嘎啦声响，这些妖物一个个都十分奇怪，它们的目标也都很明确，就是房间里的四个人，一对对眼瞳之中都露出了无限饥渴的神情。

白齐面色一变，叫道："这不是魔术，这是东瀛的式神术！"

式神源自东瀛，乃是东瀛阴阳师的常用术法，阴阳师会采用剪纸、符咒、契约等方式，役使世间残留的灵体为自己所用，传说高明的阴阳师可以驱使上古邪神，替自己镇守宝物、诛杀仇敌，这九张图所画的正是东瀛的九大邪神，名为犬鬼、影魅、海妖、缚灵、饿鬼、狐妖、蟾仙、大蛇、尸魃。

那由人皮复活的僧人正是影魅，传说中的影魅是在阴影处生出的鬼物，它生于阴暗，存于阴暗，可借助阴影而现，也可借阴影而遁，更可顺着阴影注入生人或者尸体之中，控制尸体为它所用，只是这样控制的人或尸体会有一个明显的特征，便是双眼漆黑如墨，没有丝毫眼白，身上的皮肤也会显露出暗淡发黑的诡异色泽，仿佛体内被灌满了黑色的影子一样。

影僧剧烈颤抖，终于哧了一声，第一个爬出了古画，它似乎还未站稳，整个人是直接摔了出来，只是摔落在地后，就迅速地爬了起来，身子踉踉跄跄，几乎都看不清是用手还是用脚就朝众人迅速扑了过来！

五指一张，僧人的指甲缝隙里倏地伸出五道利刃一般的长发，阿福不知轻重还要去抓这头发，荆一飞急忙喝了一声扯开他，而后手中的利斧第一时间切了出去，斧头一转，猛地劈断了影僧的胳膊，只是这怪物完全不吃痛，脑袋猛地拉长，像伸长了脖子的乌龟一样也咬过来。

这一变化很突然，若是一般人遭遇此境必定被咬上一口，但荆一飞却是毫不惧色，她突然身子一分，原先的人影化作了一道残影，这影僧一口咬了个空，而另一个荆一飞身子旋转，回身又是一斩。这一招正是她近来苦练的回风斩！

出招好比疾风向前，若遇高山阻挡，碰壁之后突然回旋再击，一招两分，叫人防不胜防！唰！这一斧头下去，干脆利落地将影僧的整个脑袋劈了下来。这妖物头手一断，整个身子像是被击破的水球一样，瞬间干瘪了下来，一摊浓墨一样的黑影从伤口处倾斜而出，流得四处都是，那僧人重新化作了一张人皮。

荆一飞不屑道："东瀛之术也不过如此，虚张声势而已！"

不想话音刚落，荆一飞就眼角一抖，因为这黑影又再次蠕动起来，影子哗啦啦地像水一样滚动着快速地回收到人皮之中，人皮再次一点一点充盈了起来，这妖僧以怪异的姿势挣扎着又站立起来，原先脖子、肩膀上那道断口，也被一根根头发丝一般的影线细细地缝合了起来。它，又复原如初了！

妖僧龇着嘴，剧烈抖动着身体，现在的它看起来就像一具缝缝补补的有些糟烂的稻草人，无数的黑色发丝像稻草一样露了出来，又遁回去，这令他浑身上下好像爬满了黑色的蛇虫一样，原本就诡异的场景再度增加了几分惊悚。

哇！它突然张口叫了一声，整个嘴巴都咧到了耳根，下巴更是如脱臼了一样，大得不可思议，妖僧再度扑了上来，速度和力量似乎根本没有受到皮囊破裂的影响，相反比刚才更强更快了！

荆一飞面色一沉，提斧再上，她不信自己还奈何不了这小小一张皮囊！

此时，在这影子妖僧的刺激下，满室的图画都完全变成了邪神和恶魔，一条长满黑毛的红色大蛇突然也张开血盆大口朝秦明狂扑而来。

巨蛇袭来，带动一股极为腥臭的气味，好似沉积千年墓穴中独有的腐败味。秦明嘴里虽然在叫骂，脚下反应倒也快，不过双足一点，一个闪身险险地躲掉了这第一击，巨蛇一击落空，迅速身子一盘，摆了一个躬身形状，浑身的黑毛犹如刺猬般全部张开，发出哧哧哧的交错声，这巨蛇一弹身子又扑了过来，秦明想要出招，但不想这蛇速度太快了，自己还未准备好它就迎面扑来，无奈只好又躲了一下，这次躲得十分惊险，蛇毛猛地刮过自己的手臂，感觉像被毒针扎了一样，一阵火辣辣的疼痛！

“妈的！养什么不好偏养这长毛蛇，老子最讨厌这东西！”

长蛇再度卷身而来，秦明这次选择不躲避了，他静默原处，右手捏了个剑指，左手微微顶了下眉峰，静待这怪蛇扑来。这巨蛇一往无前，这血盆大口已是快速迎来，待离人三尺之内时，秦明突然右手弹出藏锋，猛地冲了出去，二者距离之近几乎是面贴着面，就在这时，秦明俯下身子向上一划，刺啦一声，藏锋势如破竹一般划开了巨蛇的腹部，一股黑水冒了出来。

秦明揪住蛇发，顺势身子上翻，再一手起剑落，青光在空中划出一个完美的半圆，嘭的一声，蛇头就被干脆利落地斩了下来，整条蛇就像泄了气一样迅速软耷下来，黑水四溢，只是过了不到片刻，这大蛇与僧人一样，头发一般的黑丝再度涌入，将伤口缝合，不过片刻长毛巨蛇就又再度立了起来。

秦明再杀，这一次，他连斩七刀，直接将巨蛇劈成八段，只是这蛇不论如何斩杀，依旧很快便复原起来，荆一飞、白齐、阿福面对的情况也是如此，邪物死能复生，杀之不绝，长长的发丝就像无法攻破的迷障一样，不停地损耗着几个人的精力！

如此恶斗一番，九大式神已经彻底占了上风，狐妖的身后生出九条巨大的黑色尾巴，四周更有令人作呕的骚味传来，一闻到就叫人胸闷难耐，浑身发软。而后饿鬼、海妖、尸魃等也一一冲杀而至，整个空间里充斥着无数妖物，血腥和恶臭的气息越发得浓烈！

四人背靠背，围成一圈，已是无处可逃了。

纵然秦明体力强横，也是斗得有些力竭，他转头问道：“白齐，你不是什么都懂吗，这东瀛的邪术究竟是什么鬼原理？就没有破解的办法吗！？”

东瀛的阴阳术虽然源自中国，但由于经过数百年的演变，早已有了属于自己的一套独特施法方式，就像忍术最早源于中国的隐术，但到了后期忍术中融合了日本神道中的忍法、阴阳道中的巫术、武道中的格斗术，以及中国孙子兵法等，已经演变成一种与中国武术道法完全不一样的伏击术，阴暗、诡异、有效，这是东瀛忍术的特点。

白齐摇摇头道："日本的式神术唯有施法人才有独特的解神方法，所以此法不可破……"

秦明显然不信："不是任何法术都有命门和弱点的吗，凭什么这式神就没有破解的办法？！"

白齐双指揉了揉太阳穴道："不过，古卷中是有记载一种破解之法，只不过我也未曾研究过，当真记不到了。"白齐摇了摇头，脸色依旧镇定，毫无慌乱之感，可是眼看这式神已经近在咫尺了，四人近乎全军覆没了。

荆一飞的脑子里突然闪出了一个念头，这念头就像黑暗中突然点亮的一道火花，虽然昏暗不明，但却依稀照出了这个世界本来的轮廓。这个廓落显然和自己想的、自己看的完全不一样！

啊！

荆一飞意识到一个问题，她问自己：现在自己看到的有多少是真的？！梦魇是在人的心里设下一个幻境，那这个魔术是每个人单独进入，还是可以共同经历？！如果不能共同经历，那眼前的一切有几分是真的……

荆一飞问道："白齐，你说这世间有没有灵体的存在？"

白齐不知道荆一飞为什么突然问这句话，他愣了下答道："按理说是没有，但世间之大，无奇不有，不能解释的东西也是有的！或许，他们是采用了另一种方式控制了某种不常见的生物！这种生物就被人们叫作灵体！"

荆一飞冷笑一声："不错，这世界上虽然没有鬼神，但确实有这样的奇人！不过其实我想问你的是另一件事，你的扇子呢？！"

白齐愕然了下，他的手上果然空空如也，那把黑檀泥金扇原本一直是在他手里的，现在却不知去向。须知，自从阳明院后，这扇子就一直是在白齐的手中从未离开过，这么关键的时候白齐怎么可能丢了扇子？

凡有异样，必是有妖异！

荆一飞的眼神里露出一抹杀机，这杀机迅速扩散，在浑身熊熊燃烧起来！

她冷冰冰道："想来你二人与这所谓的式神都是一样的，不过是魔术创造出来的幻觉罢了。所谓杀之不绝，不过是没杀对人而已！对不对，白齐？”

白齐的脸瞬间抖了一下，喝问道：“荆一飞，你这话什么意思？！”

“我的意思……你们才是关键！”

“荆一飞，你还想杀我和秦明吗？你中邪了吗？！”

“秦明，你虽然很像，可是你跟真的秦明比还是差了一样东西！”

“什么东西？！”

“你不会知道的！”

荆一飞终于施展出杀招了！

第二十四章　真相

荆一飞突然快速旋转身姿，手中七漩斧借着旋转之力，铮了一声，分裂出七把斧头，这是荆一飞的终极杀招，七神杀！七漩斧化作七把杀神，一招灭敌！到目前为止，众人只见荆一飞用过一次，那就是在后湖上大战七煞门时，荆一飞情急之下，一招击杀了计无言，现在这一招再度使出，威力更甚往日，七柄斧头闪耀出青绿色的光芒，好似七头青蟒盘旋空中，发出嗡嗡嗡的焦躁之声。

“千障万障，唯有杀伐才能破障！是不是六公子？！”

荆一飞喝了一声，七道光芒迸发而出，斧势如龙卷虎跃，更如惊雷炸裂，青光所及之处皆是摧枯拉朽，势不可当！九头邪神急忙冲击过来想要围堵荆一飞，却不想这七神杀威力太强横了，九个怪物瞬间就被斩杀殆尽！几乎是毫无反抗之力一下子就被击垮在地。

飞斧破邪，而后在空中回旋而来，铮铮六声又化作一柄完整的斧头。

荆一飞高高跃起，她的身影如同苍鹰横击长空，又似飞马踏住了燕雀，双手猛地一合，十指奋力握住了七漩斧，十足的力道汇聚在这斧头的顶端，化作了万千风雷的一招！

荆一飞高喝道：“七神杀斩！诸神皆灭！”

这雷霆万钧的一招没有击向正在复活的各路邪神，而是径直奔向了秦明、白齐以及阿福！在荆一飞看来，这才是这次魔术的关键所在！

三人纷纷后退，脸色煞白如纸，若单论武力，秦明、白齐和阿福联合起来也不可能挡住荆一飞的这一招，这人杀意起来便是不顾一切，满眼满心只有杀！杀！杀！纵然有万千佛神阻挡也不可拦住她半步。

荆一飞御斧而下，口中冷笑道：“天底下哪有什么式神！这一切不过都是幻象罢了！”

斧势狂劈下来，阿福率先中招，瞬间被劈成两半，鲜血飞溅染红了半边墙壁，荆一飞身子不停，整个人犹如地狱杀神一样，持斧再击，两道翠光几乎是摧枯拉朽而来！

“杀！”

“杀！”

秦明和白齐还没反应过来，瞬间身首异处！

鲜血四溢，喷溅而出，好似火山爆发一样，这红彤彤的鲜血高高溅起，洒在墙壁上突然化作火焰燃烧起来，烈焰瞬间熊熊而起，眼前的黑暗就像一张被烧着的纸，不停地剥落、卷曲、下沉，最后还原出最真实的情景……

那是一片无尽的冰冷，烈焰褪去后像寒冰一样冰冷的世界！

荆一飞只觉得四周压抑冰冷得让自己浑身无力，方才的怒火早已被这冰冷浇灭，似乎是一点点力气都使不出来。她急忙睁开双眼认真观察，凭着自己鹰隼一般的双眼，终于看清了这灵犀阁内的真实场景，根本没有什么古画铜鼎，也没有什么阁楼厅堂，她整个人都浸没在冰冷的水里，自己的周边都是水，就像一口黑暗的深井将她牢牢地囚禁。

这是什么地方？自己为何会在水里？！

她想了下突然明白了，这道魇术是将他们引导到水中，水包裹人的全身，让人进入窒息的昏迷状态，同时利用人垂死之前更加敏感的触觉，加深人在幻境中的真实感。那些所谓幻境中感受到的一次次刺杀，不过是水流摩擦过皮肤带来的感觉，只是这触感会被无限放大，若是荆一飞关键时刻没能及时察觉出破魇的关键，此刻只怕还被六公子囚禁在魇术之境中，永远也不能出来了。

“秦明？！白齐？！阿福？！”

荆一飞方才还是杀神一般，现在第一个念头却是想着救这三个人。她自问自己是这些人中功夫最好也是性情最冷漠一个，所以在自己发现了破绽后，可以第一时间毫不留情地击杀对手破除幻境，但是秦明、白齐和阿福却很难说了，一个大大咧咧，一个身子孱弱，一个鲁莽冲动，只怕片刻也不能耽搁，她的游泳技术本来就不好，此刻只能胡乱地蹬着脚，不停地环顾四周，好在她的视力够好，可以很清楚地看清水下的状况。

突然，背后有人拍了她一下，她回头猛地一看，正是白齐。

白齐的表情十分镇定自若，并无迷茫之相，却不知道这人是什么时候醒过来的，不过以荆一飞的经验判断，白齐很可能比自己醒得还要快一些，甚至有可能这人根本就没有进入魔术的幻象，也就是说他一直都是清醒的！

荆一飞暗暗惊了下，她自然是不知道白齐的体内藏有阴阳心，在幻境之中，白齐只要解放出第二个自己，所有的幻术都无法控制住他，因为幻术注定是单独存在的，它只能迷惑一个人的心智，当一个人有了自如掌控的第二重人格，那他就可以随时从第三者的角度进行观察，就像另一个人看着自己做梦一样，自然能够做到旁观者清，在他看来，这幻术不过是眼前的一个沙盘罢了，一个梦境罢了，想要从一个沙盘中逃出还不是易如反掌？！所以对天下幻术、魔术免疫是白齐的天赋之一，只要他愿意，天下的幻术师都奈何不了他。

荆一飞暂时不知道这个真相，满心怀疑地打量着白齐，白齐却毫不在意，只是轻轻地拉住荆一飞的衣袖，而后指了指下方，意思是有人在下面。

低头一看，却见秦明正双眼木然地往下沉去，很显然这人还被困在魔术幻境中出不来。荆一飞一直以为以秦明的个性和功夫必然会比白齐更早觉醒才是，却不想这人是最后一个醒来的，她既好气又莫名地生出几分心疼，气的是这人还是这么不长进，心疼的却是她忽然想到，秦明很有可能是念及情分，舍不得下手杀她和白齐，所以他始终无法破幻。这人虽然表面上大大咧咧，可是在地泉穴中的一战，荆一飞已经很清楚地感受到这人的重情重义，他宁可自己冒险也要护她周全，他更是多次救白齐于危难之中，可是现在在魔术幻境中，面对这样的设定，他又怎么狠得下心杀自己最亲密的朋友？

眼见秦明双眼迷茫，身子缓缓下沉，二人再也不敢耽搁，急忙下潜，迅速拉住秦明一路往水面上游去。

呼！

终于浮出水面，水面上正是这灵犀阁的内部，谁也没有想到这阁楼之内竟然是一面深不可测的水井，他们从一进门就跌入水井中，而后自动进入魔术。而所谓的半路冲出来的阿福，不过是荆一飞自己的幻想罢了，真正的阿福此刻还在院子外的围墙根蹲着，一步也不敢离开。

白齐和荆一飞将秦明拉上了岸，而后白齐掰了掰秦明的眼皮，查看了脉搏，舒了一口气道：“还好救得及时。”他轻轻地点了点秦明神庭、人中、紫宫三处穴位，这人哇的一声就醒了过来，狂吐了几口水，终于清醒了过来。只是他被困入魔术的时间稍微长了一些，即便醒了过来，也是有些头脑昏沉，看起来呆呆的与平日里有些不太一样。

白齐心有余悸道："这六公子的魔术果真了得，我们一个不慎便遭了这一难，今夜只怕是抓不到灵龟了，不如先回去从长计议，再想其他办法吧。"

荆一飞担心秦明的伤势，嗯了一声，背起秦明推门准备出去，只是这门外突然散出一道橘黄色的柔光，眼前的情景叫荆一飞怔在了远处，一步也不敢动。

木门外不再是原来雅致的花园，而是一个雄伟的石砌古刹。殿面五间开阔，重梁歇山顶，俱有青石修砌而成，没有一木一梁，墨绿瓦片下挂着匾额，上书无梁殿三个大字，透过石头大门清晰可见殿内有金灿灿的无量佛像高耸于莲台之上，数千盏油灯徐徐燃烧，将大殿映照得灯火辉煌，耳畔似乎还有数千名僧人齐齐念诵的梵音传来，煞是缥缈。

"无梁殿？！"荆一飞愣了下，这无梁殿因其大殿上下皆由青石青瓦所建，没有横梁得名，又因其殿内供奉无量佛，所以也被称为无量殿，是灵谷寺内的主殿。只是灵谷寺距离六合坊有几十里远，自己出了房门如何就直接到了这寺庙大院之中，便是神仙也没有这等遁地之术，难道这里还是幻境，她还没有醒过来？

这可怕的魔术究竟有几重？！

他六公子究竟想要做什么？！

夜风拂过，荆一飞浑身衣裳未干，顿觉有些发冷，这冷直透内心，甚至让她生出一丝丝的惊愕。大殿内传来一老者苍老的声音："门外可是兵马司的荆施主？既然来了，不如进来坐坐吧。"

荆一飞往前探了两步，察觉身后无声，急忙回头一望，才发现秦明和白齐早已消失不见，现在这寺庙院子里只剩下她一个人了，老僧又在大殿内唤了一声，荆一飞一时间不知道该进不该进。这幻术层层，一步走错，便是步步皆错，荆一飞脑子里飞快地回想着，她不知道自己究竟哪一步出了错，让六公子给她设下了这么复杂的一个迷境。

而且，如果她还在幻境里，那秦明和白齐必然也跟自己一样，这两个人现在哪里？会不会有什么危险？！

大殿内又有一年轻男子的声音传了出来："荆大人，你不必害怕，还请安心进来吧，这里只有你能到得了，我不会忍心害你的。"

这声音分明是六合赌坊的主人，六公子。

荆一飞心想既然六公子在里面，自己正好当面问个清楚，也好过自己在这瞎猜，她咬咬牙终于登上台阶，走进了无量殿内。

殿内，烛火辉煌，亮如白昼。

一群群僧侣跪拜在地，围成一个个环绕的半圆，齐声念着远古的经文，他们口里诵着晦涩难懂的佛经，配合木鱼引磬的声音，显得尤为庄严。

僧侣的最中央，跪拜着一个人，看背影正是六公子，只是他的背上满是密密麻麻的鳞甲，一片片鳞甲就像一圈圈妖异的旋涡一样，深深地镶入肌肉之中，鳞甲不停地旋转钉入，一丝丝乌黑色的血迹在这一圈圈旋涡纹内流转渗出，看起来十分恶心恐怖。

六公子的对面，正是闭目念经的慧海大师，看样子他正做法引导着千名僧侣念诵经文，为六公子镇压邪气，减轻他的痛苦。六公子要修炼六合魇术，就必须自己服用六毒，这长年累月的修行让毒素已经完全浸入他的血肉骨髓之中，平日里还好，他内力深厚暂且压制得住，只是到了月圆之夜，阳气转衰，阴气鼎盛，他体内的剧毒就会剧烈发作，这毒素透过皮肉而出，状如鱼鳞龟甲，如百虫撕咬，既痛又痒，根本无法忍受，唯有灵谷寺的慧海长老有办法暂时缓解他的疼痛，让他安然度过这一晚上。

而这也是六公子每到月圆之夜必要拜访慧海长老的原因所在。

并非谈经论道，而是医病救命！

荆一飞满脸惊愕，甚至浮现出一丝厌恶。

她心想，这人修炼邪功，终究是遭到反噬，当真是咎由自取。

慧海长老却长叹一声，道：“昔年，陆施主为助汉王建得奇功，甘愿服食六毒，以魇术在济南、淮安大战中数次大破铁铉的铜甲阵，立下了汗马功劳。只可惜这六合魇术虽然厉害，但反噬的威力也十分骇人，如今六毒已经侵入奇经八脉，透入骨髓，只怕施主的阳寿最多只剩十年，可怜可叹啊。”

听到这，荆一飞的脸色不由得又变了下，这一次却少了些许厌恶之色。

昔年，朱棣领兵造反，一路南下，几无对手，唯独在济南吃了铁铉的大亏，甚至一度被铁铉所擒，差点做了刀下亡魂，朱高煦作为朱棣最信赖的臂膀，一路守护左右，不离不弃，立下了汗马功劳。当然，这些功劳之中很多也要算在他身边的死侍上，而六公子陆虚便是其中最得力的一名谋士。

六公子陆虚不善排兵布阵，也没有太多的阴谋诡计，他的身子更是十分孱弱，但是这人却懂得一项叫所有人都闻风丧胆的秘术，六合魔术！

当时两军交战正处于白热化之时，铁铉的手下有一支神秘的铜甲师，这支军师内服丹丸，外披铜甲，个个力大无穷又坚不可摧，铜甲师性情嗜杀不惧危险，每次冲锋陷阵几乎无人可挡，纵然是朱棣的朵颜三卫都不能抵挡，两军交锋中，朱棣的铁骑吃尽了苦头，几乎是屡战屡败。为了摧毁铁铉的铜甲师，朱棣想尽了办法，还请来了姚广孝手下的诸多秘术师，但都无济于事，最后朱高煦想起了自己手下的六公子，他为了帮助自己的父亲逆天改命，苦苦相求六公子，甚至以将来的府上第一谋士职务相诱，希望六公子施展秘术摧毁铜甲师。但六公子心里颇有些犹豫，因为寻常魔术不过是控制几个人而已，一下子想要控制整个军队显然是不现实的，而且这么大面积地施展魔术必然会导致法术反噬，让施法者生不如死，这也是修行魔术一门的禁忌。

朱高煦放下尊严，连着七夜在他帐外不眠不休地求他，令六公子大为感动和不忍，自古士为知己者死，何况朱高煦多次有恩于自己，如今这般相求，已是赌上一切。六公子本无意封侯将相，但他亦不能免俗，最终他咬牙应承了下来，替燕军布下这道魔术。他算好起风之日，命人在敌军的军营附近点燃六合香，青烟冲天而起，犹如薄雾，到了半夜果然起了西北风，大风呼啸，瞬间将毒香吹进了整个军营，而后六公子只身进入军营施展魔术，暗香浮动之中，敌军百余名主要首领均被牢牢地控制在幻境之中，一动也不能动，而其他铜甲师将士虽未完全进入魔术幻境，但也是昏昏沉沉，毫无战斗力，根本不足为惧，朱高煦率领朵颜三卫杀入，一路收割人头，只杀得铜甲师片甲不留，一个活口也未剩。这一战几乎成了朱棣和朱允炆胜负的分水岭。

只是经此一役，六公子透支法力施展魔术，终究是染上六毒，毒素迅速透入血肉中，又扩散到奇经八脉内，到现在已是病入膏肓无药可救！

第二十五章　六公子

慧海大师絮絮叨叨地讲述往事，颇有些叹息和怜悯之意，六公子倒是一脸轻松地笑道："士为知己者死，也算一件好事！汉王待我恩重如山，就算我陆虚只剩十年寿命那又如何！"

慧海大师道："陆施主，你现在每多用一次魔术，至少减寿一年，今夜你又用魔术，只怕寿命已不到八年了。"

六公子笑道："今夜这魔术却是不得不用，纵然毙命于此也是心甘情愿。"他缓缓起身，转过头似是有意无意地看了一眼门口的荆一飞，只是这一眼，便有着说不完道不尽的深意。

荆一飞原本听了六公子的故事，心中是佩服这个人的，世间最难得的便是情义二字，金钱权力有价，而唯独情义无价可买，只是她一想到这六公子今日用的魔术似乎是为了自己，就不由得摇了摇头道："公子何必如此，营造这么大的一个魔术之境，徒费自己阳寿，岂不是不值得？"

"值不值得？嘿嘿，我觉得为了荆大人，纵然是死也是值得的！"六公子幽幽地笑了起来，随着他清冷的笑声，四周的一切似乎都停滞了。

原本高声诵经的和尚一个个木然在原处，嘴皮子一动不动，燃烧的烛火也都停止了跳动，火苗保持着微微扭曲的样子，慧海大师原本微微抖动的长须也静悬在下腭，他手里的佛珠也捻到了第七颗，空气里的一切似乎都静止了。

时间在这一刻停住了，这样的世界好生奇妙，除了荆一飞和六公子，其他的一切都是静止不动的。

六公子重新披上了长衫，缓缓站了起来："一飞，这是我最后一层魔术了，你这时候要杀我便是易如反掌了。"

现在的六公子手无寸铁，不过一身丝袍挂身，他孱弱无力，又身中六合香毒折磨，想要杀他确实太容易了。

荆一飞反问道："你不怕我真杀了你？你知道我们道路不同！"

六公子笑道："能死在你手里也好过每月被这六合毒折磨，这也算是我的心愿了！"

六公子的话让荆一飞瞬间起了一身鸡皮疙瘩，她本就不爱与男子打情骂俏，尤其是这六公子，她早就知道这人对自己有几分心意，这人每年在她生日时都会遣人送来鲜花礼物，无论金银珠宝、胭脂水粉、绫罗绸缎数不胜数，可惜荆一飞心不在此，所有礼物都是尽数送还，只是从今往后，荆一飞对六公子这人更加敬而远之。

当日白齐要荆一飞去求六公子，便是知道这其中的关系，只要荆一飞一开口，这灵龟自然是要双手奉上的，但荆一飞如何能做这事，她宁可自己去偷去抢也不愿去求助于六公子，便是碍于这层关系叫人难堪。眼下，这平日里冷酷毒辣的男子竟然对她痴情绵绵，还说起了令人肉麻的情话，她一想起来就觉得有些难以接受。

平心而论，荆一飞对六公子的修为以及对汉王的忠心耿耿颇为赞赏，但对这样赤裸裸的示爱却又有些排斥，她的语调开始变得有些排斥："你站着，别过来！"

六公子果然站住不动，只是笑道："我听荆大人的。"

荆一飞道："他们两个人是不是也在你魔境之中？"

六公子嘿嘿笑道："荆大人可真是关心这两个人，若是我不小心杀了他们会怎么样？"

荆一飞眉毛一竖："你敢！"

六公子眼神立即柔了下来，恭敬道："荆大人有令，陆某自然遵命，不过，这最后一层魔术只有你能进得来，他们可是没有资格进来的。"

他正欲改变这里的场景，幻化出百花盛开的浪漫场景，却不想自己终究是剧毒攻心，力有不逮，只听得啵的一声，整个大殿内突然灯火俱灭，金佛变得暗淡无光，处处破败凋零，别说是烂漫百花，此刻就连光影都那么凄凉瘆人，只有她和六公子还留在漫卷黄叶的大殿内，犹如两个不肯离去的孤魂野鬼。

六公子的脸色变得更加苍白，显然每次改变魔术的景象都会消耗他的一些精力，现在他的脸白得连一丝血色都没有，但他发出的声音却出奇的轻柔，就像桃花中的花蕊，一丝丝都是无限柔情，生怕吓到了眼前的这个女子："荆大人这次来是想要我的九甲灵龟，是不是？”

荆一飞也不回避：“不错！”

六公子想要伸手去摸荆一飞的肩膀，却被荆一飞无情地躲开了，荆一飞冷冰冰道：“公子，请自重！”

六公子颇有些尴尬道：“一飞，为何你要这般拒我以千里之外？”

荆一飞直截了当道：“非我拒你千里之外，而是你我本就不是一路人！”

六公子深情道：“可是我对你一片真心，天地可鉴！你要九甲灵龟，我这就可以给你，只要你答应我一件事！”

荆一飞冷笑道：“你以为我荆一飞是无知少女吗？想要以灵龟来骗我，你是不是太幼稚了！”

六公子嘿了一声道：“你知道我是不会害你的，也不会强人所难，不过我修炼魔术已久，六合香毒已渗透我的肌体，只剩下不到十年阳寿，我自不会再拖累于你，只是我期许能与你做一对交心的知己！”

荆一飞忍不住暗笑道：“我向来不喜与人深交，更不爱闲谈阔论，你一赌坊老板与我禁军侍卫做知己？岂不是一出笑话？！”

六公子道：“知己岂是在乎言语之和？知己是在乎心灵之和，便是你我数日不言不语，我也能知你所思所想。荆一飞，没有人会比我更了解你，你的冷酷掩盖不住你的内心！”

“你知道了就知道了，又想怎么样？”

“这不够，远远不够！一飞，我对你朝思暮想，寝食难安，我想看看你的心里到底还有什么，我想知道你的心里到底有没有藏着另外一个人！我想一定有这么一个人，我想知道他是谁！”六公子越说越激动，仿佛要立即强行进入荆一飞的神智之中，来将这女子心中的一切窥探无遗！

荆一飞担心这人对自己再施什么邪术，急忙喝了一声：“不必了！”

她这一大喝，也阻止了六公子进一步的靠近，这人的魔术深不可测，若是一个不小心，就极易被他所控，所以务必要时刻保持高度清醒，决不能一错再错！

荆一飞急忙往大殿外疾行了几步，回头道：“你把他们几个放哪里了？今夜之事算我等冒犯了你，我荆一飞愿担一切责任，但他二人刚入我金吾卫，无知者无罪，还请公子先放了他二人，你要我在这幻境中陪你，我就陪你，这是我的责任我认罚！”

“他们？！那两个不知好歹的小子吗？”六公子的脸色变得有些古怪，只是不过片刻就化成了满脸失落，他低声喃喃道：“难道是他二人中的一个！”

荆一飞听到这话也是脸色微微一变，有些尴尬道：“六公子，你不必再猜了！”

六公子更加焦急道：“那你告诉我，你喜欢的是哪一个？”

荆一飞摇头道：“此事不必再问了，我敬你宁可冒险服毒也要做忠君之事，一身魔术虽然至邪但也算是好男儿所为，只是儿女之情向来不可勉强，你又何必……”

六公子嘿嘿笑道：“若我非要勉强呢？我先杀那混小子，看你心疼不心疼！”

荆一飞愣了下，而后仰起头，一双凤眼飞扬，两片朱唇如画，只是这美艳的五官下吐出的话却是冷若冰霜，狠如快刀：“你若非要勉强，要杀他们二人我也没有办法，但公子你很清楚我的性子，你要杀他们，你也活不了！纵然汉王的千军万马也救不了你六公子！”

荆一飞说得狠辣决绝，六公子笑得好是悲伤，他突然清楚了荆一飞喜欢的是谁，人各有命，花开各处，当真是强求不来。他痴痴地望着荆一飞，仿佛她是一朵遗世而独立的寒梅，暗自开放在冰天雪地之中，独自芬芳，向来不需要任何蜂蝶来扰，也不需要任何人来欣赏，但是她偏偏就这么吸引着自己，让他忍不住要翻过千山万水，去嗅一嗅她的风华。

六公子低声叹道：“只可惜，命运弄人。”

荆一飞道：“所以，你的目的只是试探我的心意？”

六公子道：“我与一人有约定，各有目的，试探心意是其一，这其中却还有另一个意思。”

“还请陆公子明言。”

“一飞，我是担心你，我想告诉你一些事情。”

“什么事？”

“我知道你们现在正追查七煞门的事，不过你也清楚我在汉王府中的地位，汉王最器重的谋士除了那个道士，便是我陆虚，很多事情我知道的自然比你多得多，所以我要好心提醒你，这事非你荆一飞能调查的，也非金吾卫能解决的，若是可以不管你便不要去管！”

“所以你是替汉王来游说我的吗？”荆一飞冷笑一声道，“汉王虽然位高权重，但若是案件涉及权贵便不查了，那还需要查案做什么？还需要我金吾卫做什么！”

六公子道：“我知你性子强硬，我也不想改变你的主意，你不是要灵龟吗，一会儿我便送你，只是你要牢记我的话，这案子错综复杂，最亲近的人往往最不可靠！尤其是你身边的人，不可尽信他们的话，这话你要千万要记住！”

“你这话什么意思？！”

“金吾卫里有细作！”

“是谁？！”荆一飞大惊，她不知道这金吾卫里有谁会是奸细，而且按照六公子的口气，很显然这细作的身份还很不一般，荆一飞最痛恨细作，若是让她知道这人是谁，必然不会轻饶了他！

“一飞，这事我暂时不能告诉你，这魔术支撑不了多久了，你快走吧，若有缘，日后我们再见吧。”六公子说完这话就缓缓朝大殿内走去，山寺之间突然起了白雾，白色雾气缭绕四溢，起初犹如纱帐，到后面就像无数鬼物环绕着清幽幽的残殿飞遁，发出凄厉的叫声，这一声声凄苦的好似六公子此刻的心情，又好似他内心深处所受到的奇毒折磨，荆一飞急忙奔了上前，却见古寺不断消隐，周身的光线也越来越暗，到最后所有的光景都开始扭曲变幻，古刹、大殿、六公子都逐渐消失不见。

啵！

这次她终于彻底走出了幻境了。

荆一飞发现自己还站立在院子围墙上，周边一切照旧，眼前院子里花草如故，头上明月如盘，光亮如初，空气中似乎还有若有若无的暗香，她急忙回头看了看两侧，秦明、白齐都还在原处一动未动，三个人互相看了看对方，都有些不可思议。原来，他们连六公子的院落都未曾进入，只是一直蹲在了围墙上，也就是说这魔术其实是从他们一靠近院子就开始了……

这无孔不入的魔术真的太可怕了！

三人想到刚才的情景，都是心有余悸，这人的魔术已到了这么可怕的地步，不费一兵一卒、一招一式就可以完完全全掌控对手，虚虚实实让人难辨真假。只是这人到底是怎么施展魔术的？魔术最关键的要素便是六合香毒，若是没有这香毒，六合公子又如何施展，而且最关键的是这人今日不是去了灵谷寺了吗，他又是如何给这些人提前制定了这一套复杂的魔术？这里面有太多解释不通的地方，一切都太古怪了！

一旁的秦明晃了晃脑袋，又揉了揉太阳穴道：“惨了！惨了！是不是又中了这鸟人的魔术，我看咱们也别偷什么乌龟了，我们想点其他办法一样可以点睛……”他话还没说完，突然整个人噌的一下就站了起来，他有些不可思议地指了指花园中间的小路，叫道：“这……这不是那个什么灵龟吗？怎么自己跑出来了！”

花园小路中央，一只海碗大小的乌龟怯生生地趴在地面上一动不动，这乌龟背生九甲，在月光映照下，色泽金黄璀璨，好似镏了真金一般，不是别的，正是他们要找的九甲灵龟。

荆一飞一见这灵龟忍不住怔了一下，六公子果然把九甲灵龟送给她了，六公子说这幻境只有她一个人进来了，似乎今夜这一切是专门为荆一飞设定的，最关键的是六公子还说他身边的人不可信，说的又是谁，魏东侯、秦明、白齐还是谁？难不成……

她刚出幻境，一细想起来就觉得脑子昏沉得像一团糨糊，短时间内也理不清这问题的关键所在，只是越想她越是混乱，荆一飞心情有些低落，淡淡道：“既然是此物，那取了便走吧。”

说罢，她也不等这两人，自己翻出了围墙径直离去，围墙外阿福还站在那里傻乎乎地等着，他一见荆一飞直接走了，着急叫道：“荆大人这就走……走了吗？已经得……得手了吗？”

“荆大人？荆大人？！”荆一飞根本不理会阿福的叫喊，很快消失在街道尽头，阿福摸着脑袋，大是疑惑不解，过了片刻，秦明也跳下了围墙，他手里捧着金灿灿的乌龟，半喜半疑惑道：“今天这些事从头到尾都怪得很，好端端的就又中了破魔术，然后这乌龟又自己跑出来了，你说奇怪不奇怪，阿福我们赶快走，这鸟地方可邪门得很，我们赶快先回去研究乌龟要紧！”

阿福头点得跟捣蒜一样：“好……好的！阿福……阿福也不喜欢这里！我刚才看你们……你们几个都跟中邪一样，又不敢打扰你们，现在……现在可好了，又活过来了！”

秦明呸了一声，骂道：“什么叫又活过来了，我秦爷又没死！这话晦气！

走，赶快回去！”

秦明和阿福两个人捧着乌龟，欢天喜地地消失在街道的尽头。

白齐正欲离开，突然灵犀阁内发出一声细微的响声，一盏昏黄的灯光忽地被点燃，一道清瘦男子的侧影悄悄地被印在窗纸上，看模样，正是六公子。白齐止住了身形，合了纸扇，拱手道：“今夜，多谢公子慷慨相助！九甲灵龟今日只是一借，来日必双手原物奉还！”

六公子咳嗽了一声，有气无力道：“我身子欠佳，魔术也不打算再用，这灵龟还与不还也没什么要紧，随你处置吧。”

白齐正色道：“既是借那必然是要还的，我白齐可不是言而无信之人。”

六公子道：“那便依你吧，不过今日之事，我倒是该好好谢你才对！”

白齐道：“今日你我也算是有了乌集之交，公子还说谢谢岂不是太客气了？”他的神情不自觉地有了些变化，甚至带着几分戏谑道：“只不过，这结果似乎并不遂公子所愿？”

六公子冷笑一声道：“嘿嘿，你与我又有何差别？你能看到我的魔术幻境，我自然也能猜透你的心思，我想知道荆一飞的心意，你还不是一样？如今你我心愿皆落空，不过彼此彼此，却不知你何来的得意之色？”

白齐淡淡道：“至少我以后还有机会，可你却真的没机会了！”

六公子沉默了，过了片刻他才道：“算了，如今你我约定已了，还请回吧！”

“那在下告辞了！”白齐震开阴阳扇，整个人轻飘飘地落下围墙，他轻轻地嗅了嗅手中的口罩，一阵幽香袭来，令人既清醒又有些迷幻，他眉头微微扬起，冷冷道：“想来将人玩弄于股掌之中便是这等感觉吧？嘿嘿！有趣！有趣！”白齐顺手甩了甩手中的口罩，这口罩便自焚起来，很快就化作了一堆灰烬。白齐头也不回消失在夜幕之中。

第二十六章　龙盘穴

九甲灵龟已到手，现在秦明一行自然要抓紧时间去验证这后湖中的龙盘穴。只有验明了此处穴眼，才能顺势找到下一处虎踞穴。

这一次，他们为了防止七煞门的人前来搅局，除了调用十名鲛兵外，还安排了几十名兵马司的人分乘四艘小船跟随守卫。

至于这次进后湖的借口就不再是清理湖草，而是驱赶湖中巨鱼。

宫中已有传言，这后湖内有密道连接长江，时不时有巨大的鱼怪进入后湖中兴风作浪，前阵子有几名上岛抄写黄册的国子监学生下午临湖偷偷垂钓，却不想鱼未曾钓到，人差点被怪物拖进了水中，那些学生形容怪鱼身长如黑蛟，浑身铁甲，更生六须，凶恶不可尽述，这件事吓坏了抄书的学生，整日里惶惶不可终日，一个个再也不敢靠近湖边，甚至有学生联名要求撤出湖心岛，返回国子监。无奈之下，宫中安排右金吾卫和监湖官在湖边加强巡逻，只是巡查了几日也未见什么异样，别说是黑蛟了，就是大点的鱼都没看到，只是这个传言却如离离草原上的野火，越烧越烈，就连监湖官都开始怀疑这湖中真有什么怪物。

右金吾卫指挥使司马城历来不信这些传言，自然也没把此事放在心上，手下的右金吾卫查办起来更是不积极，惹得监湖官很不满。现在，左金吾卫的幽潜司要来替他们驱赶巨鱼，这自然是正合其心意，监湖官立马偷偷开门迎客，欢喜得不得了。只是由于左右金吾卫关系一般，监湖官未敢将此事告知右金吾卫，只是暗中约定偷偷开了水闸，放他们进来。

一大早，天还未完全亮，金吾卫的人就驱船进了后湖。

一队五艘船，依旧是幽潜司的易伯带队，在大雾的掩盖下，这船只悄无声息地进入了后湖，很快船行至湖中央区域，兵马司的人在四艘船上分立，把守周围时刻观察情况，而易伯带着鲛兵和秦明一行继续朝最中心游去。

很快，秋日高升，阳光穿透迷雾映照平湖，放眼望去处处无波无烟，犹如一面铜镜映出蓝天白云，虽不说辽阔壮美，但也有赏不尽的湖光山色。

不一会儿，船便到了预定的地点，易伯往下一望，见这水下依旧是暗流涌动，水况复杂不减当日，显然是上一次的事情让他心有余悸，这老头儿不免站在船头多唠叨了两句，交代各种事宜，带头的鲛兵估计也是受够了这老头儿的啰唆，一边应承着，一边快速收拾妥当，他直接朝秦明和白齐示意，见二人准备妥当了，还不等易伯发令，他直接带着二人跃入水中。

眼下，秋汛已然到来，长江水连日上涨，这后湖表面上看起来没什么变化，但内里的涡流早已是汹涌如龙卷，若非有鲛兵这样精通水性的人带着，只怕秦明和白齐早就被这乱流冲到各处了，众人下潜不过几丈，白齐脸色突然开始变得十分苍白，脸上也露出些许痛苦的表情，显然是水压逐渐加大让他有些难以忍受。

白齐一只手急忙扶住自己的胸口，想要缓解片刻疼痛，但这水压越往下只会越大，如何缓解得了？秦明不禁有些担心，毕竟这水下不比陆地，若是一不小心极易出事，他望了望白齐打了一个向上的手势，意思是问他还要不要紧，实在不行就上去休息下，白齐鼓了鼓胸膛，急忙摇了摇头表示自己还能坚持，而后指了指下方，好像再说我们赶快下去查看情况。

十余名鲛兵在前方带路，这次他们没有从漩涡之外硬生生地挤进内部，而是选择从漩涡正上方游下来，这样避免过强的水流将秦明、白齐直接带走。一群人像鱼一样从上而下游去，水质从原先的略微混浊，逐渐变得越来越清澈干净，再往下一丈，中心的水流已是近乎不动，四处通透得就像水晶一样，而水下的场景也终于完全呈现在他们眼前。

听万遍好不如看一次真，先前秦明和白齐只是从鲛兵口中听闻这水下的奇观，就已觉得十分惊讶，现在自己亲眼看到，却是另一番感受，这水下的场景不说多么美轮美奂，但绝对是巧夺天工。

一轮巨大的石刻八卦道坛静静地矗立在水中，长江的水脉巧妙地从一处暗道涌出，又涌入对面的另一个出口泻掉，由于神像的遮挡，这水流并不能直来直往，只能环绕而行，形成了一个巨大的漩涡。漩涡环绕着两尊巨大的雕像和八卦道坛快速流动，形成了水龙一样的守护之象，正好是风水局中的龙盘势。奇局在前，白齐只看了几眼心都开始颤抖起来了，他虽还未开始点睛，只是光凭看这水流之势就已经可以大致确认了。

这里恐怕真的就是龙盘穴了！若非如此，怎得这般奇景？！

鲛兵从笼子里递来了灵龟，白齐摸了摸灵龟的第一片龟甲，指尖温热投入灵龟体内，这灵龟似是感受到了召唤，开始缓缓地伸出头和四爪，白齐轻轻放手，灵龟终于开始缓缓划水起来，他只是划了一会儿，就确认了方向，一路直奔最下方的阴阳八卦坛而去。

灵龟很快就游到了八卦道坛之上，它缓缓爬行，似是在找什么东西，最终它在一阳鱼眼处停了下来，一动不动显得十分安详。秦明转过头看了一眼白齐，好似在说看来就是此处了，他们果然猜得没错！

白齐示意现在还未到真正确认的地步，因为若是真是龙盘穴，灵龟入穴，会有奇异的景象发生，这也是要用九甲灵龟作为灵媒的真正原因所在，八卦坛上，龟甲一动不动，似是休息了一样，这时间过得有些久了，鲛兵倒还好，只是秦明和白齐二人开始胸闷难耐，显然体内的气息已经快用尽了，一旁的鲛兵急忙取来一个皮囊，这皮囊内提早灌满了新鲜的口气，二人连连吸了几口这才有所好转。

正在二人吸气缓解时，水下的灵龟突然仰头喷了一口气。啵！却是吐出了一个桃子般大小的气泡。

气泡并未上升，也没有破裂，而是悬停在水中，像一个奇异的卵一样。啵！啵！啵！灵龟四周的气泡越来越多，这些气泡开始连接起来，形成一串串十分古怪的造型，好像一串串巨大的葡萄一样。

秦明正要想问这乌龟到底想干什么，在水底下玩泡泡吗？突然就有一个气泡自动破裂了，八卦道坛上的水流微微晃动了下，这气泡破裂后震动水流，竟然形成了一幅十分清晰的图案，那是一张类似湖畔垂柳的景象，湖岸边有低低的垂柳，柳条微微发黄，随着风轻轻摇摆，偶尔似乎还有黄鹂雀鸟飞来，啄动枝条，整个画面真是惟妙惟肖，与真的没有什么差别。

“这是……怎么回事？”秦明暗暗惊了下，他没想到这灵龟的气泡还可以幻化出这奇景。

灵龟还在不断地喷吐着气泡，随着越来越多的气泡产生和破裂，各色各样的景象开始纷迭而出，有亭台阁楼，水草湖石，各色动物，甚至还有男男女女出现在祭坛之上。这些景象活灵活现，虽然有大有小，但是众人在水中看去，就像看一幅幅画卷在眼前展开，有时候几张图案交织重叠，好像人进了水里，亭子飞上了半空，越来越诡异和神奇。

秦明一开始有些不解，但看了一阵突然明白了，这灵龟又称蜃龟，自然是说它具备海市蜃楼的幻境能力，传说中江河靠近大海的地方住着一种妖兽叫蜃龙，可以喷吐出海市蜃楼吸引船只靠近而后吞噬，这个能力与现在看到的这灵龟喷吐泡泡颇有几分相似，只是这灵龟喷吐气泡化作水中的蜃楼倒影，显然不是为了猎食，而是为了隐藏自己的身形。

水里光线本就晦暗不明，再加上这层层幻影阻隔，可以很好地隐藏自己的身形和住处，让别人很难寻找，只是有一点秦明还不明白，这灵龟为何非要在这穴眼里才能喷吐气泡产生蜃楼呢？难道这里有什么让他必须要做的事情吗？！

白齐眨了眨眼睛，指了指自己的小腹，那个动作再明显不过了，这只乌龟要产卵！

九甲灵龟之所以难寻，便是这灵龟只会在龙穴之中产卵，而她产卵之时必然要设下重重蜃楼幻象，以防被人找到它们。

这灵龟既然已经开始结下蜃楼幻影，所以此处已可以确认就是盘龙穴了。

秦明见白齐神色痛苦，知道这水下压力已令他十分难受，便用眼神示意了下，问他要不先上去，不想白齐摇了摇头，他拉了下身旁的鲛兵指了指水下，他的意思是要亲自到石盘附近看一看。

鲛兵疑惑了下，这里距水面已有六丈的距离，再往下便要超过八丈了，这个距离的水压对于普通人来说根本难以承受，就算他们带有充足的气囊，但是沉重的水压会像一块巨石一样压在胸口，叫人根本难以呼吸。

但白齐执意要下去，鲛兵无法只好带着白齐继续朝下游去，一直抵达石盘处，偌大的石盘超过了十丈，好似一个小小的广场铺陈在湖中，石盘上面雕琢出的花纹已经有些许的腐蚀和磨损，但依旧难掩它的精美绝伦，很显然这样的设置非皇家不能有这样的实力。

石盘乍一看是一个完整的石块雕琢而成，其实不然，细看之下就会发现许多缝隙，这石盘内藏了很精密的机关，是在水上雕刻完毕后，由人在水下组装形成的。

最外面是七十二星宿，里面是天干地支，再往里是八卦、四象、阴阳两仪，这是最典型的罗盘，白齐按着某种顺序拍击这些符号，他不停地用手按压，只是压了一阵就觉得胸口剧痛，在这么深的水下稍稍运动几下就会耗费更多的氧气，让人更加难受。

白齐歇了一阵，又吸了一口气囊，再拍了几处符号，果然石阵开始咔咔作响，两尊神像缓缓移动，好似牵扯着八卦往两侧拉开，整个石盘模样大变，就原本变幻不停的水下蜃景也开始发生了改变，仿佛有两条水龙在漩涡之中盘旋环绕，发出一阵阵若有若无的龙吟之声。

这样神奇的景象就是见惯了水下奇景的鲛兵都目瞪口呆。

终于，石盘上露出了阴阳双鱼的眼睛，那是两个凹进去的石洞，想必这两个石洞就是原先存放法器的位置，只是现在洞中空荡荡的什么都没有。白齐略略有些失望，果然这法器还是被七煞门的人抢先夺走了，没想到这七煞门的人不但知道六脉的穴眼位置，还知道如何解开穴眼，看来他们的七个人里必是有一个很不得了的高人。

他想到这，眉头一皱，胸口也越来越疼痛，赶紧示意鲛兵带他上去。

只是众人正欲离开，突然原本盘旋的水龙蜃景抖了一下，似乎是有什么东西闯了进来，鲛兵神色一变，这水下情况莫测，莫非又是当日那些怪鱼来了？

第二十七章　水下搏斗

突然十余道人影从蜃景中冲了出来，这些人身着朱红色的衣裳，胸口蓝色的龙鱼刺绣清晰可见。

秦明暗叫不好，是右金吾卫的人！看来他们已经察觉到左金吾卫的人偷偷进了后湖。

这些是右金吾卫的守湖卫，他们水性虽不如鲛兵好，但常年在水边作业，在水下也是灵活至极，一个个手持锋利短刀，双脚一蹬，像鱼一样蹿了过来。

咻！咻！咻！

鲛兵急忙发出警告声，两个人护住白齐，其余人便掩护着快速朝水面上游去。

守湖卫根本不肯就此放弃，他们从背后掏出短弩，一扣扳机，无数短箭激射而来，这短箭在水下速度虽不如地面，但这弩和箭都是经过特殊改造的，能在短距离内迅速破水穿刺，威力十分惊人！

转眼间，两名鲛兵便中了短箭，守湖卫看准了白齐是最特殊的一人，趁机冲了上来想要擒住白齐，秦明急忙也弹出袖箭，这袖箭在水下威力着实有限，守湖卫很轻松地就躲避了过去，但不想袖箭速度虽然不快，但擦过这些人时突然暴涨开来，火药在水下炸裂激起了无数气泡，水下情景更加混乱。

白齐指了指九甲灵龟，着急道："快拿回灵龟……"

只是这话还没说完，水就灌了进来，他喉头一呛就说不出话来了，两名鲛兵迅速朝灵龟蛰伏的地方游去，但守湖卫不依不饶，再次出动阻击，一时间短刀对短刀，拳脚见拳脚，双方打得不可开交，在水下鲛兵水性更好，但守湖卫的人武功更凌厉，双方火并之下竟然是势均力敌。

眼见白齐呛水，鲛兵多有受伤，再恶斗下去，对双方都没有什么好处，秦明再度射出几枚袖箭，袖箭炸裂，层层气泡涌出，干扰得双方都看不清对方，秦明趁机冲向石盘，想要破开蜃景擒住灵龟。

但不想这蜃景变幻莫测，一入其中犹如进了万花筒的世界一样，处处光影变动，一会儿如临深渊，一会儿好似飞翔在天际，一会儿旁边有巨兽奔来，一会又好像进了密林山谷，虽然秦明很清楚地知道这灵龟就在自己身旁不足一丈见方的地方，但是奈何就是看不到这灵龟在何处。

他暗骂了一声，用力挥动四周的水流，想要赶走蜃景，但不想这水流晃动，景物变化速度更快，甚至秦明一回头看到了山崩地裂！

不行！再这样下去自己非得被困死在这蜃景里不可，他得想个办法才行，这蜃景主要是迷惑人的双眼，那他干脆就闭上眼睛，不看眼前的情景，看看是否能破解得了眼前的困局。秦明迅速闭上双眼，认真回忆自己刚开始进入这蜃景时灵龟所在方位，因为灵龟是蛰伏不动的，位置基本不会改变，变的只是水流和光影而已，若是自己能够不受这些假象干扰，就一定可以抓回这灵龟。

他站在石盘之上一动不动，整个石盘就像一个巨大的法阵一样，每一步都有不同的假象，现在他闭上了眼，这些假象对他都没有任何用处，他感受到的只有一片黑暗，秦明喃喃自语道："若是没记错，巽位以东，两步进亢位，再转北三步……"

他对奇门遁甲虽然不精通，但是由于学习机甲术，这些基本的方位还是必须掌握的，他脚步迅速踩动，开始凭着自己的感觉摸索着前行，人在水下步幅不如水面大，他两步踩三步，三步踩四步，如此转来转去，转了几次，而后用力用前方一擒，手中正好碰到一坚硬的拱形物品，秦明大喜，睁眼一看，正是那九甲灵龟！他正欲高举灵龟示意，就见身旁水流突然又起了变化，却是守湖卫的人又再度杀了过来。

秦明急忙一蹬石盘，奋力朝上游去，但不想这些守湖卫速度更快，纷纷追击而来，瞬间就将秦明围困了起来，秦明经过一阵的剧烈运动，已经觉得胸口十分烦闷，这体内的气体已经消耗得差不多了，若是再这样围困下去自己不被生擒也要被活活淹死！

远处鲛兵还在与守湖卫恶斗在一起，白齐的脸色更是白得就像一张纸一样，形势已是十分不堪。守湖卫一个个恶狠狠地持刀刺了过来，秦明的水性虽好，但他在水下的速度毕竟远不如在岸上，他急忙挥动藏锋一转，险险地挡住了一个攻击，但七八名卫兵接连袭来，一时间腹背受敌，已是难以招架。他意欲使出藏锋四式，但身子在水下，笨拙得要命，加之体内气体不足，只是再转了一个身，就觉得头晕眼花，整个招式也是溃不成形。

守湖卫趁机攻来，各色兵器破水而来，秦明已是无路可退，但这人总是越到关键时刻，越能化险为夷，他眼见旁边还有许多未破裂的气泡，那正是九甲灵龟吐出来形成蜃景的泡泡，每一个气泡破裂都会炸裂水流形成一幅蜃景，若是能把这些气泡一起破坏掉，没人知道会是什么情景……

秦明再度射出一串袖箭，这袖箭直奔气泡而去，一阵闷响之后，一串串的气泡如连珠弹般炸裂，整个水下的景象瞬间大乱，无数的水流切出一张张犹如画卷一样的蜃景，守湖卫们分明看到这湖底开始剧烈摇晃，而后整个石盘上突然裂出了一个巨大的口子，好似湖底漏了一个大洞一样，水迅速往下涌去形成了巨大的漩涡。更可怕的是，这湖底的黑洞中突然涌出无数的怪物，像井口一样粗壮的巨蛇，像牛一样大的怪鱼，还有无数淹死在湖中的尸体！这些尸体俱是灰白如纸，一个个哀号着从水下漂了上来，煞是恐怖。

守湖卫和鲛兵一见这情景，吓得再也顾不得打斗，一个个奋力朝上游去，秦明也趁乱想要逃离，但这四周景物依旧不停变换，时而是危机四伏的深洞，时而是烈火熊熊的火场，时而是堆满尸体的死幽之地，秦明深知，此刻必要保持心神镇定，只要自已心智一乱必然就要被扰乱方向，到时候就真的会被困死在湖底，所以想要逃生，就必须摒弃一切杂念，一路往上，才有可能逃出生机。

噗！

不知过了多久，秦明和白齐感觉被什么东西拉着，终于破开了重重蜃景露出了水面，这拉着他们的正是荆一飞的锁链，而后十名鲛兵也纷纷游了出来，而右金吾卫的人大多数还被困在水底不辨方向，只怕再也上不来了。

白齐一到船上便昏厥了过去，秦明虽然也是头昏脑涨，但毕竟还能坚持，一旁的荆一飞见这二人都没什么大碍，鲛兵也已上船，急忙催促易伯道：“右金吾卫的援兵只怕一会儿就会过来，趁他们现在没反应过来，我们快走，省得再惹祸端！”

易伯急忙招呼都船，一群人驾船快速地离开了后湖。

这次水下确认穴眼，虽然未像地泉穴那么惊心动魄，但也是让秦明和白齐元气大伤，尤其是白齐更是足足躺了五六天身子才好转了一些，足可见这水压对他造成了不小的伤害。

不过，这一行动毕竟是有所收获，如今盘龙穴得到了确认，六穴之中只剩两处未明确：一个是虎踞穴，一个是太阴穴。

龙盘虎踞，既然盘龙穴不在钟山上，那虎踞穴自然也不会在石头城里。这说明六脉风水大阵的龙盘虎踞与诸葛亮甚至是大多数风水师所说的大不一样。白齐瞧了瞧地图，问道："虎踞穴虽然不在石头城内，但必然也是与虎字有关，你们几个都是生长在金陵之地，可知道这南京城内还有什么跟虎有关的地方？"

秦明和荆一飞略略思索，纷纷脱口而出道："虎踞街！"

"虎丘街！"

"虎山！"

"虎头墩！"

"龙虎营！"

"虎啸园！"

…… ……

白齐听了一直在摇头，这些地方大多他也去过或者听过，都是些风水极为平庸的地方，而且四周也没有专门驻守的力量，这种地方是不可能会被确认为穴眼的，所谓虎踞必然是气势威猛，形如猛虎，岂能是寻常的街坊小巷可以比拟的。而且穴眼这么特殊的地理位置，又关乎国运，必然要有一支很独特的力量在附近守卫。

符合这两个条件的地方那就少之又少，三个人再次陷入苦想之中。只是这样想了一阵，秦明突然站直了身子："对了，我倒是想起另一个地方！这个地方既符合虎踞的意思，也有专门的力量驻守，而且普通人根本不能接近！"

"哪里？"

"长干里的养虎场啊！"

秦明说的养虎场其实就是明朝的皇家动物园，当年朱元璋定都南京之后，在大修城墙、皇宫之时也不忘修建专门饲养珍禽异兽的奇珍园，不过出于安全考虑，一些身形庞大、性情凶猛的大象、狮子、老虎等被安置在外城郭处，比如专门驯养大象的象房村，以及饲养狮子老虎等猛兽的养虎场，养大象是为了重大庆典活动的仪仗开道使用，而养这些狮子老虎又是做什么用呢？据说是当年朱元璋常年征战，患有腰椎、关节疼痛等疾病，经常用这些兽骨泡酒治病，效果还不错。不过这治病用的虎骨毕竟不需要太多，狮虎温饱无忧，代代繁衍，数量越来越多，到后期倒是经常被王公贵族拿来狩猎角斗娱乐了。

养虎场占地近百亩，紧挨着外秦淮河边，与千禧寺隔了不过几里地。

这里由于位置偏僻，人烟已是十分稀少，但毕竟里面养的是狮子老虎，所以四周围墙高耸，里面按照猛兽种类进行划分区域散养，据说狮虎数量超过百头，平日里由天策卫的一支小分队在专门看护，只是这样一个地方真的会是虎踞穴所在之处吗？

白齐的眼睛突然亮了一下：“我怎么没想到这个地方！”

秦明哑然道：“我是突然想到，随口说说的……”

白齐振奋道：“传言当年六个穴眼之上都盖了不同的建筑加以遮掩，同时亦有不同的力量暗中守护，这养虎场内有狮虎雄踞，外有专门力量守卫，可不正是个极好的藏穴之方！而且雷火案中被烧死的沈康是太常寺卿，太常寺正是掌管礼仪的部门，这大象、老虎早年也是在他的管辖之下，这就更加可信了！”

秦明喜道：“若是这么推测倒是越来越有可能了！看来我这误打误撞的运气倒是一直很好！”

荆一飞皱眉道：“不过我还有一点担忧，养虎场前些年已经换成了天策卫的一名百户在率队看管，我们若是贸然前去，一方面不知道里面情况，另一方面极易引起怀疑，甚至会惊动附近的锦衣卫！”

养虎场内有猛兽上百只，若是不知道情况光是这百只猛兽就够把他们三个人生吞活剥，更何况养虎场的隔壁就是象房村，而象房村正是由锦衣卫的驯象所负责管理，本来锦衣卫也是负责调查此事，若是秦明三人的行动惊动了锦衣卫，这探察穴眼之事就更加麻烦了。

擅入皇家的养虎场乃是重罪，此事还需做得滴水不漏、人不知鬼不觉才行，秦明摸了摸下巴道：“看来我们得想个办法！”

荆一飞问道：“莫非你又有办法了？”

秦明笑了起来：“我好像还真想了一个办法！”

第二十八章　私闯养虎场

入夜，长干里，养虎巷。

说是巷子，其实不过是一条羊肠小道，两侧是荒废多年的空宅。自从朱元璋在此设立养虎场和象房村后，由于两处皆是隶属皇家禁地，太常寺和锦衣卫就把原本居住于此的居民赶到秦淮河对岸去了，有不肯迁徙过河的也大多零星分布在千禧寺以南。

过了鬼街一般的养虎巷，终于看到一排高耸的围墙，这围墙不过一丈高，是用黄泥和竹蔑围成，四处立着兽首军旗，透过泥墙栅栏往里看去，隐约能看见一些土木建筑，显然是驻扎于此的天策卫营地，守卫在此的天策卫共有两百余人，这些卫兵每一小队十人不分昼夜轮流在养虎场四周巡逻，一方面防止有人来此偷猎狮虎，一方面也要防止猛虎逃窜出笼伤人。

白天，他们三人登上附近的山上往这边眺望，只见养虎场内黄草茫茫，状如草原，长草之中，隐约可见虎场内有一座山丘，山丘上似乎还有一座塔，正是传说中的虎山丘和百兽塔，虎丘不大，兽塔不高，但是树影重重，山形如印，颇是威武。白齐分析，这虎踞穴很可能就在这座山丘之中，若是想要探明情况必须登上这虎丘山。只不过，养虎场一面临秦淮河，一面由天策卫守护，想要顺利登上虎丘，就必须穿过天策卫的营地，只有天策卫营地后有一条石道可以直通草场中的虎山，这条石道两侧有近两丈高的铁栅栏守护，比较安全。其余的地方都被养虎场又长又密的黄草所掩盖，若是贸然进入，难免遇到狮子老虎，这可太危险了。

三人已经隐藏在天策卫营地外面，距离营地后面的小道不过百丈之遥，只不过这营地里日夜有人巡岗执勤，三人想要悄无声息地通过两百人活动的营地显然不太容易。

秦明伏在墙角，朝对面比了个姿势。

一个矮壮的人影突然出现在道路尽头，这人不是别人，正是金吾卫三人组最可靠的帮手，六相司的阿福，他抬头挺胸，气势汹汹，好像要干什么惊天动地的事一样，只是下一瞬间，他就匍匐在地上，手脚并用像一只小狗一样朝天策卫营门爬去。

阿福一路鬼鬼祟祟地靠近天策卫营房门口，两颗眼珠子左瞧瞧右看看，颇有几分密探的样子，下一瞬间，他突然猛地吹了声口哨，只是这声口哨太响亮了太刺耳了，仿佛一道光芒划过漆黑的夜一样。

秦明心都凉了一半！荆一飞更是气得骂道："这呆子，想干什么？！"

白齐摇头道："完了！完了！肯定要被发现了！"

荆一飞又道："秦明，这就是你想的鬼主意？！"

秦明一时间也有些慌了神，只是强装镇定道："我没叫他吹口哨啊！你们别着急，说不定他还有后招！"此刻，营地里已经有些骚动了，显然不少人也听到了这哨声，这些人正准备往外巡逻，突然一道巨大的黑影从暗处蹿了出来，黑影自然是阿福的宠物黑虎，这黑狗不但身子巨大，还极通人性，它似是早已知道了阿福的意图，自己直奔天策卫的大营而去，这大狗先扑倒了两个出来巡逻的侍卫，而后一头扎进营地开始肆无忌惮，直搅得一片天翻地覆！它先打翻了篝火铜盆，引燃了一座木房，又猛地一扫爪子，拍断了一根碗口粗的旗杆，砸塌了一个木台，紧接着它又把几处栅栏捣得稀烂，它一阵捣乱后突然仰天咆哮，发出一阵阵震雷般的叫声。

这叫声雄浑有力，完全不像寻常犬类的声音，在半夜里听起来就像惊雷一样在营地里炸裂开，这一捣乱，所有的天策卫都被惊动了，一个个慌慌张张掀开布帘，冲出营房，只见四处火光熊熊，乱成一团，还有一头巨大的猛兽龇牙咧嘴地矗立在营地中央。

所有人都吓得瞌睡全无，面色一片惨白，终于有人失声大叫道："糟了！好像……好像是老虎跑出来了！"

"这养虎场内可有黑虎？"

"怎么没有，前几年缅甸还进贡了好几只黑色的虎豹，想必是跑出来了！"

黑虎身子健硕，虎头虎脑，气势十分威武，加上声音如雷，在黑夜里真的就像一头小老虎一样，黑虎又吼叫了两声，不等众侍卫围攻过来，自己一步跃上围墙，又扫坏了一排竖旗，而后就往营地外蹿去。

这养虎场内有老虎逃脱出去，可是大事故！倒不是担心皇上发现少了一只老虎，而是这老虎若是冲入附近的千禧寺、六相司，甚至过河冲进城内，那可不知道要祸害了多少无辜百姓！若是此事闹大了，被皇上知晓了，那更是担当不起的失职之罪！

负责守卫的百户李贲吓得大叫道："快！快拿捕兽笼和捕兽网，决不能让这畜生过河！李总旗，你带人赶快去察看四周的护栏，看是否有损坏之处！"

天策卫守卫立即分头行动，有的沿着外墙护栏一处一处检查的，还有的拾起火把、武器、绳索、铁笼，拎着锣鼓，声势震天地追了出去，只是这样一来，这天策卫一瞬间就成了空营，有剩下的也是惊魂未定，惶惶然不知该做什么，秦明等人趁乱进了营地，一路躲闪，终于穿过了营地。

过了禁军大营，就来到养虎场的大门外。

砖墙、木栏分别围成两层隔断，均有近两丈高，一条石道弯弯曲曲通向虎场中的最高处虎丘，平日里守卫的禁军就是在这条石道内向两侧的养虎场投掷活鸡活羊等食物，供各猛兽撕咬捕猎，不过现在是半夜，老虎虽然喜欢昼伏夜出，但毕竟豢养在这里时间久了，早已习惯了白日里投食的习惯，这个时间猛兽们早已找一处隐蔽的地方蛰伏起来了。

白齐指了指养虎场中间的山丘道："虎踞除了有猛虎盘踞外，在地势上必然也有雄踞的巍峨感，此处都是平地，唯有中间有一座丘陵，丘陵虽矮，但两侧形如断崖，颇有傲立之感，倒是符合这个特点。"

"那你们说，这山上会不会有老虎？"秦明问道，毕竟没有谁愿意去直面这些杀人不眨眼的猛兽。

"怎么，你还怕区区的老虎？"荆一飞道。

秦明嘿了下，笑道："开玩笑，我会怕老虎吗，只不过我不想滥杀这些可爱的大猫咪。"他故意冲远处的树林张牙舞爪嗷了几声。

荆一飞解开大门的锁扣，走进了养虎场的石道，她头也不回道："我劝你赶快闭嘴，一会儿真引来了老虎，你就不觉得它们可爱了！"

白齐也快速闪了进去："引来老虎倒也罢了，若是连天策卫的人都引过来了那就真麻烦了！"

三人快速掠进石道，透过两侧的圆木栅栏，清楚可见一丛丛齐腰高的白草，月光照在泛黄的草叶上，像无数的利剑一样，白晃晃冷冰冰，透出一股肃杀之意。这里毕竟不是寻常的林地草场，而是豢养狮子猛虎的虎场，谁也不知道这些猛兽现在蛰伏在哪里，它们是不是都瞪着铜铃一般的双眼，摩擦着泛着白光的尖牙利爪，紧紧地盯着步入它们禁区的三只猎物。

只是这么一想，就觉得这草丛里处处杀机四伏！

秦、白、荆三人急奔了一阵，到了道路的尽头，这虎丘终于就在眼前了。

山脚下立着一座古朴的石门，上书“龙骧虎跱”四个字，笔法苍劲，倒是与这龙虎二字颇为贴切。只不过，这石门上了铜锁，紧闭不开。

不仅如此，石门上还贴了两道封门令，令条陈旧，红字也已褪色，显然已经贴了有好些年了。

秦明正欲上前开锁，荆一飞拉住他道：“一会儿天策卫的人必然会返回来察看虎场，这锁破了反倒引人生疑，不如直接翻进去！”

说着，她揪住秦明和白齐用力往空中一抛，这两个人就顺势跃上了石门旁的围墙，三人一前一后跳过石门，就进入了虎丘，这石门之后就是一条蜿蜒而上的石梯，在月光之下，石梯泛着白光，虽然不长，但却十分陡峭，抬头一望颇有几分登天摘月的感觉。三人往山上急奔而去，此时夜深，头顶突然有几朵青蓝色的乌云飘过，流云遮月，光线时明时暗，四处更有一阵阵低沉的呼号传来，却不知是风过树林还是野兽夜吟。

白齐说，这虎丘山上是有一座兽塔的。

据说当年朱元璋在此建造养虎场之初，各色狮子老虎性情凶猛，不肯被人驯服，这些猛兽虽然关在铁笼和栅栏之内，但半夜时常咬断铁栏、撞塌石墙，甚至咬死咬伤守卫数百人，就算是高筑围墙，野兽在养虎场内也是要互相厮斗，常常十只不存一二。无奈之下，朱元璋只好再次求助刘伯温，请他作法镇住这些猛兽。刘伯温解释道：此处地气特殊，虎豹之属一入此地，性子更恶更戾，即便不伤人，自己也会撞死在围墙上，所以须建一座山，山上要立一座塔，塔雕百兽，镇住兽魂，方可保得养虎场太平。而后朱元璋立即命人在秦淮河畔垒起一座三十余丈的小丘陵，并在丘陵上立起了一座七层百兽石塔。

说来也怪，这石塔建成之后，养虎场内的猛兽立即性子大变，再也没有贸然冲撞栅栏的情况发生，就连逃出养虎场的情况都极少。不过坊间也有传说，当年刘伯温为了镇住这些猛兽，用秘法在石塔内囚禁了邪恶的九尾豹魂魄，豹尾是传说中掌管九幽之下野兽魂魄的阴帅，用这九尾豹的兽魂厌胜，自然是能镇住这样寻常的狮虎猛兽了，不过由于这九尾豹据说是被骗入塔，并非心甘情愿，所以每到深夜子时，阴气最盛的时候，石塔内就会传来阵阵野兽的嘶吼声，这声音很怪，若远若近，时而感觉就在耳畔，时而又感觉有千里之遥，甚至……不在这个世界！若是有人被这声音所骗，循声而来靠近石塔，一旦靠近就会被豹魂所吞，再也无法离开。

不过这些终归都只是传说，里面已经有很多年没有人进去过了，真正的情况也无从得知。秦明心想，那地泉穴、盘龙穴、阳明穴自己都是见过的，只不过是巧妙地利用了周围环境，或是地下湖泊，或是长江暗流，也并没有什么太过诡异的地方，这人世间哪里会有那么多神神鬼鬼，一切都是人心想象出来的罢了，此番虎踞穴多半也是如此。若是让他见了，真有什么人敢装神弄鬼，自己必要狠狠打他一顿才是！

第二十九章　百兽塔

秦明等人快速穿过树林，终于到达了虎丘的顶部，一座高耸的半透明黑色石塔显露在月光下，这塔共有七层，约莫四五丈高，规模相比千禧寺的琉璃塔不算太大，但造型绝对独一无二，整座石塔都由黑色的奇石雕刻堆砌而成，在夜色中，这种奇怪的黑石就像玉一样，背对月光呈现出微微透明的质感。

三人走近了一看，不由得大吃一惊，却见每一层怪石上都雕刻了栩栩如生的飞禽猛兽，从下往上，有蟒蛇、恶鹰、野猪、豺狼、熊罴、黑豹、老虎等，一层一层，盘旋而起，最高处是一头雄壮的猛虎，整座塔就像由成百只猛兽堆叠而起，煞是壮观奇异！

这样的塔太神奇古怪了，塔身上的野兽雕刻更是传神得近乎真实！这塔无论是材质还是风格在汉人地方都是极为罕见的，却不知是从何而来的样式。秦明敲了敲石塔，好奇道："这是什么石头，像玉不像玉，像石头又不像石头的，好像里面还有什么东西。"

荆一飞认真看了一阵，突然就明白了："这不是石头，这些野兽也不像雕刻出来的，而是被什么东西包裹在里面……"

白齐脸色开始微微一变，他有些难以置信道："一飞说得没错，这不是石头，而是一块琥珀！"

"琥珀！"秦明和荆一飞都叫了一声，寻常的琥珀不过玉佩大小，再大的也顶多是木瓜大小，可是像一座塔一样高的琥珀可是从未见过，甚至是从未听过，甚至说是不可能出现的。而且，若说这黑色半透明的材质是琥珀，那这里面包裹的岂不是真的野兽尸体……

"不错！"白齐正色道，"这根本不是雕刻出来的百兽，而是有人把松脂浇铸在这百兽之上，铸成了这座奇怪的琥珀兽塔！"

以琥珀包裹百兽建造宝塔，这在中国历史上是从未有过的，就是听都没有人听过，因为琥珀的成型十分不易，需要历经千百万年的变化方可成型，而且由于是松脂所化，体积一般很小，就算内里包裹有昆虫、异物也大多是偶然所致，而眼前的这座百兽塔分明是有人故意铸就的，或者说它这还不能称为琥珀，只是一件包裹百兽尸体的怪异松脂尸塔？

白齐道：“这不是通常意义上的琥珀塔，而是古代的祭祀塔，我听说古时氐羌一族在四处迁徙时，有一支向东迁移，形成炎帝族和皇帝族外，另一支向西南迁移，形成了吐蕃、苏毗、羊同等域外诸羌，还有一支则进入秦岭附近，发展成婆逻族，这个族群的人常年居住在深山老林之中，以百兽为图腾，尤其以猛虎为山林之神，他们族群的图腾柱便是百兽塔！”

婆逻族的人要选出新的族长，有一个很特别的要求，就是会让几名候选人分别去建造一座百兽塔，这座石塔不是靠雕刻而是猎捕，候选人会在地下挖出一个宝塔形的深坑，而后往深坑之中浇入融化的松脂，这松脂之中还会加入百余种奇异的矿粉和香料，以及自己的鲜血，月圆之夜，百兽闻得奇香会纷纷涌来，一只一只争先恐后地跃入深坑内，直到被松脂粘住固定不动，说来也怪，这些野兽被松脂包裹后非但不挣扎吼叫，反而会觉颇为自在，一只一只像是陷入幻境一样，心满意足地渐渐窒息固定在松脂之中，变成了形状古怪的百兽琥珀塔。婆逻族人认为这是百兽的心意和选择，哪位候选人建造的百兽塔更雄伟，包裹住的野兽更多、更威猛，就证明这个人得到了更多兽族的信任，那他便是下一任的族长。

用这种方法建造出的所谓琥珀，不过七日便能成型，挖出的巨大琥珀兽塔矗立在族群的中心位置，便成了这个族群新的图腾和祭拜祭台，只是眼前的这座石塔如此高耸，包裹的野兽如此之多，甚至还有猛虎、熊罴等难以捕捉的凶兽，很显然，这已经不是一两个人能完成的工程了。

三人围着这兽塔旋转察看，一方面是好奇，另一方面也是想确认这里是不是虎踞穴所在之处，毕竟并不是所有奇异的地方都能用来设置穴眼，能不能最终确定这里是否是穴眼，还是必须用到点睛术。

只是这虎踞穴是用什么来点睛的白齐就不是很清楚了，世间的穴眼万千种，能点睛的东西也是包罗万象，可以是飞禽走兽，也可是水雾光尘，重点是能契合这个穴眼的特点，如果不知道一个穴眼的点睛之物，他就只能自己猜测再一样样地试，这样就好比大海捞针，效果是十分低微的。白齐整个人缓缓靠近这座石塔，只期望能从这塔上看出些端倪和线索出来，只是他多看了一阵，突然发现一件颇为惊悚的事，这件事让他浑身汗毛都骤然耸立起来，身子更是为之一震！

这琥珀塔里居然有个人！

如黑玉般的怪塔里，百兽状如狂奔咆哮，脑袋都向外挣扎，有的像是盘踞怒吼，有的像是蛰伏而动，状态万千，只是最中间半透明的松脂里居然还裹着一个人，准确地说应该是一具十分高大的男子尸体，这又是什么缘故？

此刻，时至子夜，天上乌云时聚时散，月光从云层的缝隙里透射了下来，这光线透过琥珀一层层地折射，像丝丝缕缕的水银，给这些僵死多年的猛兽镏上了一层薄薄的银光，所有的尸体都在散发出微弱的光亮，光芒折射不停地往内延伸，最后照射到琥珀塔最中间的人尸上，这一过程好像某种仪式，光线就像水流一样都汇聚在最中心的地方，让他变得尤其光彩熠熠。

白齐终于看清了这具尸体的面目，鼻子高挺，眼眶深凹，发色棕黄，那是一名外族的男子，他的脸早已干枯成暗黄色的蜡尸，他的脸上没有丝毫惊恐和难受，相反是带着和煦的微笑，仿佛是怀着愉悦的心情死在松脂之中的，他盘腿而坐，像是入定的老僧，在这有些诡异的气氛里透露出一丝难得的祥和。白齐的目光再往下，终于看到了最关键的地方，这男子的双手平放在自己的膝盖上，他的左手托了一座小小的琥珀塔，右手则是空空如也。

人右手主气为阳，左手主血为阴，塔在右手自然是在阴卦的文象上了。

原来这虎踞穴是这么立穴眼的，以尸首的双手为阴阳两眼，外围以百兽琥珀塔聚集四周的猛兽气息，形成虎气之穴！难不成这松脂便是点睛之物？白齐这般猜测着，开始上下打量，这人被包裹在琥珀塔的最中央，塔无缝无孔，好似一尊严密的雕像，内里的小塔被紧密地包裹其中，根本取不出来。

秦明想得比较简单粗暴，在他看来他只有一个任务就是拿走法器，这就简单了！他噌的一下弹出藏锋想要破开外层的琥珀直接取塔，白齐急忙喝止道：“万万不可！这兽塔是穴眼的关键所在，我们的任务只是取走法器，并非破坏穴眼，若是穴眼毁了，就算六件法器到手也无济于事！”

白齐说得有道理，魏东侯要他们取走法器只是为了暂时保管好这些物品，至于这六脉风水大阵最后怎么处理，那要看后续的安排，甚至应该是皇上的谕令才行。若是现在就贸然破坏了穴眼，风水大阵被毁，岂不是要置整个大明朝社稷的安稳于为难之境？这是断断不可的！只是这琥珀塔乃是用松脂浇铸而成，上下左右浑然一体，想要在不毁坏兽塔的情况下取出琥珀塔，这可就有些匪夷所思了！

不过通过以往的信息可以得知，这六个穴眼的阵法都是可以被更改的，至少是可以改变文武二象，那么百兽塔里的法器就必然可以被顺利取出，再重新放回去，若不然，这法阵就是个死阵，何来转换文武二象一说？所以，这百兽塔里必然有什么玄机，可以取出这里面的法器。

秦明等人上前又仔仔细细地看了几遍，还是一无所获，整个百兽塔就像一块天然的玉石一样，毫无缝隙，毫无通道，从上到下都不可能会取出法器的地方，这可真就为难了。秦明不快道："这些泼人可真是能折腾，每一处都是绞尽了脑汁，也不知道这所谓的风水大阵有用没用，弄一些唬人的东西，我看就是害人害己！"

白齐道："风水一事本就是玄之又玄，你信便有，不信便无，既然天下人都信奉此物，你又何必较真它的真假？"

秦明愤愤道："那怎么办？在这干等着着急，我可是恨不得一刀把这破塔给挖出来！"

荆一飞淡淡道："我想把这塔劈了！"

一群人毫无计策，突然一阵野兽的怒吼声从山下的林子里传了出来，这吼叫声在寂静的夜空中尤为响亮，只觉得啸声出山林，四野皆震动，附近的枫树、樟树叶都扑簌簌地落下，像下了场大雨，三个人原本还或站或坐，垂头丧气，这下立即都站了起来，个个神色警戒，秦明冷峻道："妈的，我都差点忘了，我们现在可是在养虎场！"

荆一飞微微皱起眉头，问白齐道："这是老虎醒了？"

白齐点点头，又立即摇头道："不对，应该说老虎晚上本来就是醒着的！"

整个虎丘顶上开始腥风乍起，不知从何处而来的一阵阵狂风席卷着四周的树木，发出呼啦啦的声响，风势之烈，几欲断木；腥气之臊，催人欲呕。所谓云曰生龙，风曰生虎，这虎豹出来前，必然是有腥臭之风扑面而至，果不其然，只见几道黑影开始在林子中飞遁，状如鬼魅，白齐愕然了下，道："我听闻虎豹攻击前喜先遁形，却不会这般飞奔行走……"

荆一飞道："那恐怕先来的不是老虎，而是七煞门的妖人！"

果然，林子中传来一阵哈哈哈的笑声，一个人影按捺不住，率先从暗处闪了出来，这人五指一张，手中有光芒一闪，却见一团巨大的火球就飞击了过来，荆一飞眼疾手快，手中锁链也甩了过去，轰隆！火球当空炸裂，爆发出无数的更加细小的火花，四处飞散！

深秋时节，四处天干物燥，这火球一散立即引燃枯草树叶，火焰熊熊蔓延开来，将原本晦暗不明的夜色映照得一片通红，四处的景象在火光的映照下也终于看得一清二楚了！

树丛下站立着一个身披黑红袍子的人影。

“是七煞门的火药师！”白齐大叫道，没想到这隐匿多时的七煞门终于又按捺不住，重新想要夺取这虎踞穴的法器！

秦明大骂道：“妈的！七煞门的恶贼，倒是会挑时间，早不来晚不来，偏偏这时候来！”

荆一飞冷冷道：“这些人自然是一早就埋伏在附近，只等我们发现这兽塔的玄机，就过来硬抢！可惜，我们手里的东西有这么好抢吗？！”

火药师嘿嘿笑道：“我今天不单要抢东西，更要杀人泄愤！”他一挥舞袖子，却见狂风乍起，火焰急旋着就朝三个人逼了过来。

荆一飞毫不示弱，猛地一扫锁链，锁链也带出一阵劲风，身旁的两丈内的火焰瞬间便被扫灭。只不过，这火药师双手再一拍，劲力鼓荡而起，附近的火焰却又猛涨一倍，这人矗立在风火之中哈哈大笑：“你们金吾卫不就是灭火的吗，不如今夜看看能不能灭了我敖融的神火！”

火药师醉心于火术的研究，他手中的火药千奇百怪，既有威力惊人的炸药，也有掺入奇异矿石药粉秘炼而成的神火，更能将火焰融入各色兵器之中，铸就威力更加强大的火兵。此刻，他手中的火弹连连抛出，一圈圈火轮在地面如水波一般四处扩散，这整个虎丘瞬间就陷入一片火海！荆一飞连连扫击锁链，但奈何这草木易燃，一条锁链舞得两侧带风也只能勉强护住三人周边一丈之内。

秦明和白齐，一人擅长近战，一人擅长设阵，此刻面对潮水般的火攻都显得无能为力，秦明更是着急，他恨不得冲出火焰屏障，与这个火药师真刀真枪斗上一斗，只可惜这火药师占着火焰的优势，不断地催动着火势，将三个人紧紧围困，几乎是毫无去路。

荆一飞眉头紧锁，手中锁链带风，一招徐如林突然施展了出来，锁链上下从生好似密林守护，火焰虽烈，也是靠近一丈就不能再向前，一时间双方竟有点陷入了僵局，荆一飞也奈何不了火药师，火药师也烧不到荆一飞，看起来只是徒耗精力。

火药师显然这次是有备而来，他一震长袖，冷笑道："你们以为这样就能安然无事了吗？我火药师敖融可不只有这么点本事！"他双手一御，三个赤铜铸就的古怪丹炉出现在手中，敖融袖子再舞，劲力化作风潮带动三个丹炉旋转而出，直接飞到草地中央，摆成了一个品字形。

这铜炉色泽赤红，上刻火兽火轮，里头隐隐有火光透出，看起来更是颇为古怪。眼见这火药师要设阵施法，秦明嗬了一声道："我还能让你这么轻易摆阵了！"说着，就要冒火上前去踢翻铜炉，不想这敖融双掌一沉，大喝道："神炉现，腾蛇出，燃神火，现真形！"

轰隆一声，三个铜炉内原本星点的火光突然暴涨起来，这火焰光色紫红，温度极高，直接把秦明逼退了回来，而后火光冲天而起犹如火柱，这火柱并不四处溃散，而是在火药师的控制下，开始快速地绞缠在一处，像烟尘一样不断地融合绞动，最后竟然化作一条水桶粗的蟒蛇形状盘旋而出！

这又是什么妖术？竟可以御火化妖兽而来！

第三十章　铜炉腾蛇

敖融化出了腾蛇，整个虎丘上局势骤变，温度更是升高了不少，在火光的映照下，火药师的模样变得更加诡异可怖，犹如上古火神一样出现在这世间。他双臂高高举起，仿佛是某种献祭仪式，口中怒喝道：“上次我兄弟几人大意，未曾使出绝技，致使老四、六妹被你们所擒，此番相见必然是要血债血偿了！奉火神之令，调遣腾蛇降临，一切违令者，杀无赦！”

他狂舞双袖，以长袖鼓动风潮，驭动火焰巨蟒狂扑而至，他这一招腾蛇神火的玄妙就在于火焰冲天而起不衰落，直挺挺犹如火柱，而后他以内力压制四周空气控制火焰的方向，乍看之下真的就像一条火焰巨蟒在四处游走。

他这一招其实与正一派张宇清的玄火阵颇有几分相似之处，只不过张宇清的玄火阵明显火势更猛，九口铜鼎化出九道烈焰冲天而起，几乎要遮盖整个天空，这样庞大的火势想要靠自己的真气自如控制是十分困难，所以这般看来，火药师的功力还尚在张宇清之下。不过他能以火焰化出腾蛇之形，也充分说明这人御火的技巧十分纯熟。

巨蟒腾转而来，带来一股股强烈的热流，这蛇还未扑到，众人都感受到一阵阵炙热的气息。荆一飞急忙舞动锁链，锁链层层盘旋，舞得密不透风，烈焰持续不断，一刻也不肯间断，二人一攻一守，斗得难分难解，荆一飞左手偷偷使力，飞出手中的斧头，她心想这御火术的要义既然是在以风御火，那这火焰真正的源头还在三个铜炉之中，若是铜炉散了或者倒了，这火药师必然没那么容易控制火势，那这腾蛇也是不攻自破。

思路想定，斧头空中分化成三柄，不过是指尖一拨，三柄玉斧就化作三圈翠光径直朝三个铜炉飞去。

荆一飞的想法不错，但是她忘了火药师可不是单枪匹马而来，一阵破空之声突然响彻云霄！

暗影之中突然飞来三支利箭，神箭不偏不倚，正好射入玉斧的尾钩处，铮的一声就将三把斧头定在地面上，玉斧被箭矢定住，只有挂着滴溜溜地旋转，好似三枚陀螺。来人在树丛中点了几下，身姿轻飘飘一旋，就落在火药师旁边，正是戴着古怪面具的傀儡师。而后另一个身影也掠了过来，正是五毒师。

三师聚首，虽然只有寥寥三人，但这三人皆身怀异术，每一个人都不好对付。

傀儡师冷笑道："真是冤家路窄，偏要在此处相遇，今日没有了魏东侯的相助，看你们三个小娃娃如何逃命！"说话间，他再引虬龙弓，五六支黑色木箭就搭在了弓弦上。

"疾！"

箭矢犹如流星般射了出来，兽筋强韧，弹射出的木箭黢黑而凌厉，这些黑箭像是没入黑夜的影子，又快又难以辨别，最关键的是这些木箭箭身软韧，在空中并非直线而走，相反它们就像游鱼一样四处飞梭，根本难以抵挡。

荆一飞一时大意，七漩斧被定在地上，一只手还要舞动锁链抵御火药师的火蛇进攻，傀儡师的利箭再来已是无暇光顾。

不过好在还有秦明！

经过几次硬仗，他的藏锋四式使用得已是越发得心应手，小小的藏锋在他手里已灵活如手指，又锐利如神兵，在秦明看来，现在要他对付这类快速迅捷的暗器简直是太对路数了！

他双脚不急不缓地一划，右手在空中却快速地划动着，状如凌空书画，更似指点春秋，这看似简单的几招比画下来，众人就听得叮叮当当一阵脆响，六声响毕，六支黑木箭已尽数被斩落了下来。

每一招都是直接斩断箭头中段，不差一分一毫。

傀儡师惊异了一声，他未曾想这人不过一个多月不见，就进步如此之快，不论脚步、手法、力道都有了极大的进步，尤其是刚才这一招以指为剑，劈斩箭矢的绝技，虽然动作古怪，但招式之精妙，反应之迅捷，俨然已有江湖一流高手的风范！

"你哪里学来的古怪招式！"

"怎么，怕了吗？"秦明收了藏锋，双指一点傀儡师，冷笑道："耍傀儡的，你的箭倒是没有丝毫改良，这可不是要污了你傀儡师这名头？不如也试试我的箭！”他突然单手一扬，一串袖箭弹射而出，袖箭小如毒镖，力道虽不如长箭，但速度却更快，手法也更隐蔽，傀儡师正欲挥舞长弓打下这袖箭，却不想袖箭空中一撕裂，弹出尾羽，绕了个弯从另一个方向朝傀儡师射了过来，这种变招是秦明最喜欢用的，最多时候可以折变出六七次，叫人防不胜防！

“雕虫小技！”傀儡师冷哼一声，也不躲避，只是单手御弓一划，他快速地以弓弦钩住了袖箭的尾端，不过一划一带，所有的袖箭竟然都像上钩的鱼一样被挂在弓弦上，兀自转个不停！

傀儡师再用力一甩，袖箭就被甩了回去，他冷冷道：“小子，你的袖箭虽然速度不错，可惜力道太小，在我眼里它们就像几只蚊子一样，想捏碎它们真是易如反掌，不如，我来告诉你何为真正的箭术！”

他突然高高跃起，从背后取出一支两根手指粗细的巨大黑色玄铁箭，这黑箭粗大得异于常理，好似一支短枪一样架在了长弓上，他一手持弓，一手拉弦，弯弓被拉成了一个满月，弓弦绷紧，发出咯咯咯的紧蹙声。

秦明急忙退后几步，起了一个姿势防御。

傀儡师凌空一跃，怒喝了一声，这巨大的铁箭终于激射而出，铁箭在空中高速摩擦，突然就生出火焰，整支铁箭就像一条通红的火龙一样朝秦明射了过去，这箭速度奇快，力道更是普通箭矢所不能及，这样的箭秦明是不可能硬拼得下来的，而且似乎连躲避也不可能了！

秦明急忙亮出掌下的藏锋，而后身子高速旋转，朝铁箭硬冲过去，他这旋转，一方面是不断加速，将所有的力道汇聚到匕首的顶端，另一方面，旋转之时会带动四周的气流，形成水流一般的流向，而这水流正是他藏锋式第二招莲底藏鲤的必备条件！

莲底藏鲤，乃是攻守结合的招式。鱼既可以借着水流出击，也可以利用水波掩护逃遁，秦明想得很清楚，他既然躲不过去，那不如就去硬击，两兵相交的一瞬间，若是他抵不住这铁箭，也可以借力迅速弹开，如鲤鱼摆尾，瞬间消失得无影无踪。

吼！

火焰箭激射而来，秦明抓住那电光火石的一刹那，挥掌猛地朝这烧得通红的铁箭顶端劈去，擒敌先擒王，藏锋破兵自然也是要先破对方最锐利最狠辣的点，这叫针尖对麦芒，以强制强。

铮！

两兵相交，火光更甚，这一道道金属交错的火花连同烈焰四散，直烧得秦明一阵灼痛，但他此刻已没有退路，唯有加重手中力道，再喝一声，猛地向前，藏锋终究是锐利无双，这一用力之下，刀锋终于破入玄铁之中，一刀直接斩断了铁箭！

但秦明的脸上没有丝毫的得意之色，相反很快就被惊讶所取代！

轰！

令人没想到的是，这铁箭被劈断箭头之后，突然爆裂开来，伴随着一阵刺耳的尖锐啸声，铁箭的箭身像伞一样迅速弹开，箭身之内藏有无数的利钩，猛地弹射出来全部朝秦明罩了过去！利钩带着火焰，就像笼子一样想要罩住秦明！

傀儡师终于笑了起来："我这支箭叫毕方箭！一足而化千火！看你的小小藏锋还如何抵挡！"毕方乃是《山海经》中的恶鸟，传言这鸟单足，喜欢衔火四处飞舞，引发火灾，这铁箭怪异，剑柄像单足，而箭头像伞一样开花成无数的利钩，整个箭就像带着火焰的天罗地网直接朝秦明罩了下去，乍一看还真有几分像传说中的恶鸟毕方降临！

"秦明！"白齐大叫道，在他看来，火焰和利爪几乎无缝隙地罩了下来，秦明已然是无处可躲了！他噌的一下打开了手中的阴阳破骨扇，想着是否要取了这傀儡师或者火药师的性命，只是他心神一恍，脑海里突然出现两个声音，一个叫道："这秦明可是荆一飞心底出现的人，难道你不嫉妒吗？"

"你胡说什么，秦明乃我好友，岂有见死不救的道理！"

"哈哈，救他？救他就要杀了这傀儡师，你不是最恨杀戮之道吗？你不是就是讨厌我好杀戮才一直囚禁我的吗？怎么，你现在也要杀人了！"

"我……我是为了救人……"

"救人？救人就可以杀人吗？你救一个人又杀一个人，这救与不救又有什么区别，白齐，你别天真了，你根本救不了他，他也不需要你来救！你一直都是多余的，对我们两个人来说，也是一样，你也是多余的！"

白齐怔了一下，整个人似乎呆住了一般，他这内心交锋感觉足有半炷香的工夫，其实在外人看来他不过是走了下神而已，可是杀人救人的时机都是稍瞬即逝，傀儡师的毕方神箭开始收拢，秦明彻底被笼罩在火焰之中。

这耀眼的火光和利爪之中，突然传来秦明的冷笑声：“你太小看我了！这箭可罩不住我！”他驭动藏锋，整个人快速地旋转起来，藏锋虽小，却快如疾风，匕首的残影已经划出一圈圈的光影。

这一招正是莲底藏鲤的后半招，鱼跃花影。

鱼跃花影与魏东侯的杀招鱼跃花涧颇为相似，都是奋力迎击的招式，秦明整个人突然借力上跃，四周带着藏锋的锋芒，好似游鱼飞击离水，衔食莲花！

铮！铁爪尽破！烈焰也要逼退三尺三寸，纵然毕方精巧狠毒，也抵不过藏锋一招破敌！

这一招又快又狠，就算是荆一飞也看得目瞪口呆！魏东侯的藏锋虽然只有四式，但是却是变化无穷，攻能击水千里，无往不利，闪则潜伏九幽，不可捉摸，当真是十分精妙的绝技！

这七煞门的三个人再度愕然，火药师继而惊愕转怒，大喝道：“五哥助我！”他的双掌用力一逼，内力从掌心透出，这力道借着双袖再一鼓，三个铜炉上的火光再次猛涨起来，火焰扭转化成一条更加巨大的火蟒吞噬而来！这巨蟒粗如水桶，三目毒牙都清晰可见，威力更甚方才，显然火药师是全力以赴，想一举灭敌！

一旁的五毒师也急忙附和一声：“杀！”他揉出一把毒粉，往前猛地一吹，这毒粉在空中幻化成一团团荧光绿的彩光汇入火焰蟒蛇之中，整条火焰巨蟒立即变得光怪陆离，色泽时青时红时紫，好像化出了七彩斑斓的鳞甲一样，更添几分怪异！

火药师和五毒师二人合力，这攻势更强盛一倍不止，此时火蛇既烈又毒，常人只怕被这火舌轻轻一撩，不被烧死也要中毒倒地！

秦明这下傻眼了，他的藏锋可以破暗器、可以斩利器，就是挡不住这无孔不入的火焰。对利器而言，唯独水火二相最不可抵挡，这可如何是好？！

第三十一章　阴阳破骨扇

火药师再催铜鼎，七煞门与金吾卫三人之间已经燃起了数丈高的火墙，这火墙之中又有一条巨大的火焰毒蟒席卷咆哮，一时间仿佛火海倒倾在了半空中，又像深海中盘旋着蛟龙，荆一飞急忙奋力卷动锁链，这锁链卷动着风潮朝火蛇捆缚而去，可是火焰终究更甚，已经冲破密如山林的锁链烧了过来。

火药师和五毒师面色一横，二人合力一推，这火墙连着火蟒就扑了过来。

“糟了！”秦明眼见是挡不住这招了，拉着荆一飞就往后逃去，可是他刚退了两步，就见一道瘦弱的身影不退反进，这人正是一直站在最后面的白齐，他突然挥动手中的泥金扇子，大喝了一声：“破法！”

扇子中有三道光芒闪烁而出，这光芒正是传说的破骨针，三枚骨针噗噗噗地钉入这火蟒的喉头、心脏和腹部，飞溅起微乎其微的小小火花。秦明一开始以为白齐要施展什么惊天动地的绝技，结果一看居然是放出了三枚细如银针的暗器，一下子泄气道，这火蟒又不是真的蟒蛇，你用毒针扎他干屁啊！快回来！

白齐却巍然不动，面对扑面而来的火蟒，他突然用力扇了下扇子，清风掠过，突然银针爆裂，这银针就像内里受到什么巨大的力道一样，迅速碎裂，秦明又哦了一声，道：“这，自己都碎了？！”

所有人中只有傀儡师的身子还是微微颤抖了下，因为他第一个看出了问题！骨针的碎裂开始蔓延，周边的火焰居然也开始碎裂不整，三枚骨针就像三个水波涟漪一样扩散，火焰就像水晶一样分裂，片片陨落，整个火焰巨蟒和火墙不过片刻之间，全部坍塌了下来！

傀儡师惊愕道：“传说中的破骨神针！”

白齐的眼神之中闪过一丝异样，他一只眼冷漠狠毒，一只眼却是带着节制，他身子一旋，所有的火焰都化作了余火落在地面上，引燃了干枯的黄草。白齐淡淡道："不错，这是破骨针，或许应当叫它破气针更准确些，骨针入体，自爆扭曲周边真气，进而引发连锁碎裂，无论血肉骨骼，还是五行真气，皆能被它牵连！我有十三枚骨针，却不知三位谁有兴趣一试？"

白齐的突然出招，让局势变得更加扑朔迷离，这破骨针的威力初显，就已经叫七煞门的人生了几分惧意，毕竟这样厉害的骨针若是刺中到自己身上，哪怕是清微地擦过表皮，那也将是十分可怕的后果，整个人会迅速碎裂，化作一摊肉泥。

不过，此刻的白齐阴阳未分，杀人之心不坚，扇子捏在手里一动不动，心里却是翻腾了无数次自我的交锋！六个人一时间有些僵持住了，七煞门三人攻也不是，退也不是，秦明等人也是这般想法，毕竟谁也没有十足的把握能够击败对方。就在这万般纠结时刻，突然背后传来了一阵奇异的幽香，香味十分奇特古怪，让人稍稍一闻，就觉得这香味已然蹿入五脏六腑，像狐媚之术一般，让人不禁有些意乱情迷，甚至不可自制。

秦明急忙回头一看，忍不住啊了一声："石塔，这石塔要化了！"

原本如黑玉一般的百兽琥珀塔，在烈焰的炙烤下，开始逐渐变得透明起来，所有包裹其中的野兽都看得一清二楚，而这妖异的香味正是形似琥珀的奇异松脂融化时散发出来的。

所有人的目光都转移了过去，盯着这开始变化的百兽塔。

白齐突然脑子里亮了一下，他像是找到了一把破解的钥匙一样，开始明白了该如何取出这百兽琥珀塔里的法器了！每一处穴眼都有独特的景象，这些景象并非纯粹为了取奇取异，内里有很多独特的轮回设计，让设阵的人可以在恰当的时候更改脉象，轮转风水大阵。

而这琥珀塔用的便是火！火的高温会融化松脂，百兽塔开始变软甚至融化，但兽塔变得软如油脂时便是取走塔内法器的最佳时机，同理若是要放回法器也是一样方法，以火来融化松脂，重新放回法器，这些穴眼的机关都有取出和放进去的独特办法，这样才能确保了法阵可以定期更改。

所有人都发觉了这百兽塔出现的异样，聪明如傀儡师自然也看出了现在该怎么取走法器了，他冷哼一声道："时辰将至，不可再拖，得速战速决了，老五老六，先取法器！"

他突然两袖一展，手中飞出无数丝线，却是江湖中另一种罕见的丝线，金刚丝！丝线犹如细微的光线射了出去，他两手用力一扯，树林之中传来嘎啦嘎啦的响声，这声音坚硬冰冷，犹如万千机甲开始复活了一样。

五毒师嘿嘿笑道：“三哥，早该把你这些东西拿出来了，若有它们相助，我等何须如此苦战！现在就该一具灭敌，拿着法器回去复命！”

傀儡师双臂齐齐用力，十指一拉扯，怒喝道：“出来吧！”

树林里，十个一丈多高的黑影踏步而出，发出轰隆隆的声响。这些黑影步伐沉重僵硬，犹如僵尸一般，秦明还未看清这些人，只是一见这黑影机械式的动作，就脱口而出道：“他要召唤傀儡了！”

傀儡师最擅长的自然是傀儡术，前几次交锋，这傀儡师始终都是以虬龙弓射箭攻击，除此之外极少展示他的傀儡技艺，此番他为了求胜准备倾囊而出了！

十具身披铠甲的高大傀儡手持方天画戟杀了过来，这些傀儡本来就有一丈多高，再手持一丈多的长兵器，瞬间更添威力！

“杀无赦！”傀儡师退后两步，双手十指不断地变化，灵活地控制十具傀儡的行动。

五毒师和火药师重整旗鼓，火药师手中的火弹频频弹射而出，一圈圈火焰再度蔓延出来，他的火焰都像有灵性一样，烧之不尽，还能在掌力的操控下幻化出各式各样的火蛇异兽，而五毒师则借着火势喷吐毒粉，让火焰更添毒性！

面对烈焰毒气，以及不断向前的傀儡大军，秦明等人唯有快速后退躲避，白齐虽有骨针在手，但骨针乃是用于破气，傀儡浑身都是坚甲，对付它们自然是毫无用处。

傀儡越靠越近，十支方天画戟高高举起，好似巨大的桅杆落了下来，嚓！长戟瞬间击碎了坚硬的青石台阶，直打得石头飞花溅玉，三个人急忙再度后退一丈，这后面已是温热的百兽塔了，再往后退，这塔里的法器就眼睁睁地要拱手相让了。傀儡师不依不饶，十指一抖，傀儡高举长戟奋力再攻，十几支长柄又劈砍了下来。

眼看三人无处可躲，突然巨大的长兵兀突突地悬停在了半空中。

一道道若有若无的透明丝线阻挡了长戟的攻势，是白齐偷偷设下的烛龙丝法阵。

傀儡师急忙用力拉扯，却发现傀儡的兵器被丝线绞缠，仿佛被蜘蛛网牢牢粘住了一样，一时间竟然进退两难。他愤愤道：“我差点忘记了你小子还有这一手！不过我傀儡的兵器乃是用玄铁打造，坚不可摧，你这烛龙丝想要断我的方天戟只怕没那么容易！不如，今日就让我来破了你这烛龙丝阵！”他再度舞动十指，一条条丝线在他手里就像灵蛇一样快速抖动，丝线牵动傀儡再度转换了招式，这次傀儡平举武器，从劈砍换成了刺杀！

长而尖锐的兵刃穿过烛龙丝的网眼猛地杀了进来，白齐的嘴皮子却在不停地翻动着，似乎是自言自语，一副喋喋不休的模样。

“书呆子，还等什么，动盘蛇！”

“破阵一法，我很清楚，不用你来打扰我！”

“我可不想死在这里！换玄甲阵！收网！”

“玄甲徒有其形，若对方一变招，你我都必死无疑，我说用六甲阵才是合适！换！”

“你要变六甲阵，我偏不让！还是玄甲最合适！”

“你冥顽不灵！”

“你才是十足的书呆子！”

…… ……

他身子一动，双手竟然各为其主，一只手变化出玄甲阵，一只手却拉扯出六甲阵，一边一半阵法，不断地变化交织着，看起来更加难以捉摸和辨别。

这下子就连傀儡师都看不懂了，不知道这人究竟想要变什么阵法，他猛地再一用力，长戟直接朝白齐捅了过去。白齐双手用力一划一扯，而后再一交叉，大喝道：“变阵，收网，定乾坤！”

空气中有咯吱咯吱的声音传来，无数的丝线迅速绞缠收缩，奋力地捆住这些兵器，竟然硬生生地锁住了长戟的去路。

傀儡师更加惊愕，他不信自己力大无穷的傀儡会破不了这细如发丝的烛龙丝，他再加力道，所有的傀儡步调一致，都是一模一样的动作，那就是用力地刺入！用力地刺入！仿佛这已不是技巧的对决，而是纯粹的力量较量！

长戟尖刃与烛龙丝线互相切割，这刺入的速度已是缓如黏虫，甚至有的长戟已经完全被锁住了，动也不动。傀儡师越发惊讶，心想这小子手无缚鸡之力，如何有这么大的能耐牵扯住这么多的傀儡，这一只傀儡的力量都远超几名正常男子的力量，更何况是十具齐齐发力，便是百名力士都未必能挡得住，而今竟然被一个瘦弱的小子拦下来了，当真是耻辱！

他不知道，白齐此番设的是六甲阵，所谓六甲阵，便是阵法形如六甲神环立，依靠丝线的来回交叉，节点相连，将四面八方刺来的长戟威力互相抵消，相当于以彼之道还施彼身，这整个阵法就像无数的六边形叠加，牢不可破，纵然是再大十倍的力量也破不开这个阵。

现在，一个矛，一个盾，双方僵持着都奈何不住对方，此时只要有一处平衡被打破了，一方都要一败涂地。

秦明、荆一飞、火药师、五毒师都要上前帮忙，但不想白齐喝道：“不要管我，我这阵法还能阻挡一阵，你们两个快去取兽塔内的法器！这松脂受热会变软，正是取出法器的最佳时机！若是晚了，就取不到了！快！”

说话间，他力量一松，这六甲阵微微松懈了些，长戟又迅速刺进了一尺，白齐急忙双臂一展，阵法微微有些变形，这多余的力道汇聚而来，就像五指山一样重重地压制着他，让他的双足都碾碎了些许石面。

秦明有些不放心，在他心里这法器肯定是没有朋友重要的，尤其是经历了地泉穴一战，他更坚信这个道理，法器取不到下次再夺回来就是，可人死了就永远也不可能复生，就会成了一辈子的遗憾，这其中的道理他感受得太深刻了。

秦明呸一声，叫道：“你说什么话，东西哪有人重要，我自然是要先帮你才是！”

白齐着急道：“秦明，你信我的话，我这法阵还能坚持一刻钟，你们赶紧去取法器！不要管我……”只是这一句话没说完，他就突然变了脸色，喝道：“快杀了这傀儡师！现在他与我一样，十指用力，根本不能动弹，正是最好的时机！”

“别杀他，取了法器要紧！”

“杀……”

这白齐仿佛得了癔症一样，一会儿说杀人，一会儿说取法器，让秦明和荆一飞彻底搞糊涂了，二人更加担心，还要上前，突然白齐猛地咬破舌尖，喷出一口阳血，终于压制了自己脑海中的另一个声音，他斩钉截铁道：“快取法器！”

而对面，傀儡师也大喝道：“老五老六，你们先别管这小子，快去抢法器要紧！”

白齐冷笑一声道：“想要靠近石塔，还得先过我的烛龙丝阵才行！”

此刻，身后的百兽塔在烈焰的烘烤下，已经变得如水晶凝脂一般通透，淡黄色的松脂已经开始融化了不少，一只只凶恶的猛兽变得越发清晰和可怖，仿佛随时都要从塔中跳跃出来一样，而且随着松脂融化，尸体浮现，这异香之中终于有丝丝怪异的腐臭传来，香臭夹杂，令人闻了之后忍不住想要作呕！

荆一飞急忙捂了捂口鼻道："不知道这东西有没有毒，我们赶快取了法器，不可再耽搁了！"

秦明嗯了一声，立即伸手一探，却见这松脂温度不高，还未完全融化，外面是软了但里面还是硬的，显然这温度还不够，还没能让松脂完全都软化。

秦明准备举个火把来加把热力，不想荆一飞简单粗暴道："这要等到什么时候！"她飞出自己的锁链，扑哧一声就没入松脂之中，这锁链好似一条毒蛇蜿蜒而入，不断地靠近塔中的法器，只是这最中心的松脂硬如坚玉，锁链和法器始终是差了那么点距离。

荆一飞还欲再用力，突然空中噗噗噗数声，却见一道道黑色暗器裂空而现，径直朝荆一飞射了过来！

"小心！"秦明急忙一甩手，手中的袖箭喷射而出，几道火光闪过，暗器化作无数的黑雾。

百兽塔顶上出现了一个乌鸦一样的巨大黑影，影子落定，宽大的青黑色袖子一收，正是锦衣卫的黑面鸩使。

鸩使双袖如鸟翅，袖中暗藏无数鸩翎，一旦破体，鸩毒进入经脉，常人绝无活命的机会，荆一飞回想刚才自己一着急全然不顾四周情况，还真是危险。

随着鸩使的出现，这兽塔背后很快闪出几十道人影，为首的正是锦衣卫镇抚司的千户胡狄，他的身后是十几名力士、鼠探、画押、典狱，以及十三名身着古怪服装的锦衣校尉，这几十号人个个容貌古怪，或贼眉鼠眼、猥琐至极，或满脸横肉、状如屠夫，更有甚者浑身上下皆散发出阵阵阴气。这无处不在的锦衣卫终于又出现了！

第三十二章　谁是敌人

胡狄大难不死，再度出现在众人眼前。

所谓仇人相见，分外眼红，他一见秦明和荆一飞，双眼之中透着一股难以磨灭的恨意，只不过他历来喜欢把自己比作有姿态的典狱官，若是时时刻刻都面目凶相，可不是太低俗了？胡狄眼虽怒，嘴角却上扬了起来，用力地鼓了鼓掌，冷笑道："看来我们差点错过了一场好戏，金吾卫对阵七煞门，却不知几位斗得结果如何了？"

秦明和火药师异口同声地骂道："关你屁事！"

胡狄面部表情剧烈地抽搐了下，显然是觉得太没面子了，他强忍着怒气道："看来你们是敬酒不吃吃罚酒了！"

火药师冷笑道："我管你是什么酒，你锦衣卫人多势众未必就有优势！"他突然一扫衣袂，团团火焰飞舞而出，好似一只只火鸟呼啸而来。

这七煞门的人意图抢攻，胡狄如何能答应？若是连这七煞门的火术都挡不住，他的颜面又怎么放。他冷笑一声："还想硬抢！鸩使何在？！"

鸩使急忙飘落下来，跪地道："属下在！"

胡狄道："还不安排四象卫立下御法大阵！破他们的歪门邪道！"

"遵命！"鸩使双臂一展，宽大的袖子好似巨鹰展翅，而他的背后，十三名身着青黑色宽大袖子的锦衣卫齐齐涌了上前，这些锦衣卫一个个长相颇为相似，都是身材高瘦，黑脸短眉细眼鹰钩鼻，看着就像是十三个亲兄弟一般，而且其着装也与其他锦衣卫大不一样，寻常飞鱼服颜色为橙红色，绣橙色四爪蟒图案，而这些人的飞鱼服色泽青黑，犹如夜色天幕，衣服上更以各色丝料织出色泽鲜艳、繁复怪异的图案，这些图案似龙似兽，似鸟似虫，乍一看只觉得眼花缭乱，根本没有具体的图形，大为奇异。这样的锦衣卫就连荆一飞都是第一次看见，却不知有何异术。

眼前，火焰铺天盖地而来，这十三个人步调一致冲了出来，而后上下堆叠，青袍相接，双手齐齐张开了袖子，这些袖子、胸前的衣服上皆是绣了各色怪异图形，这样上下左右齐张，十三套衣服无缝对接，竟然刚好拼成了一幅完整的图案！

众人终于知道了这锦衣卫古怪飞鱼服的作用，那是许多神兽的局部，每个人身上都绣着众多神兽的一部分，或利爪，或翅膀，或鳞甲，十三个人合起来才能化出一幅完整的图案，现在，他们化出的是一条黑色的蛟龙，在夜色映衬下，青底黑蛟，栩栩如生，颇有立体感，乍一看，就好像蛟龙在夜色中飞舞了起来。

“御火！”

十三名四象卫快速地抖动衣袖，蛟龙在巨大的衣幕上开始盘旋游动，而后一丝丝不可见的力道竟然汇聚起来，化成了汹涌的气浪，这些气浪翻滚成旋涡而出，旋涡的力道不断叠加，雨点般的火焰冲击过来，还未接触到锦衣卫的衣襟，就都被挡了回去，空中火花四散，甚至被倒吹了回去，这火药师的攻击已是溃散无形。

锦衣卫与金吾卫一样，每年都在广招奇人异士，这一组合叫四象卫，取自青龙、白虎、朱雀、玄武四大神兽，十三个人都是同父异母的兄弟，身材模样极为相似，性格特征也一般无二，这些人从幼年时就日夜在一起修炼，久而久之便可做到心神相通，一呼齐应，在作战时将他们的力量最大限度地发挥出来。

这是第一象，谓之黑蛟出海。

锦衣卫的青黑飞鱼服水火不侵，甩动之时风大如鼓风机，若是十三个人以特殊的方式齐齐抖动，这些风力汇聚流动起来，状如旋涡，速度越来越快，可以直接抵御火、五毒等攻击。

火药师本欲一个火攻给锦衣卫一个下马威，但不想遇到了以防御见长的四象卫，这十三名四象卫合起力来犹如铜墙铁壁坚不可摧，黑蛟盘旋飞舞，瞬间就把火攻挡了下来，五毒师见状，双手连连拍掌，将毒粉混入气浪之中再度冲击过来。

毒粉在空中化作一个巨大的骷髅飞舞而来，这是五毒师最得意施毒办法，毒粉化形，将各色颜色的毒粉在空中凝成一具具栩栩如生的形象来杀敌，这法门虽然不能增加毒性和攻击力，但却会让施毒变得更加具象化，更有观赏性，这想来也是七煞门这群人的通病，喜欢华而不实的东西。

不过，他也遇到对手了！

鸩使喝道："四象再御！"

四象卫再鼓气浪，层层气旋速度越来越快，到最后犹如龙卷风一般鼓荡而出，五毒师奋力催动内力，但这毒粉吹到半路就不能再前行，到最后更是全部都被吹了回去。胡狄忍不住嘲笑道："就你们几个人的道行，也配兴风作浪？哈哈哈！还不乖乖束手就擒！"

五毒师眼见自己的毒招不能起效果，又心生一计，捏指吹响了哨子，林子里突然传来窸窸窣窣的声音，不知从何处爬来了无数的蝎子、蜘蛛、蜈蚣等毒虫，这毒虫围攻过来，黑压压的一片直冲锦衣卫而去，四象卫丝毫不惧，反倒是鸩使又冷笑一声，道："小小毒虫，能奈我何？"果不其然，这些毒虫刚爬上四象卫的身上，就开始干焦冒烟，最后甚至化为无形，很显然这些人的衣服上都有剧毒。

鸩使道："一杯鸩酒烂肚肠，你们这小小五毒，如何能与我的鸩毒相比？"

"是吗？！"这话还未说完，十支乌黑色的长戟突然破空飞射而来，这傀儡师一抖十指，十名傀儡机甲纷纷丢掷出手中的长戟，这长戟飞来势大力沉，若是常人定然要被一枪穿心，但不想这些锦衣卫当真了得，一个个再度鼓荡真气，把衣服吹得鼓鼓胀胀，好似圆球，长戟未能破开这青黑色的衣服，反倒被这鼓起来的气体一弹，从两侧滑了过去。

"这……"眼见自己火攻、毒攻、弓箭都毫无办法，饶是最有主意的傀儡师也是怔了下。

"这可如何是好？！"傀儡师略略一想，突然心生一计，他一指另一边的秦明等人道："锦衣卫的本事果然了得，只是胡千户恐怕是忘了此行的真正目的吧，有人如今坐享渔翁之利，你们难道坐视不理吗！"

所有人的目光都随着这一指转移过去，却见秦明趁着双方交战，早已贴在兽塔上一只手努力地伸进去，想要取走里面的法器，只是这兽塔松脂又黏又诡异，想要快速取出法器确实不太容易，所以这行动到现在也只进行了一半。

秦明一见大家都在望着自己，好似做贼被抓包了一样，有些尴尬地嘿嘿道："这东西可不好取，你们先打，你们先打，打完了我们再来分。"

胡狄一见秦明可真是说不出的来气，他看了一眼傀儡师，道："若是我们再打，这法器只怕就要在金吾卫这三人手里了，既然大家目的都一样，那就必然有人要空手而归，却不知你们谁愿意先跟我们合作？先杀了一方，再来决定法器的归属如何？”他有意地看着七煞门，很显然相比于七煞门，他更痛恨金吾卫的这三个人，上一次秦明和荆一飞差点置他于死地，对于睚眦必报的胡狄来说，如此深仇大恨不报，他镇抚司胡狄的名号可就白叫了。

秦明呸了一声，骂道这人真是个疯子，为了铲除异己，宁可与七煞门的人合作，也要置他们三个人于死地，真他娘的不择手段！皇上派这锦衣卫过来哪里是合作，分明是捣乱，是适得其反！

不过若论搅局捣乱的本事，他秦明才是真正的一等一，你胡狄不是想要合谋吗，那他也可以将计就计。

他也不再取这法器，而是故意哈哈笑道：“胡千户倒是打了一手好算盘，但是你也不想想人家七煞门会不会跟你合作？你锦衣卫今日派了这么多人来，摆明是占尽了优势，我们和七煞门若是跟你合作，杀了另一方，等待我们的岂有好果子吃？自然是七煞门与我联手，先端了你锦衣卫，最后我们再一决胜负，讨论法器的归属问题，这才是最好的办法。是不是，聪明的傀儡师？”

正所谓敌人的敌人就是朋友，弱弱联手对抗强敌，自然好过与虎谋皮。

白齐也收了烛龙丝，道：“正是，任是谁留下来单独对抗锦衣卫只怕都没有什么好下场，七煞门与我们三人对决，你们的胜算至少是五五开，这是你们最好的选择。”

荆一飞瞟了一眼胡狄道：“胡狄，看来你的计策要落空了！”

这场上的局势开始风云突变，或者说变得有些离经叛道，原本金吾卫和锦衣卫是要联合办案，一起缉拿七煞门的人，却不想现在变成了双方都在拉拢七煞门与自己联合对抗另一方，这真是莫大的讽刺！

傀儡师哈哈笑道：“真是天下之怪闻！谁能想到堂堂皇家两卫居然会求着与我七煞门联合，你们也不怕被天下人耻笑吗？”

他的话又大声又激动，仿佛是想要全天下都知道这件荒唐的事一样，他突然长弓一指，道：“不过，很显然金吾卫的小子更对我的胃口，我若跟你们锦衣卫一起杀了金吾卫，我们焉能得到法器，只怕最终连性命都不保，反之，我和金吾卫联手击退你们，至少我们和金吾卫对决中不会落了下风！是不是，兄弟们？”

五毒师原本就对傀儡师言听计从，这把自然也是点头道：“三哥分析得极是，相比金吾卫这三个臭小子，显然锦衣卫这几个看起来更碍眼！”

只有火药师哼了一声，他盯着荆一飞道：“若非局势特殊，我敖融如何能跟杀害师妹的人一起合作，我等先杀锦衣卫，再杀金吾卫，一夜灭了两卫，也算不枉此行！哈哈！”

第三十三章　虎豹之威

场上局势现在已经明朗，金吾卫和七煞门很快达成了合作共识，这一点是胡狄始料未及的，他的原意是联合七煞门灭了这金吾卫三人，而后再消灭七煞门的人，却不想现在反倒促成了他们联合，他气得大怒道：“荒谬！荒谬！简直蠢不可及！”

秦明打趣道：“胡千户这是在骂自己吗？你这提议确实太蠢了！天底下没有人会跟你们锦衣卫合作的！”

胡狄一挥手，大喝道：“诸卫听令，今夜不论金吾卫还是七煞门，均杀无赦！”

“先杀恶贼，再夺法器！”锦衣卫喃了一声，全部欺身而上，七煞门的人也不示弱，也冲了过来，傀儡火焰毒物纠缠不清。白齐和荆一飞望着秦明，两个人的表情出奇地一致，好像都在说这主意是你出的，你看现在该怎么办？秦明愣了下，道：“这……这还能怎么办？敌人的敌人就是我们的朋友嘛，当然是先一起灭了这锦衣卫！”

三个人也杀了过去，一群人完全是混战在一团，胡狄的七彩蛛丝，鸩使的毒羽暗器，力士的铜锤，画押的销骨笔，鼠探的揭谛指，还有四象等锦衣卫的防御之力，纷纷施展开来。

傀儡师催动傀儡疯狂地攻击，再加上火焰和毒药，虽然只有三个人，但攻击力已经非常可怕，另一边，秦明三人正欲过去施以援手，但不想胡狄率领力士等人也杀了过来，一群人打得不可开交，几乎是难辨敌我。

场上，锦衣卫虽然占了人数的优势，但金吾卫和七煞门的人单兵能力更强，这样斗起来，竟然也是难分伯仲，一时间谁也奈何不住对方。

眼见火光四起，整个虎丘很快都陷入一片火海之中。

胡狄冷笑道：“你们只怕都忘了这里是何处，天策卫的人若是看到了这里的火光，必然要赶过来，你们七煞门可就是瓮中之鳖了！”

胡狄这是要以驻守此处的天策卫来恐吓七煞门的人，叫他们分清局势，速速滚蛋，好留下他们和金吾卫一决高下。

不想白齐也叫道：“胡千户只怕也忘了这里是哪里！”

胡狄眉锋一抖：“你这话什么意思……”

吼！突然四周的树林内传来一阵阵焦躁的虎啸声。

白齐道：“这里是恶虎的地盘！”

无数巨大的兽影从阴影处跃了出来，所有人都知道这养虎场内养的是各地进贡的狮子、老虎、豹子等猛兽，却没有人真正知道这场子里究竟养了多少只猛兽，此刻光是围过来的就有三四十只，一个个体格健硕，目露寒光，虎丘上兽塔渐渐融化，松脂香味溢出，这些老虎狮子显然是被这些奇香所吸引，纷纷奔上虎丘来一探究竟。

面对突如其来的猛兽，锦衣卫和七煞门的人都大为震惊，他们未承想这些猛兽竟然可以跃上这陡峭悬崖一般的崖壁，原本三方混战就可以够复杂了，现在又加了一群野兽，局势就更不可预测了。三方都在暗忖：眼前情况特殊，自己现在该是选择自保好，还是趁乱拿取走法器，这些举动若是选择不当，稍有偏差，难免都会落入对方的击杀范围，白白丧命。

在众人万分谨慎、举棋不定的关键时候，秦明突然大叫一声：“糟了！御兽师来了！”

他这一叫不要紧，七煞门和锦衣卫的人都是为之一惊，七煞门的人是惊喜，他们以为真的是御兽师曲叟跑了出来，特地前来助他们一臂之力，锦衣卫的人自然是惊恐，心想这么多老虎跑过来，难不成真是御兽师搞的鬼，若是这人来了，眼下可就糟糕了！

所有人的目光都被秦明的这一声大叫吸引过去了，一个个瞪大了双眼四处瞧看，傀儡师、五毒师等人甚至兴奋得难以自持，开始叫喊起来：“老四！老四！”气氛一时间更加紧张。

秦明朝荆一飞使了个眼神，叫道：“快！给他们来个天女散花！”

荆一飞已经明白了秦明的意思，这群猛兽都是被这古怪的香味吸引过来的，所以他们为何不趁乱借这些猛兽之力呢？荆一飞迅速抖动锁链，粘住一层层已经开始融化的松脂，用力地朝锦衣卫和七煞门的人撒去，松脂四溅，香味浓烈，更加激发猛兽的野性。

嗷呼！

这些猛兽一个个突然开始朝七煞门和锦衣卫的人扑去，在狮虎眼里，这些人现在就是最美味最让它们疯狂的食物！傀儡师终于恍然大悟，又是秦明这小子在骗人！他怒骂道："好个无耻小儿，却不想你们才是最卑鄙的！"

秦明嘿嘿笑道："兵不厌诈嘛，我可不是什么正人君子，你们好好玩！"

老虎疯狂地追逐着人群，傀儡师急忙驾驭傀儡奋力阻击这些猛兽，只是这些野兽实在是太多了，大有源源不断之感，十具傀儡很快就被摧毁了三具，火药师急忙撒出火焰，想要以火逼退这些野兽，但不想这些猛虎被松香所迷，根本不惧火势和高温，一个个径直冲了过去，有一些老虎被火焰引燃，瞬间化作了火兽，变得更加恐怖。

荆一飞的锁链再甩几下，松脂如雨点洒落，整个虎丘上松香浓烈，各色猛兽已完全陷入疯狂的姿态。

猛虎又纷纷朝锦衣卫冲了过去，只不过锦衣卫的人显然人多势众，早有准备，鸩使不慌不忙道："快，立驱兽阵！"

四象卫的人立马又堆叠起来，十三个人堆成一张立起来的平面，衣袖上的图案拼接，竟然化出了一只近两丈高的巨大白虎造型，火光映照，白虎铜眼如炬，浑身色如亮银，獠牙利爪带着森森寒光，不怒自威。四象卫不断蠕动身子，变化着造型，从正面瞧看，这衣襟上的白虎居然开始缓缓前行，与真虎几乎无异，这样的仿生术也是神乎其神了！

鸩使又喝道："白虎镇西方！"

吼！十三个人同一时间发出吼叫，人的声音音量远比猛兽要小，穿透力也弱不少，但这十二人的声音重叠起来，竟然比猛虎的真实叫声还要洪亮数倍，动态光影图案配合虎啸龙吟，直接吓得这些真实的猛虎都退后五六丈，一时间无一敢再上前。

此阵名为驱兽阵，原本是锦衣卫用于对付大象、战马等兽类，若是遇对方驱象或者骑马进攻，锦衣卫便可立此阵恐吓对方坐骑，令大象、马匹惊慌失措，甚至掉头倒戈，不战而屈人兵。

此刻，用驱兽阵来对付这些疯狂的猛虎倒也十分合适，猛虎被巨大的白虎图案所震慑，一只只立即失了威风，甚至缓缓后退，不敢再靠前。

只是锦衣卫矗立在兽塔之前，刚好阻隔了老虎的去路，这些虎群又被香味所引诱，一只只摇头晃脑的不肯离去，火药师趁机再催烈焰，荆一飞也舞动锁链甩撒松脂，这后有烈焰前有诱惑，猛虎终于顾不得驱兽阵所带来的恐吓威力，又再度冲了上去。

嗷!

鸩使无法，只好再度下令:“换朱雀！”

这些四象卫动作整齐划一，不过是衣襟一换，青蓝色的衣袖背面竟然露出了火焰一般鲜艳的红色，十三个人动作又快又齐，眨眼间，白虎隐退，朱雀腾空，血红色的朱雀就像一团炽热的火焰在夜空中剧烈燃烧，映照四处一片威武。

朱雀乃是暴戾之象，朱雀阵除了衣服拼接成朱雀之形外，它还有一些区别于其他阵法的特点，那便是具有一定的攻击性！只见四象卫密切配合，朱雀的双翅开始不停地抖动，翅膀上竟然显露出一排排精铁打造的暗器，这些暗器色泽暗红，薄如蝉翼，一片片犹如羽翎，一开始用独特的小钩挂在衣服上，乍一看就跟朱雀的羽毛一模一样，现在随着衣襟的剧烈抖动，这些暗器一排排都亮了出来，蓄势待发!

“朱雀啸南天！”鸩使一挥手下令道。

四象卫似乎都是要靠鸩使的法令才能实施动作，这一声令下，十三个人快速甩动衣袖，无数的朱雀翎飞射而出，暗器化作了道道红光，犹如一场火焰雨喷射而来！秦明等人见了此景，不免大吃一惊，他们不承想这古怪的四象卫有这么多奇门杂术，幸好今日是一片混战，他们三个人可以坐山观虎斗，看清这些人的真正实力，若是一开始就与他们硬拼，只怕是要吃了大亏!

这群猛虎跃了上前，却被疾射而来的朱雀翎所暗算，毒镖射入兽体内，很快便带来火辣辣的刺痛感，那滋味犹如火焰入体灼烧一般，痛不可言，猛虎一只只惨叫连连，甚至惊恐逃窜，只是受了伤的老虎四处逃窜，没受伤的老虎依旧不明所以，又再度奔来，这虎山上，火焰、巨兽、暗器、毒药四处弥漫，已是乱成一团。最关键的是虎山之下，已经传来了阵阵金锣声，显然是天策卫的人也发现了山上的异样，开始往这边赶过来了。

毕竟养虎场乃是皇家禁地，若是被天策卫的人发现他们私入虎场还惹出这么多事端，这不单是活罪难免，只怕最后连死罪都难逃，锦衣卫的人一个个也变了脸色，鸩使望了望胡狄，那眼神分明是询问此时是进是退，该如何是好？！

胡狄一咬牙道：“纪大人有令，必要夺得法器，我们先抢琥珀塔！”

第三十四章　夺琥珀塔

胡狄想起抢夺琥珀塔时，秦明早就先人一拍，他趁着一群人乱战时就已经探手入兽塔中去摸索这琥珀法器了，现在的兽塔松脂已经完全软化，呈现出一种昏黄胶质的感觉，秦明探手入内，只觉得一阵温热，虽然有些发烫，但人体也勉强可以承受，只是这松脂软化到一定程度后，生出了许多气泡，色泽就有些发浑，没那么透明，他也看不清这被包裹的琥珀塔的具体位置，只是按照大概阴影方位依着感觉去抓。

第一次，他抓住了一个又圆又硬的东西，有蹴鞠那么大，他还在想这塔有什么部位是圆的，自己这是捏到什么东西了，只是想了一下他突然就明白了，自己肯定是抓到了那具干尸的脑袋了！“妈的。”他暗骂一声，心中一阵恶心，手就赶紧换个地方摸去，这一次他又摸到了既硬又瘦的东西，就像一根棍子一样，秦明脑子里迅速浮现那尸体的某个部位，急忙啐了一口，叫骂道：“这他娘的是干尸的腿骨！”

为了节约时间，也防止自己再次摸错地方，秦明就干脆顺着这干尸的小腿往上摸去，这一路是摸了小腿摸大腿，摸了大腿摸胯下，当真是把这尸体的下半身摸了个遍，秦明一边说得罪了得罪了，另一边就紧接着叫骂这活真是晦气，只是左手却丝毫没有停下的迹象，这腰部之上就是双手了，秦明记得法器是放在了尸体的左手边，这次肯定不会有错了，他往那边一探，果然有座冷冰冰的石塔，瞬间大喜！得了，就是此物！

只是再一摸，秦明突然愣了一下。

他分明感觉到自己摸到的另一件东西，软乎乎、热乎乎，还有肌肉，还在颤抖，似乎是人的手！干尸的手大家虽然没怎么摸过，但是想一想也知道，必然是干枯如鸡爪一样的，哪里会有这么多肌肉，难不成是这干尸吸了什么精华，想要复活了不成？！

要诈尸了！

秦明惊得头皮一麻，急忙抬头一看，却见旁边不知什么时候来了一个贼眉鼠眼的锦衣卫，他正滴溜溜着一双绿豆芽似的眼睛有些不好意思地望着秦明。

这人正是锦衣卫鼠探，他的一只手也探向了松脂之中。很显然，没有什么诈尸，也没有什么怪事，是他们两个人的手互相摸到了，只不过，现在还紧紧地攥在一起，场面是说不出的滑稽和怪异。

秦明心里这个气，抓了这么个贼眉鼠眼的人的手，简直比僵尸还晦气，他猛地打了下鼠探的手，就抢住那琥珀塔，不想那鼠探速度也不慢，他龇牙咧嘴之下还不忘紧紧揪住琥珀塔，两个人几乎是同一时间在松脂内抢到了法器，互相扯来扯去不肯谦让。

秦明破口大骂道："死耗子，你赶快给我放手，不然别怪我不客气了！"

鼠探的揭谛指已经稳稳地钩住了琥珀塔的一个边缘，这任何东西只要被他的指头钩住，就很少能拿得下来，他嘿嘿一笑："我知道你有藏锋，但是藏锋只在你右手，现在你我隔了有四尺多，这距离你可伤不到我的。"

二人确实相隔了有四尺左右，秦明的藏锋只有一尺，按理说加上手臂的长度也碰不到鼠探的，鼠探有恃无恐突然亮出手指上的利爪，就朝法器抓过来，他心想这兽塔内秦明单手毫无杀伤力，自己这么一抓秦明必然就要放手了，不想秦明情急之下，突然呸了一声，朝这人猛地吐了一口痰，鼠探吓得浑身一哆嗦，以为秦明是要吹来枣核钉之类的暗器，却不想一口黏痰直接飞到了脸上，一下子糊得他眼睛都睁不开，鼠探气得一抹脸大骂道："你这人好不讲究！"

秦明笑道："这叫看什么人下什么菜，你这死耗子还想吃什么山珍海味！有我秦爷的口水吃就不错了！"他再吐一口，鼠探急忙再躲，口中叫道："你这人素质之低真是叫人发指！无耻至极！有本事与我真刀真枪一斗！"

这话刚说完，秦明突然眉头一挑，喝了一声，手中的藏锋就朝鼠探斩了过去，这二人隔得有些距离，这么劈砍自然是打不到的，不过鼠探忘了秦明还有御剑指环，藏锋直接脱手而出噗的一声就刺入鼠探的右臂，他一阵吃痛，正欲拔掉匕首。不想，秦明一御指环，藏锋嗖的一下就刺透了手臂转了个圈又飞回来。

秦明道："你刚才说什么来着？要跟我真刀真枪斗一斗吗？来啊！"

他又出藏锋，戳了鼠探一匕首，鲜血汩汩冒出。鼠探真是又痛又怒，嘴巴上却吃了软：“你，你这人还用暗器，好生无耻！”他话这么说着但是这手却依旧是没敢松一分，可见这人还有几分毅力，不到最后决不放弃。

秦明突然换了副脸孔，怒喝道：“再不放手，就该戳你脑袋了！割了你鼠头当蹴鞠踢！”说着他就要再飞藏锋，鼠探这把吓得急忙抽了手臂，护在脑袋上，大叫道：“休想杀我！”

秦明一把夺了琥珀塔法器，也不去理鼠探，只是拉着荆一飞和白齐道：“得手了，快走！”

三人也不管其他人，一路狂奔下山，锦衣卫、七煞门这才恍然大悟，法器竟然被这三人抢先夺走了，一个个纷纷叫骂起来也追了上去，这一路上人追着人，老虎又追着人，乱成一团，叫成一片，好不热闹。

三人冲到山门处，却见天策卫的人已经举着灯笼锣鼓冲了过来，为首的正是李百户，他一见秦明等人冲了下来，立即一叉腰窝，大叫道：“我刚才说什么来着，果然有偷虎的贼！快抓住他们！快抓住他们！这次可不能让他们跑了！”

天策卫一群人立即敲锣打鼓，高喝道：李大人料事如神，英明神武，当当当！

李百户骂道：“夸个屁，还不赶快追人！”

天策卫的人这才呼啦啦冲了过来，这山门到天策卫军营就是华山一条小道，再无分路，双方面对面相遇，正是王对王、将对将，根本没有其他可以躲藏的地方了。白齐阴心已收，恢复了阳心的本性，顿时心慌道：“这，这如何是好？前有堵截后有追兵，没有去路了！”

荆一飞攥紧了玉斧，直截了当道：“还能怎么办，杀出去！”在她看来，这天策卫不过百余人，想要杀出一条血路也不是什么难事。

白齐急忙摇头道：“不行，不行，我们先闯虎场，又杀禁军，这可是重罪了！即便是逃出养虎场，但是身犯重罪一生都要被通缉！这法子使不得！”

三人一时难以决断，秦明突然神色一横，冲向一侧，用匕首一戳一劈，再上一脚，直接踹断了木栏的一根柱子，叫道：“别犹豫了，往这边走，过了这虎场就是秦淮河了，我们跳河走，他们肯定抓不到我们！”

这真叫天无绝人之路，前有天策卫，后有锦衣卫和七煞门，三人干脆另寻蹊径，从栅栏的缝隙中钻入养虎场。

虎场内，白草高过腰际，这一入其中三人俯身快跑，远远看去，确实不太好发现。而后面刚追下山的锦衣卫也直接遇上了追击来的天策卫，双方都大惊失色，愣了一愣。这锦衣卫平日里虽然飞扬跋扈，但是私自进入皇家禁地，还打死了这么多老虎，差点弄毁了虎丘，这怎么也是一条重罪，他们一时也是十分心虚，心里锣鼓敲得是咚咚咚直响。

天策卫还在想要不要上去把这锦衣卫也拿了，锦衣卫在想，要不要上去吓一吓唬天策卫，还是胡狄冷静，他见旁边栅栏破了个口子，低喝一声道："不必强来，我们往这边走！"说着，锦衣卫的人也转了个弯跟着秦明的路线跑过去。

七煞门的人则停在半山腰上，五毒师和火药师面面相觑不知该怎么办，纷纷问道还要不要追。毕竟这法器现在还在秦明等人手里，此行若是空手而归着实有些不甘心。

傀儡师冷笑一声道："不必了，门主早就想好了下一步计划，此番闹成这副样子，就等他们自投罗网吧，我们走！"

火药师有些难以置信道："三哥？我们真不追了？就这么走了？"

傀儡师道："不走留着被天策卫和锦衣卫抓吗？放心吧，门主早有计策了。"

说着，这三个人身子一闪，从另一个方向逃了去。

虎场内，锣鼓声、呐喊声、奔跑声此起彼伏，整个林场被彻底惊醒了，原本剩余的老虎也奔袭了出来，四处查看何事这般喧哗，但见草丛中金吾卫、锦衣卫、天策卫还有几十只猛兽互相追逐，哀号声不时传来，场面一度混乱到了一个新境界。

过了前方的松树林，便是秦淮河了，这外秦淮河一边是聚宝门的城墙，一边是林地，只要能跳进这河里，趁着夜色的掩护，加上秦明和白齐的游泳速度，应该是没有人能追得上他们了。

想到这，三个人奋力狂奔，只是眼看就要进入松林，这逃脱机会就在眼前，突然前方呼呼几声，火光大盛，一排排的火把猛地亮了起来，这火光点点相连，绵延而出，将原本寂黑的夜照得一片亮堂！借着火光，众人清晰看见，这树林内不知何时早已站立了一排足有三四百人的队伍，这些人统一身穿银色铠甲，身披红色披风，手持铁枪长戟，火光映照下，银星点点，甲胄生辉，说不出的威风凛凛。

数百名将士训练有素，齐齐喝了一声："呔！"

这数百号人异口同声，当真是声若奔雷，只是一声呔就吓得追逐的卫士和猛虎都停住了脚步。

所有人都站住了，不敢再前行。

这养虎场历来由天策卫的一支小队管理，从未有过其他禁军守卫，不知道这么多将士是从何处突然冒出，众人正疑惑着，白齐定眼一看，更是暗叫了声不好，因为他分明看到了阴影处飘动的这些军队幡旗，橙红色的军旗上画了一只张牙舞爪的赤虎！

这正是汉王朱高煦手下赫赫有名的军队，赤虎军！

第三十五章　守株待兔

汉王朱高煦的赤虎军突然出现在养虎场内，叫原本还在奔跑追击的金吾卫、锦衣卫、天策卫都瞬间愣在原地。白齐暗忖这些人怎么会在这个时候出现在养虎场，他看这军队着装整齐、训练有素的阵仗，这些人显然是在此等候了许久，莫非是朱高煦见七煞门的争抢法器没能得手，就在此守株待兔？！

这可就糟糕了！

所有人都站在原处，一动也不敢动，因为他们分明听到了空气中有咯咯咯的紧绷之声传来，那是后排的士兵齐齐拉紧了弓弦，这时候只要有人乱动一步，数百支玄铁箭就会如飞蝗而至，将他们洞穿成马蜂窝！

一时间气氛紧张，众人连大气都不敢出。

片刻，军队之中终于踱出了一匹枣红色的高头大马，这马大有来头，乃是大明的十大名驹之一，名叫赤练驹，说的是这马速度快如疾风，冲锋陷阵时犹如赤炼毒蛇飞驰，几乎难以辨别马的身形，骑乘之人于乱军之中杀人如探囊取物。这等好马自然不是一般人可以拥有的，它的主人正是朝野之内，权势仅次于朱棣的汉王，朱高煦！

朱高煦身着一身黑甲，背披红色披风，配合他深邃的五官和修剪得颇为整齐精致的须髯，确实担得上英姿勃勃四个字！难怪朱棣和朝中的武将都会喜欢他，光看外形气质，这人就当是龙凤之才，更何况朱高煦还不是金玉其外败絮其中的绣花枕头，他有的是领兵作战的本领，便是手中的鹤羽剑在大明之内也是难逢敌手。

只是，眼下这位高权重的天之骄子显然不是来送好礼的，而是来找碴的，更直接地说，应该是来给金吾卫三人组致命一击的。

“你们是金吾卫的侍卫？为何夜闯养虎场？！”朱高煦居高临下，明知故问，他的声音颇为冷酷，甚至带着一丝丝厌恶。金吾卫和锦衣卫的人同时出现在养虎场，他不问锦衣卫而是先问金吾卫，也说明了在他心里，这金吾卫远比锦衣卫更令他讨厌，这也是他要打击的第一个敌人，如今这三个人夜闯养虎场被他抓了个正着，他如何不趁机将他们拿下，以绝后患？

养虎场乃是皇家禁地，夜闯虎场自然犯了禁忌，根据情节轻重可以处从削籍为民到问斩等不同刑罚，今夜金吾卫三人不仅夜闯禁地，还惹出这么多事端，这罪责情节严重，完全可以午门之外问斩了，这一点秦明三个人是很清楚的，否则也不会这样慌不择路地逃跑。

三个人都在思索着该如何辩解，毕竟接下来自己回答的每一句话都关乎生死，若是一句话说错了，等待三个人的都将是万劫不复。锦衣卫的人何能分辨眼前的局势，看来朱高煦是想针对金吾卫多一点。他们微微退了几步，一言不发，这养虎场内瞬间陷入一片无言的尴尬之中，似乎连原先嘶吼咆哮的虎群都不知道躲到何处去了。

朱高煦身旁的副将见状，高声喝问道："汉王问你们话，为何不回答？你们几个可知道私闯养虎场的下场吗？"

喝问连连，空气中依旧一片沉默，无人敢应答。

副将大怒："再不答话便以刺客论！就地击杀，喂了这群老虎！"

话刚说完，弓弦之声更紧，仿佛下一瞬间，这些玄铁箭就要飞击而来。

荆一飞上前俯首道："禀汉王，我等今夜未经禀报夜闯养虎场也是事出有因，还请汉王恕罪！"

朱高煦冷笑一声，道："是何要事，偏要闯虎场？"

荆一飞道："自然是与七煞门的案件有关，我们见有七煞门的人入了这养虎场，担心这些人又要生出什么事端，就一路紧跟进来，这一点锦衣卫的人也是可以做证的。"

朱高煦转头问道："哦，胡千户，果真如此吗？"

不想，胡狄却道："禀王爷，我等只见金吾卫的人鬼鬼祟祟入了养虎场，不知道有什么目的，也跟了进来，至于七煞门的人，我未曾见到，不知真假，不过金吾卫的人进了这虎场就遇到狮虎，双方恶斗，似乎狮虎死伤不少！"

这胡狄突然变了口吻，撒谎说没看到七煞门的人，只是看到秦明等人进来作恶，杀了狮子老虎，这摆明是把他三人往火坑里推，意图把今夜所有的罪名都推给金吾卫。

秦明登即大怒道："好一个睁眼说瞎话！方才你们还与七煞门斗得不可开交，现在却说没见过七煞门的人，简直是一派胡言！敢问你锦衣卫身上的伤痕是从何处得来？"

胡狄又阴笑道："秦侍卫这般气急败坏，倒是显得十分心虚！真不知道你们金吾卫到底是在办案，还是在做什么不为人知的事情！我可是知道前些日子，魏东侯与你们每夜都聚在阳明院内，不知道是在密谋什么？我建议汉王好好查查！"

"你……"金吾卫三人瞬间语塞，这胡狄颠倒是非完全不顾一切，叫所有人不曾想到。

朱高煦怒喝道："好一个五行之师，可是太久没人管教了，看来真的有必要好好审问审问你们这些所谓的皇家禁军！"

另一旁的天策卫李百户急忙俯首道："王爷说得极是！今夜还请王爷主持公道。"

所有人都知道，这些日子，朱高煦频频跟朱棣讨要天策卫作为自己的军队，这天策卫只怕过不了多久就要划入朱高煦的麾下，李百户心里很清楚，自己没有理由不趁机巴拢自己将来的主子。

秦明等人现在心里也很清楚了，朱高煦与七煞门是一伙的，锦衣卫与自己是死对头，天策卫又有心巴结朱高煦，总而言之，在场的人除了他们三个，其他的人都已经划清了地界，不可能会帮自己，想要这时候乞求这些人听自己讲道理，饶自己一命，这完全是痴人说梦，比登天还难！

秦明突然有些恍然大悟，今晚的行动会不会是一个提前就设好的陷阱，朱高煦和七煞门知道他们要来找这个穴眼，所以就守株待兔，如果能抢得法器最好，若是抢不到法器，还有朱高煦替他们处理好最后一道关卡，所以这场争夺从一开始七煞门的人就赢了，他们金吾卫完全是在螳臂当车，不过是多此一举罢了。

朱高煦策马前行，又喝一声："还不快说，你们三个人有什么目的，究竟想做什么？若是回答不出来，就跟我回汉王府好好想想，我朱高煦虽不是锦衣卫，但也有的是手段！"

三个人面色冷峻，知道再说什么都无异，只是眼下敌兵围困，还要不要做最后的困兽之斗，若是这时出手了，那便是罪上加罪，若是不出手，自己摆明是要进汉王府受死！左右都是死路一条，那不如……

一旁的副将见三个人不肯就范，勃然大怒道：“众将士听令，拿下！若有抵抗者，格杀勿论！”

数百名将士齐刷刷地挺直长兵器，兵器划破长空发出尖锐的啸声！踏踏踏！将士步伐整齐地挺枪围了过来。秦明三人不由自主地后退几步，只是再退几步，背后的天策卫、锦衣卫也围了上来，三军围困，这下真是九死一生的境地了。

秦明低喝道：“妈的，大不了多杀几个人也不亏本！”他正欲藏锋出鞘，突然天策卫的营地方向传来一阵踏踏之声，却见一群黑马护着一匹白马疾驰而来，这马还未到，一阵声音便传了过来：“请皇叔剑下留人！”

这声音虽然稚声稚气，却底气十足，最前面的一匹白马上一名银甲将军护住一个少年快速奔来，这少年正是圣孙朱瞻基，朱瞻基年龄虽小，但说话却已是一副大人模样，声音清亮高亢，在这夜色中倒是颇有穿透力。

“皇叔且慢！”他又叫一声，这一声下，所有赤虎军的将士都不敢再上前，一个个转过头看着朱高煦，毕竟这皇孙在朝廷内的地位无人不知，平日里就连汉王朱高煦都要让他三分，这些将士又有谁敢顶撞他。

白马煞地立住，朱瞻基翻身下了马，寒风吹得他的脸有些红扑扑的，这让他在英气勃发之中还多了几分少年的可爱，只见这少年一身华服，昂头挺胸地走了上前，恭敬道：“小侄见过皇叔，皇叔今夜好雅兴，这么晚了也在养虎场。”

朱高煦不知道朱瞻基这么晚了不在皇宫里睡觉，怎么也跑到这养虎场来，不过他很清楚，这小子人小鬼大，此番出现可不会是什么无心之举，一定是专程前来，说不定太子也收到了什么情报，自己不方便来，就派自己的儿子来此搅局？不过，单派朱瞻基过来确实胆子有些太大了吧。

朱高煦有些不悦道：“我堂堂一个王爷来养虎场狩猎也要禀报圣孙吗？父皇现在还未正式把皇太孙的名号册封给你，你个小子未免想管得也太宽了吧！”

朱高煦言辞激烈，显然他对这圣孙也是怀恨已久。

朱高炽生性软弱，自小常常受到两个弟弟的排挤，尤其是靖难之役后，朱高煦自持领兵有功，对待朱高炽更加肆无忌惮，只是好景不长，这无能的大哥在一帮文臣的帮助下还是当上了太子一位，最可恨的是，这太子的儿子，皇孙朱瞻基十分要强聪明，从懂事起，朱瞻基就感受到自己父亲的懦弱和隐忍，在这样的环境下，他变得越来越争强好胜，处处要与朱高煦争个不停，仿佛要弥补父亲未能给他带来的权力及安全感。最关键的是，皇上还是十分喜欢这孙子，宠爱之情洋溢于表，这让朱瞻基在与朱高煦相争时更加自信，甚至有时还能占据上风。

朱高煦口气不善，朱瞻基却丝毫不怒，他年纪虽小，但是论到心机，已经不逊色于很多成年人了，他开始展露出了异于他年纪的城府和凌厉，他一针见血道："皇叔来虎场狩猎很正常，可是小侄未承想堂堂的汉王到养虎场狩猎竟然也要带这么多穿戴齐整的卫士，难不成皇叔年纪大了，也开始怕这些畜生了？抑或者，皇叔觉得这养虎场的天策卫迟早要收于麾下，所以特地夜半操练，来指点一二？"

朱瞻基话中带刺，朱高煦听了口气更加不悦："此事与你何干？！那么请问，瞻基侄儿，你这么晚来此又是有何贵干？"

朱瞻基嘿嘿笑了起来，他指了指秦明道："我来自然是有重要的大事！"

"嗯？"朱高煦冷笑一声。

所有人都看到了朱瞻基在指着秦明，不知道他说的大事是何事？朱瞻基不慌不忙道："这三个金吾卫侍卫是我安排来养虎场的，我父亲也是知道的，所以这可不算是私闯，而是一次秘密行动！"

朱高煦听了不禁哈哈哈大笑了起来，他的笑声中还带着几分嘲讽，他早就知道这朱瞻基是来解围的，不过他原先还以为这小子能有什么好说辞，现在看来也不过如此，而且经过这事反而还可以确定，金吾卫的人已经跟太子勾结在一起了。

今夜一事，自己筹谋已久，凭这小小的朱瞻基，想要解救金吾卫的三个人，哪有这么容易？若是让这小子用这样的借口，这么轻而易举地从他手里把人抢走了，那他朱高煦颜面何存？他这汉王也就白当了！

他冷笑道："你说是你安排他们入养虎场，可是这些人刚才明明说是金吾卫安排了重要任务，来追查七煞门的人，你们的说辞可是有些不一致啊？"

面对朱高煦的质问，朱瞻基笑了笑道："皇叔好谨慎，不过我这件事十分机密，他们定是不会轻易告诉皇叔的，守口如瓶这也是身为侍卫的第一要义，皇叔觉得有何不妥？"

朱高煦不快道："那我倒很想听听贤侄究竟是有什么重要事情，竟然要安排金吾卫的人入养虎场！"

朱瞻基有些尴尬道：“此事说起来还有些不好意思，只怕皇叔听了也要责备小侄，所以不说也罢。”

朱高煦道：“贤侄平日里最是心直口快，怎么这关键时刻反倒是不好意思了？再说贤侄何等金贵，当今除了皇上和姚少师，只怕没有人敢责备贤侄，还是如实说吧。”

朱瞻基道：“确实只是小事一桩，不足一提。”

朱高煦哼了一声，突然变了脸色，有些恶狠狠道：“虽然不值一提，但你若是不肯言明，这三人恕本王不能放过他们，你理应知道私闯养虎场的罪责。”

朱瞻基一双眼睛明亮如星，他抬起头道：“好，秦侍卫，你就如实告诉他，我今夜要你们过来做什么！”

第三十六章　叔侄交锋

朱瞻基这么一说，反倒把秦明给蒙住了，这不知从哪里蹦出来的朱瞻基今晚本来就是来搅局的，他跟他叔叔嘴仗打得好不热闹，然后冷不防就把由头抛给秦明来接，秦明一头雾水，哪里知道这朱瞻基要他来干什么？这小子事先也不说好，现在居然还这么自信满满地要他来回答，他如何答得出来？只是眼下这根救命稻草也不能不抓，跟着朱瞻基走至少比跟着朱高煦强，他灵机一动，俯首道："禀汉王、圣孙，我等答应圣孙绝不透露此行目的，哪怕是就地毙命也绝不透露只字片语！此乃金吾卫之职责也！"

朱瞻基哈哈哈大笑，鼓掌道："好侍卫！好侍卫！这才是禁军之风！就算人头落地有何惧之有？留得清亮名节才是男儿所为！"他缓缓地走了过来，这人虽然不足这些成年的胸口，但他的目光自信而高傲，眼神锐利而清澈，他所散发的气场已经远胜这些将士，甚至是他的叔叔朱高煦！

这才是真正的人中龙凤！

朱瞻基盯着朱高煦缓缓道："我今早来此观虎，不慎将我的玉佩遗失在虎场中，这玉佩乃是皇爷爷赐给我的，自然是不能丢了，但我又担心此事被我父亲和姚少师知道，他二人若知道了必然是要责骂我的，所以我才偷偷安排金吾卫的侍卫入养虎场帮我找玉佩，这事本不足挂齿，但不想却打扰了皇叔狩猎的雅兴，真是不应该！"

朱瞻基的话有礼有节，话中透着锋锐却也叫朱高煦不好发怒，朱高煦只觉得这眼前的少年越来越不好对付了，假以时日这小子只怕真的要凌驾于他的头上了，他想到这突然又生一阵闷气，怎么他就不能生出这样的儿子！

不过，朱高煦毕竟不是庸才一个，他略略一想，突然又冷笑起来："贤侄的玉佩丢了那确实是大事，只是不知这几个人找到了玉佩了没有？"他心想此事必然是朱瞻基临时胡诌的理由，这些人自然不可能去找到什么玉佩，而且朱瞻基的玉佩还有一个特别明显的特征，外人根本没有见过，就算他们要说未曾找到，不过也不可能连玉佩的特征也不知道吧。

但不想，天无绝人之路，这事真是天助秦明，秦明瞬间就明白了朱瞻基的意思，他急忙伸手在自己怀里摸了摸，他的手一下子触碰到那块温润的玉佩，他心中一阵狂喜，心想还好自己没把它给卖了，不然此刻可就真的要捅个大娄子出来了。他看了一眼朱瞻基，满满都是笑意，朱瞻基也瞬间露出一脸得意之色，还眨了眨大眼睛好似在说："你还等什么？"

秦明急忙掏出玉佩，俯首道："禀圣孙，玉佩遗失在草场内，现已找到，请圣孙过目。"

这下子，所有人都惊呆了，就连白齐和荆一飞都被惊得不轻，他们都知道这朱瞻基不过是来解围的，这理由也都是胡乱扯出来的，没有人会认为真的找到玉佩，若是朱瞻基的玉佩真的遗失在虎场之中，这虎场这么大，他们大不了说还未找到，朱高煦也没有理由要他们强行交出来玉佩，只是不想，秦明真的拿出了一块玉佩，这可就大大出人意料了！

朱高煦自然是不信的，也不可能相信！他只以为秦明随便拿出一块玉佩想要糊弄众人，毕竟当朝官员会随身带着玉佩的人太多了，这事如何能骗得过他，朱瞻基的玉佩那是有明显特征的！他立即跃下马，一把抢过玉佩，借着火光细细端详起来，这玉佩左右分别刻着龙虎二形，中间刻了四个字"永世其昌"，正是朱棣在朱瞻基出生时送给他的玉佩，这玉佩当今只有这么一块，也只有圣孙朱瞻基敢用永世其昌这四个字，这事是确凿无疑了！

朱高煦满脸震惊！这惊愕比他看到了一个死人复活还夸张。

"这怎么可能！"他哪里知道这二人一个月前就有过交往了，这玉佩也是一个月前就在秦明的手里了，朱高煦看不透这其中的关联，直摇头道："不可能！不可能！这事……"

朱瞻基问道："不知皇叔看得如何了，若是没什么问题，还请把玉佩还我。"

一名副将取了玉佩恭恭敬敬地送到朱瞻基跟前，朱瞻基取了玉佩也看了看，笑道："正是这玉佩，秦侍卫，你们三人帮我找回了玉佩，这是大功一件！"

秦明急忙俯首道："为圣孙效力，是我等的荣幸，应该的！"

朱瞻基哎了一声道："这话便是不对了！我知道皇叔素来以慷慨待客而闻名天下，所以才能群贤毕至，我想我也该多学习这等礼贤下士的作风，所以今夜必要答应你们三个人一件事才行，说吧，你们要什么？”

眼下，这场上的局势已经悄然改变，朱瞻基的计策算是完全成功了，秦明三人替他进养虎场找玉佩，这理由充足，不存在任何漏洞了，所以接下来便是要给他们奖赏免责了。

果然，秦明见机行事地接话道：“我等替圣孙办事，不求功劳赏赐。只是今夜不巧遇到锦衣卫的人纠缠，误伤了一些猛虎，扰乱了养虎场，此事触犯了禁令，还望圣孙改日替我等在皇上面前美言几句，免了我们的罪责才是。”

朱瞻基哈哈笑道：“此事还需说，难不成替我找玉佩还能被责罚不成？至于死了几只老虎，嘿嘿，皇叔箭术高超，一次狩猎射杀的老虎可比你们打死的多得多，若是打死老虎便要处死，只怕我堂堂二皇叔都不知要死多少回，是不是，皇叔？！”

朱高煦的脸色已经一片铁青，一旁的天策卫李百户急忙解围道：“养虎场内虎豹数量本就有些多了，杀了几只好！眼下马上入冬，属下正好做些虎骨酒给宫里送去，这是好事一件！好事一件！”

朱瞻基笑道：“李百户有这等心意最好，皇爷爷这几日膝盖微觉有恙，正好弄些最好的虎骨用烈酒泡着，改日便给宫里送去，不可耽搁了！”

李百户急忙答了个是。

朱瞻基又道：“若是没有其他事，小侄便不打扰皇叔狩猎，小侄这便告辞了，至于锦衣卫嘛，这便与小侄无关，如何处置还请皇叔定夺！”

说罢，他转身上马，朝秦明等人道：“你们三个，不过是来捡个玉佩都要闹出这么大事，虽有功劳但活罪也是难免，还不快快上马，我回去功过一并论处，省得有人说我朱瞻基公私不分，管教不严！”

三个人急忙俯首答是，而后有人牵出三匹黑马，秦明、白齐和荆一飞飞身上马，朱瞻基叫了声：回宫！所有人都策马而去，只留下朱高煦在原处怒火中烧。

锦衣卫的人不知道现在该走还是留，一个个没了主意，就贼头鼠目地看着朱高煦。

朱高煦冷冰冰道：“纪大人一向精明，可是现在看来，他好像还未看清眼下的局势！”他随手一扬，一把匕首飞了出来，这匕首噗地击中了一名锦衣卫的肩膀，深深扎入，这锦衣卫痛得闷哼了一声，差点就跌倒在地。

朱高煦道：“麻烦把这匕首带回去给纪指挥使好好看看！要他好好想想我

刚才的话！可不要走错了道！”

说罢，他拉动缰绳，自己策马狂奔而去，其他的将士也纷纷收了兵器，踏踏而去，只留下惊魂未定的锦衣卫和天策卫。

话说，朱瞻基带着秦明等人出了养虎场，便一路往东北方位而去，

朱瞻基住在皇城东宫之中，按理说要回皇城，自然是往北绕过千禧寺，而后经聚宝门，直接进城才对，但不想这朱瞻基根本没有想回皇城的意思，而是直接转了个方向，往东去了。

这里再往东，就是六相司了。

秦明心生疑问，试探道：“今日多谢圣孙相助，却不知圣孙还要往何处去？”

朱瞻基头也不回，只是不客气道：“怎么我替你们解了围，你们不答谢我就想走吗？”

秦明道：“那倒不知圣孙想要我们做什么？”

朱瞻基哼了一声，道：“跟着便是了，问那么多话做什么？”

朱瞻基的态度又开始冷傲起来，三个人只有暗暗皱了眉头，心想这圣孙果然不会这么好心，却不知他这会又有什么目的。只是如今已经走了半路，也没有理由半路逃脱，只好一直跟着。

又走了一阵，朱瞻基见这三个人一路无声，面色凝重，忍不住又笑起来：“方才我临时起意，要秦侍卫接话，不承想秦侍卫这一句金吾卫之职责，答得极好，孺子可教也！”虽然这朱瞻基比秦明三人都小，但是却喜欢一副居高临下的姿态说话，颇为圆润的脑袋还赞许地点了点头。

秦明嘿嘿两声，拍马屁道：“那是自然，有圣孙指点，朽木亦可开花。”

朱瞻基哈哈笑道：“我可不爱听人拍马屁，不过你拍得倒也恰如其分。”他一高兴起来，就又像个小儿一样眉飞色舞，而后压低声音道：“其实呀，今天是有个人要见你们，我不过是奉命来接你们过去罢了！”

有人要见他们三个？还安排圣孙朱瞻基来引路，那这人得是多高贵的身份？难不成是他……白齐率先觉察出了什么，只觉得冷汗都要冒下来了。

马队终于到了六相司门口，朱瞻基也不下马，只是将马侧在一旁，指了指六相司，道：“那人就在里面，你们快进去吧，这老儿可不爱等人。”

三人下马，见门外并未有什么重兵把守，只是站立了七名身着黑衣的古怪侍卫，这些侍卫一身布衣，肩膀上都绣着一轮小小的八卦，所以这些人准确地说不是侍卫，而是术士。为何皇家的人出动会有术士守卫？这就有些奇怪了！

荆一飞率先推门而入，而后白齐，最后才是秦明。秦明刚要入门，朱瞻基却突然叫住了他："喂！你今天可是欠了我一个人情哦！"

朱瞻基脸上没了原先的冷傲，而是露出小孩子的得意神色，秦明也笑了笑，急忙俯首道："大恩大德，属下自然谨记于心！"

朱瞻基哎了一声道："什么大恩大德，有空可要记得给我去抓金翅大鹏将军，我一直念念不忘呢！"他斜着头朝门缝里看了看，似乎这门内有什么十分叫他惧怕的东西，他露出几分警觉之色，道："你赶快进去吧，那老儿脾气古怪得很，等久了是要发火的，你们好自为之，嘻嘻，我先走了！对了，玉佩还你！"

说着，他也不等秦明施礼就吆喝了一声，策马往城内奔去，秦明也赶紧收了玉佩入了院子。

第三十七章　幕后的神秘人

六相司内，南淮安、高言灵、宋云、灵台郎、阿福，所有的人都恭恭敬敬地站在两侧，这些一个个都低着头不敢说话，他们站立的方向都对准了桃树下的一个人影，天色幽暗，又未掌灯，也看不清这树下的人是谁，只是众人都清楚地感受到这人散发出的强大气场，虽未言语，就能清晰地感触到逼迫人的气势，就像一头下山的猛虎一般！

秦明等人也规规矩矩站好，那人终于开口说道："你们来了？其他人都出去吧，我有几句话要问下这三位少年。"

他的声音低沉嘶哑，就像一个漏了的筛子一样，可是每一字叫人听起来似乎都带有魔咒一样，仿佛一个字就是一个沉重的铅砣，重重地压在每个人的心上，叫人很压抑，不敢放肆。

所有的人都鱼贯而出，庭院之外那些术士突然支起了黑色的帷幔，这帷幔一层一层，就像黑色的烟雾，迅速把六相司包围了起来，好似瞬间盖起了一圈高墙，院落内立即静如深海，几乎听不到外面的任何声音，同样的，院外的人自然也不可能听到里面的谈话了，却不知道这是什么奇异的秘术。

庭院内只剩下秦明、白齐、荆一飞和那个人。

那人终于站了起来，他缓缓步出树影，借着微弱的月光，秦明终于看清了这个人的样子，中等的身高，一身黑色僧袍，面目苍老，腭下微有白须，一双三角眼犹如病虎，散发出冷厉的精光。

这人，正是当朝第一谋士，太子和皇孙的老师，大名鼎鼎的姚广孝！

秦明等人从未见过姚广孝，只是从这人的模样、衣着、气度，以及朱瞻基的语气综合起来判断，就不难确认这个人的身份，普天之下能够叫圣孙朱瞻基去请人的除了皇上、太子外就只有太子少师姚广孝了。

姚广孝道："我的时间不多，不如开门见山吧，我知道，你们正在调查六脉风水大阵一事，不知你们对这一阵法了解多少？”

姚广孝说得简明扼要，但三个人还是惊了一下，他们没想到这件事都惊动了姚广孝，若是他也参与了进来，那说明太子也知道这件事了，六脉风水大阵的事距到达朱棣的耳朵也只剩一墙之隔了。

姚广孝见众人未答话，又嗯了一声，似有些不快。

白齐率先回话道：“我等确实在调查六脉风水一事，只是因为此事与七煞门的作案动机有关，别无其他深意，至于对这阵法的了解……也不是很多。”

姚广孝笑了一声，听不出是什么个情绪，他又问道：“那这些事可是魏东侯交代你们去做的？”

“这……”三个人不知道姚广孝现在什么目的，所以彻底不知道该如何回答，若是说是，难免陷魏东侯于不义的地步，若说不是，又太过牵强。

姚广孝阅人无数，自然很清楚这些人的想法，缓缓道：“你们无须害怕，这里除了我没有其他人会听到我们的谈话，七煞门的人一出现我就有所觉察，六脉风水大阵我也有所耳闻，现在朝中所有人都在暗中了解此事，所以我更要问清楚，我虽不知道这六脉之说是真是假，不过既然汉王这么想要得到它，我就更要好好了解了解了！”

姚广孝作为太子少师，一向是支持太子朱高炽的，这在朝野之内是尽人皆知的事，只是太子文弱，汉王强势，加上朱棣的态度颇为不定，一时间让这兄弟二人的局势十分微妙，如今太子位置不稳，汉王上位又尚缺乏有力的理由，所以这六脉风水大阵便成了二人争夺的一个最有力的契机。

自古风水一说虽然信其者有，不信其者也有，但大抵上信的人还是占了主流，既然大部分的人都信这一说法，谁得到了，自然就先赢得了大部分的民心！朱高煦想要借着六脉风水大阵的契机来篡位的想法姚广孝自然是很清楚的，他眼见这局势危急，朱高煦又步步紧逼，自然是有些坐不住了。所谓知己知彼，百战不殆。既然朱高煦这么想要，那他就要去跟他好好争一争！

白齐问道：“不知姚少师是想如何了解？或者说，少师想要我们做什么？”

姚广孝道：“自然是拿回这六件法器，我听闻六脉风水大阵有文武二象之分，入武象则是武德当道，天下便会兴武，而入文象，则天下归于文德当道，天下自然就是兴文，如今天下归于皇上，自然该是武德为先，想必这汉王也是这般想法，若是他得了法器，必然暗中篡文为武，而后昭告天下，该武德兴盛，他汉王自然比太子更适合传承接位。想当日，皇上之所以肯立朱高炽为太子，一方面是我大明有立长为嫡的惯例，另一方面也是因为有文臣暗中谏言，当前的风水大象乃是文象，若是一味兴武，天下必然不会太平，所以若是皇上暂时找不到除君来修改风水大阵，便可先立朱高炽为太子，日后继承文德之治，也算顺了这风水大势。所以，太子必须在汉王之前取得这六件法器！这六脉风水大阵必须是确保文象在位！”

姚广孝的话十分直白，便是要秦明他们替太子找到六件法器。

其实这法器归属于谁，对金吾卫来说并没有什么区别，他们原本不过是领了皇命来破这个案件罢了，魏东侯原先的意思也是要他们顺藤摸瓜搜救朱高煦的证据，同时一并解开风水六脉的谜团，只是不承想这案子越挖越复杂，内里牵扯的势力越来越庞大，到如今已是太子和汉王的王储之争，就连少师姚广孝都亲自出面了，这样的情景自然不是他们想看到的，毕竟金吾卫不过是守卫京城的小小禁军罢了，若是暗中角逐倒也可以一试，但若是公开对峙，只怕他们还没有这个实力。

荆一飞斗胆问道：“姚少师神通广大，手下又有精兵无数，想要夺取六件法器又有何难，为何要找我们三个无名小卒？不怕我们完不成这个任务？”

他们三个人，职务最高的也不过是荆一飞这个百户，秦明和白齐还是两个初出茅庐的小子，应该说毫无建树和功绩，甚至连经验也都谈不上太多，这样的三个人是怎么被姚广孝看上眼了？

这老和尚微微眯着双眼，冷笑一声道：“只因合适！”

秦明和荆一飞愣了下，不明白为什么他们会合适，道理何在。

原本一直未说话的白齐似有所悟，开口道：“皇上尚且在位，朝野内就起皇储之争，这是扰乱朝纲重罪；明知六脉风水大阵而不及时禀报皇上，还意图私自夺取法器，更改脉象，这是欺君罔上之罪，恐怕姚少师也不想太早卷入这等纷争之中吧？”

这两件事都关乎未来国运，十分敏感，一旦事情败露，等待众人的都是死路一条，所以姚广孝要找几个与他不相干的人来做这些事，若是事成自然皆大欢喜，若是不成，也与他无关，与太子无关，他依然可以坐稳他的少师之位，他太子也依然有办法稳坐东宫。

想吃鱼又怕腥，这是眼下所有人的想法。所以朱高炽、朱高煦才会安排各路人马加入这法器的争夺之中，只是秦明突然想到一件事让他不寒而栗，既然这六脉的信息只有建文帝和他的文六侍才知道，那太子和汉王是如何得知这些消息的，这里面是不是还有建文帝朱允炆的势力夹杂在里面，或者还有其他的势力在此搅局，是他们在故意散布这些消息引来了这么多人吗？

如果真是这样，那这些人究竟谁才是螳螂，谁才是黄雀？他金吾卫是那只最傻的蝉吗？难不成这件事是……

秦明被自己的猜测吓了一跳，他知道自己一向喜欢胡思乱想，但每每又偏被他给猜中了，但是这件事非同小可，秦明心想但愿只是猜测才好，若真是如此，那他秦明三人可真是狂风巨浪中的一叶孤舟了，毫无依靠了。

白齐的分析很在理，姚广孝冷笑道："不错，如今禁军十六卫大都有自己的政治倾向，或忠于皇上，或倾向太子，或与汉王出生入死，唯独金吾卫的魏东侯既不肯投靠太子，也不肯跟随汉王，一直不偏不倚，以金吾卫为矛头，自然可以为太子避嫌，也能出其不意！"

姚广孝走过秦明身旁，袖子轻轻地一摆，原本藏在秦明背包中的琥珀塔就转到了他的手里，他剥开层层包裹，这塔完全显露了出来，塔高一尺有余，粗如毛竹，全身上下皆是琥珀雕琢而成，半透明的琥珀塔内清晰可见一件小小的兵器，虎牙钩！

这也是虎踞穴的兵器，每一个穴眼都有一座材质不同的七级玲珑塔，天宗穴是鎏金塔，地泉穴是白玉塔，龙盘穴是白银塔，虎踞穴是琥珀塔，阳明院是赤铜塔，这每一座宝塔之内又都藏有一件袖珍的武器，塔套兵器，代表正是镇守和破坏之力。

姚广孝端详着琥珀塔，陷入沉思，这塔雕琢得确实很精美，每一片塔檐、每一块砖石，甚至是一枚小小的风铃，都是栩栩如生，想必当初的雕刻工匠也是花了很大的精力。

由此及彼，一座塔都雕得如此精细，那这存放六座塔的穴眼必然也是设置得十分精巧而宏伟，当年刘伯温费了这么大的力气立下了六脉法阵，真的是替朱元璋维护龙脉吗？或者说他还有其他的目的？这六脉风水大阵和建文帝的消失冥冥之中似乎存在某种关联，他有一种直觉，这六脉风水大阵绝不是他们现在所想象的这样，而是另有用途，只是太具体的作用现在他还不得而知，所有的事情必须在得到全部六件法器后才能知道。

所以，眼下他和其他人目的也是一样，必须先得到全部的法器才行！

第三十八章　太阴穴

所有人都陷入沉思之中，似乎想要揭开这法阵背后的谜团，良久，姚广孝才开口问道：“你们现在得到几件法器了？天泉穴的白玉塔在何处？”

秦、白、荆三个人面面相觑，显然姚广孝对他们的行动了如指掌，这一举一动都在他的掌控之中。他们再仔细想想也觉得释然，毕竟这姚广孝精通佛道，擅长阴阳术数，是当今最厉害的谋士，手下更有无数的侍卫，这南京城内大大小小的事情只要他想知道的事就不可能瞒得过他，他们三个小小金吾卫的举动如何能骗得过计谋超绝的姚广孝？

白齐道：“姚少师料事如神，我等现在只得两件法器，天泉穴的白玉塔，还有这虎踞穴的琥珀塔，其余三件尚未到手。”

姚广孝道：“天下共有六穴，金吾卫已得两件，而天宗穴的金塔、盘龙穴的银塔已为汉王所得，那阳明穴的铜塔呢？可还在阳明院内？”

姚广孝的眼神就像鹰隼一样盯着三人，白齐还想撒谎，但想了想还是放弃了，与眼前这人撒谎无异于自寻烦恼，这人精通面相之术，自己即便是不言不语他都能看出你的心思，更何况他这样气场迫人地盯着自己，自己的心思只怕早已被他猜得清清楚楚了。

白齐如实道：“阳明院内有归阴还阳草，按照点睛术的说法，应该是穴眼之一，只是这法器就……”

姚广孝道：“阳明院一直都是由金吾卫在管理，如此说来，这阳明院的法器是在魏东侯的手里？”

白齐摇头道：“所谓得赤铜塔我等从未见过，所以此事……属下就不得而知了！”毕竟身怀法器而不上报，这便是大罪了，白齐如何敢妄自定论。

姚广孝又问道：“那你们可觉得这塔还会在阳明院内吗？”

白齐想了想道：“属下确实不知！不过属下认为这塔很可能不在阳明院

内了。”

姚广孝目光突然转为冰冷：“何以见得？”

白齐俯首谨慎道：“只是猜测而已，请姚少师见谅。”

不料，姚广孝听了这话，突然哈哈大笑道：“小子，你的猜测很准，这赤铜塔确实已不在阳明院内，因为，这塔早已在我的手里了！”

“啊？！”所有人都惊了一下，白齐更是惊讶得说不出话，既然这赤铜塔已在姚广孝手里，他为何还要明知故问，是想要探究什么吗？而且这赤铜塔是什么时候跑到姚广孝的手里的？

回顾旧事，这阳明院最初由礼部尚书崔亮负责，建文元年起，阳明院就改由临近的神乐观道人王升一并负责管理，靖难之役后，王升不知所踪，传闻是与建文帝一并逃亡海外，永乐二年，突然有传言流出，说这阳明书院内藏有建文帝的秘宝，这院子内外就被姚广孝和天策卫的人翻了个遍，所有藏书更是几乎被烧毁殆尽，天策卫的人还意图放火烧了阳明院，是魏东侯出面建议保留书院，改为金吾卫的考场专用，这才留了下来，从此以后这书院也由金吾卫分管负责。难不成，这赤铜塔就是那时候落入姚广孝的手里？

荆一飞自然是知道这件事的，立即问道：“敢问姚少师，这铜塔可是在阳明院内找到的吗？”她话一出口，就自觉有些冒失，但不想姚广孝毫无不快之感，反而有些神秘道：“这赤铜塔内藏的是商阳刀，阳物自然该是在阳处寻了，只可惜阳明院只是一处假穴眼，这设穴眼的人可是狡猾得很，故意在阳明院上做文章，意图混淆方向，可惜这点伎俩如何骗得过我姚广孝？”

这话刚说完，原本寂静无声的外层帷幔上突然传来一阵极为细微的响声，这声音很细小，就像虫子缓缓爬行。姚广孝笑了一下，继续道：“如今，六座法器已出五座，最后一座便是在太阴穴内，你们可知太阴穴在何处？”

众人皆摇头，姚广孝道：“这太阴穴便是孝陵！当年太祖下令建孝陵时便在陵园中一并建设了太阴穴，这也是六脉之中最后一个穴眼。”

当年，在朱元璋安葬之后的一个月内，朝中就设立孝陵卫和神宫监，共同守卫孝陵，这其中神宫监是负责清扫、祭祀和维护的太监，而孝陵卫则是实打实的禁军警卫，这些警卫由于职责特殊，有别于其他禁军侍卫，不参与皇城守卫，不负责皇上安危，只负责陵园守卫，确保陵园不受外界损毁，这些人世代相传，只遵守当年太祖立下的规矩，并不听从皇上安排，而且俸禄待遇也与其他禁军有所不同，甚至可以享受领俸禄回乡养老的待遇，足可见这是一支极其特殊的部队。

孝陵卫虽然低调，但是这些人都是精挑细选的高手，甚至比入选金吾卫、天策卫还要苛刻，所以人数虽少，实力却不容小觑。

姚广孝问道：“不知诸位有什么想法？”

秦明摸了摸下巴，道：“在孝陵之中？那法器可就不好取了，那地方守卫太森严了！”

姚广孝道：“若只是在孝陵中，倒也不算难取，最关键的是这些法器是互相关联的，百骨塔在太阴穴里，若是想要打开这太阴穴的机关，必须要用到前面五座宝塔作为钥匙，同时将五座宝塔放入六脉轮盘之中开启，才能得到这最后一件法器。”

这个秘密若非姚广孝说出来，他们三个人自然是不可能知道的，只有收集全五件法器才能打开最后的太阴穴，得到最后一件法器，那现在这五件法器分属不同的人，想要完成这最后一步，岂不是要从七煞门手中生搬硬夺？

白齐沉吟道：“既然是要五件法器一起才能打开这太阴穴，七煞门的人若是知道了这个条件，必然也会与我们想法一样，那可就不妙了。”

姚广孝点头道：“不错，那你们可知道这消息我是从何得来的吗？”

秦明额了一声，试探性地问道：“不会是汉王告诉少师的吧？”

姚广孝这才正眼看了下秦明，有些意外道：“你倒是很特别，能猜到这个结果，正是汉王府上的谋士透露给我的，我知道他是故意的，因为现在他只有两件法器，而你们有两件，我这还有一件，他想要夺取你们的法器容易，但是想要夺走我手里的法器可就难了，所以他想要打开太阴穴就只有最后一个办法！”这办法定然不是硬夺，而是另外一种可能性。

“合作？”这次所有人都异口同声道。

朱高煦要与姚广孝还有金吾卫合作，共同开启这太阴穴，这想法真是出乎所有人的意料，毕竟之前两拨人马都是死敌一般的对决，现在却突然说要合作。但是众人再细想一下，又觉得都在情理之中，朱高煦的目标是当皇上，所以他现在最大的敌人只有太子朱高炽一个，其他的人都是可以互惠互利的，即便姚广孝是太子的老师，但是既然他有私心，想要顺着六脉法阵追寻建文帝当年留下的秘密，进而破解当年他想不通的谜团，那也便有了合作的契机。现在，对于三方势力而言，先合作自然是比一直争斗以至于两败俱伤更加合适。

姚广孝有些意味深长道：“所以，我也给汉王回了消息，天下归属，本由天定，是真金便不怕火炼，是真龙就不怕劫难，七日之后，我们会在孝陵之中决定这六件法器的最终归属！成王败寇，谁抢到最终的六件法器，谁就是胜者！这对谁都是一次不能错过的机会！”

姚广孝的话让在场的三人都惊得脸色大变，七日之后，他们金吾卫就要会同姚广孝与朱高煦的大军在孝陵决一死战，决定这六件法器的归属，这件事情怎么看听起来都太过离经叛道，尤其这话还是出自大明第一谋士、太子少师姚广孝的口中。须知，这孝陵乃是太祖朱元璋安葬之地，平日里除了祭祀绝不允许外人入内，外人私入孝陵乃是大忌，而且所有皇亲国戚、文武百官过了下马坊就必须下马卸甲、卸兵器，决不能带兵械进孝陵，双方若是在孝陵内发生大规模械斗，这便是罪上加罪，何止是问斩？姚广孝这个决定可不是太大胆了？这样看似自杀式的举动，他朱高煦会同意吗？金吾卫的人会同意吗？

姚广孝似乎早就猜到了这些人的想法，他胸有成竹道：“汉王他还有得选吗？他若不来，便再也没有可能拿到六件法器，这可是他最后的机会！而你们金吾卫的人亦有得选吗？你们瞒着皇上私自彻查六脉风水大阵，意图扭转国脉，这本就是谋反之举，魏东侯可以置身事外，但你们三个人身藏法器，又与建文旧臣联络，若是我如实禀报皇上，只怕你们还不需要到孝陵，都该人头落地，甚至株连九族！请问，你们还有得选吗？！”

姚广孝的话很有杀伤力，他们三个人与建文旧臣刘子风私下有些联络，现在又私自探察六脉风水大阵，还私藏了两件法器，这些都是大逆不道之举，一旦暴露出来，都是死罪一条！三个人突然觉得自己做事真的太过疏忽，原本只是想着单纯的破案，却不想如今竟然卷入这么麻烦的政治纷争之中。党羽之争、新旧势力的角逐历来好似狂风巨浪，金吾卫不过是这浪潮中一叶小舟而已，想要劈波斩浪，安然渡过重洋，谈何容易？

六相司内的空气瞬间都变得凝重起来，众人皆不敢再多说话，姚广孝轻笑了一声道：“诸位放心，我姚广孝做事历来磊落，对付你们三个无名小卒还不需出此下策，只要你们一心追随太子，安心按我的计策来办，七日之后待我获得六件法器，解开这其中的所有谜团，我自会在皇上面前替你们美言几句，只说你们金吾卫护国有功，办案得力，此事非但不是麻烦，还可令三位加官晋爵，如何？”

姚广孝的话步步紧逼，话中有诱惑更有陷阱，与这种人合谋，无异于与虎谋皮，只是眼下他们还有更好的办法吗？

“如何？”姚广孝又问一声。

白齐看了看秦明和荆一飞二人，三人眼神交错，都有了主意，三人抬头齐声道：“我们听姚少师安排！”

姚广孝这才从怀中取出一封信函，冷冷道：“好，识时务者为俊杰，七日之后，孝陵下马坊恭候各位到来！”

墙外，帷幔徐徐降落，六相司外终于有夜枭和秋虫的声音传来，再而后还有陆陆续续的马车声和人走动声渐行渐远，显然是姚广孝已经坐车回皇宫了，就连那隐匿的神秘人也早已不知所踪。

白齐捏着信函，问道：“我们……现在该怎么办？”

秦明道：“不如先看看信函里写了什么东西吧？”

三人头挨着头拆开了信函，细细地看了起来，这信里只有两张纸，一张是孝陵的地形图，另一张却是太阴穴的点睛之法，秦明叹道：“这七日后，孝陵一战，可真是越发凶险了！”

第三十九章　阳明穴

神乐观，夜。

一名黑衣人在屋檐上快速掠动，他的身子轻灵如燕，几起几落后，轻轻地落在一方院落内，院子内有两株老松虬盘、一块石碑耸立，石碑旁的石亭下还有一口石刻古井，这里正是正一派天师张宇初的寝房。

来人的轻功很好，落在院子里时悄无声息，好似一张纸片落了下来。

只是这样清微的声音还是惊动了张宇初，片刻阁楼内亮起了一盏昏黄的油灯，张宇初低声道："是你？"

黑衣人道："深夜打扰张天师，实在抱歉！"

张宇初笑道："大人深夜前来，必然是有要紧的事，何来打扰二字？"

黑衣人道："那东西是否健在？"

张宇初道："自然还在。"

黑衣人道："可是我听闻，此物已被姚广孝拿走了？"

"不可能！"张宇初的声音为之一变，而后木门嘎吱一声打开了，一高瘦的道人出现在门口，这老道人的气色不算太好，面容比上次看到的更加消瘦苍老，他裹紧了外衣，微微咳了两声，道："那东西一直都在我的阵法之中，不可能轻易被盗，你是听谁说的？"

黑衣人道："姚少师亲口说的！"

张宇初听到姚少师三个字，也是吓得脸色一变，若是他人想要盗取这赤铜塔他还不信，可是若说是姚广孝，这人还真有这本事，他问道："他在何处说的？是不是故意诈你？"

黑衣人道："在六相司，是真是假暂时不好分辨，所以特来看看。"

"这……快随我来！"张宇初再也按捺不住，急忙带着黑衣人出了院落。

二人绕过红色的围墙，经过玄武大殿，过了一条小道，就往另一个偏僻的小院行去，这院子上挂一匾额，写着神舞二字，门口处有十余名道童日夜守卫，想必里面便是以往舞生操练祭祀舞蹈的场地所在，祭祀乃是皇家大事，所以存放这些道具已经演练的场所自然也是皇家禁地了。

张宇初问了声：“最近这祭祀道坛内可有什么异样没有？”

各道童皆是摇头道：“未曾见任何异样！”

其中一名道童想了想又回答道：“不过昨日天色阴沉，好像这附近多了些蛾虫，我等用烟熏了下，也就飞走了。”

张宇初一听“蛾虫”二字，心中更加惊慌，急忙问道：“蛾虫？什么样的蛾虫？！”

道童想了想指了指角落里残余的几只虫尸，道：“喏，就是这种虫子。”

张宇初只是迷眼一看，就立即责骂道：“糟了！糟了！你们怎么不及时向我禀报呢？只怕这法器真的遭窃了！”

道童不知什么缘故，一个个也慌了神，他们还欲解释，张宇初已经急急忙忙推门而入，映入眼帘的是一片宽阔的广场，若非亲自走进来，很多人不相信这看似雅致紧蹙的道观内会有这么宽阔的场地。

一排排共计一百零八面的龙虎巨鼓环绕开来，三十二梯台阶步步往上，最上方是一面十余丈大小的祭祀高台，高台上黑白色的汉白玉和玄石修葺成阴阳八卦的图案，八卦之外摆放着九口巨大的铜鼎，这铜鼎与当日张宇清施展九天玄火阵时所用的大鼎颇有几分相似，只不过这里的铜鼎颜色是褐红色的，九口赤鼎排列成环形，围着一座巨大的白色石碑，像是列下了某种神秘的阵法。

张宇初越过铜鼎走入阵法最中央，他见这阵法依旧森严，石碑也毫无损坏，人也慢慢地冷静了下来，他回头道：“此乃九阳烈焱阵法，乃是阳中之阳的法阵，我原本就把东西藏在里面，一来是为了贴合阳明二字，二来这阵法复杂只有我和师弟宇清能够打开，姚少师说铜塔已被他所取？会不会是故意骗你的？”

黑衣人沉吟道：“姚少师为人诡计多端，故意骗我也不是没有可能，不过如今你我暴露了铜塔所在的位置，只怕这里也不安全了，不如今日将计就计，直接取出来，由我另寻他处藏匿，你我二人的约定也算就此了了。”

张宇初听了这话，想了想点点头道：“也好，你我约定已有近六年，这六年来每一天我都提心吊胆，生怕辜负了故人所托，今日你既然要取走这法器，倒也是了了我心愿，我年事已高，按理不该再强行施法，不过今日宇清师弟不在观内，我便替你打开阵法，取出此物，你另寻他处藏匿吧！”

张宇初贵为当今道教第一人，原本这阵法乃是他亲自所设，也必然由他亲自开启，只不过他毕竟年事已高，加之近年来身患疾病，平日里除了吸纳吐气，使用一些小道术外，已经很少使用这么复杂而隆重的阵法了。今夜，这黑衣人贸然前来想要取走法器，显然是事出紧急，他无论如何也要启动这个法阵，帮他了了这件事。

张宇初深深地吸纳一口真气，而后喝了一声，双袖一震，一股真气激荡而出，这真气迅速地将他的道袍鼓了起来，他花白的长须、素白的道袍、金色的腰带在真气的喷涌下，四处飞舞，犹如光影一般晃动。

黑衣人很自觉地退却一旁，静静等候。

张宇初手捏阳字诀，口中喝道："扶桑日帝，焕发九阳，西极月皇，下结九阴，日月相合，内圆万象，启坛！"

他双袖一抖，一股真气化作两道热力喷薄而出，这热力第一时间击打在赤色铜鼎之上，只听当的一声巨响，整个铜鼎突然快速旋转起来，热气蔓延，九尊铜鼎都开始快速旋转呼啸，发出轰隆隆的巨大声响。

"火急！"

张宇初再喝了一声，只见无数的星点光芒飞上天际，而后突然轰隆一声这些星星点点的火焰瞬间爆燃起来，化作九道巨大的火柱冲天而起。

这一招与张宇清的九天玄火颇有异曲同工之妙，这铜鼎内都装满了一种奇特的粉尘，称之为飞花，这种粉尘又轻又容易起火，只要用内力稍稍一震，飞花便会漫天飞舞状如柳絮，施法者要做的便是用内力控制飞花，形成漫卷的火柱，这也是道教之内许多御火术最常用的法门，不过与他师弟张宇情不同的是，张宇初并没有在九大铜鼎附近撒下火药，而是单凭自己的内力催动飞花燃烧，而后形成这九道奔腾的火柱！

漫天的火焰在燃烧，瞬间点亮了整个天际，黑衣人的眼神变了下，他有些担心这么声势浩大的举动会不会引来其他人，不过下一瞬间，他就更惊叹了！

张宇初双掌一推，这火焰突然开始迅速回落，就像火焰雨一样朝白色石碑袭来，火焰呼呼作响，下坠速度极快，随着张宇初的一推一送，所有的火焰在他的身旁就像一条火龙一样蜿蜒而来，他快速地舞动身姿，驾驭着这条火龙，当真如天上神仙一般。

“御火！”

张宇初掌力一推，火焰凝成一股最炙热的光芒奔向了石碑，这光芒就像巨龙一样在石碑上环绕盘旋，场面蔚为壮观！原本白皙如玉的石碑，在烈焰的炙烤下渐渐变得炙热而透明，到最后就像一块巨大的水晶一样，通透洁净，毫无杂质。

石碑内部的结构终于看得一清二楚，那是一种十分复杂的设置。

这种石头叫轮转石，据说是有记忆的，无数块造型各异的奇石按照独特的方式拼接起来，组成了世界上最稳固的外壳，这壳子的最中间存放的正是阳明穴的法器，赤铜塔！

想要取出勿忘石中的铜塔并不容易，因为这些奇石坚不可摧，用外力强行破拆只会是白费工夫，而且由于日光照射的缘故，这些石头每隔十二个时辰便会按照一定的规则自己变动内部的结构，处于不停变换的状态，所以想要顺利地取出铜塔，必须精通这奇石变换的顺序，当然更主要的是还要懂得御火之术，只有九阳烈焱这样炙热的火焰才能把这奇石烤成水晶般透明，让开锁的人看到内部奇石堆叠的结构，从而顺利解锁。

现在这石碑已经完全透明，内部的痕迹更是看得一清二楚，张宇初毫不犹豫，单手拍向石碑，他用力地挪开其中一块，其他的石块也跟着开始缓缓移动，这石碑上的石块就像七巧板一样，一块挨着一块，牵一发而动全身，若是有一块挪错了，便会自动锁死没了进路，像这种情况就只有等下一次日光照射过后它自动调整后再开启。

所以，打开这样奇异的石锁，只能一次性成功，九次挪位一次都不能出错，若是一处错了便是前功尽弃！张宇初一边御火一边凌空挪动着石碑，现在已是挪动第七下了，只要再挪两下，这石碑就会完全开启，里面的铜塔就可以顺利取出来了。但站在祭坛一旁的黑衣人却开始有些焦急了，因为他看得清楚，这张宇初开始有些力竭了……

若是在以前，张宇初开启这个石碑是完全不在话下的，一手御火一手御石，丝毫都不耽搁，但是现在他真的老了，驾驭这九阳烈焱已经耗费了他许多内力，还要聚精会神地解锁更是让他筋疲力尽，他的手都在颤巍巍地抖动着，看得人既担心又着急。

第八块！张宇初终于艰难地推动了第八块的石头，石碑又一阵发生变化，现在只剩下最后一块了，只要挪动左下方的一块方形石块，这石碑就会全部开启！

张宇初深深地吸了一口气，额头上已有豆大的汗珠滑落下来，他凝神聚气，再度拍出右掌滑动最后这块石头，石头摩擦，发出咔嚓咔嚓的锐响，一寸一寸，整个石碑都开始发生了巨大的变化，这变化就像一朵含苞待放的莲花突然绽放了一样，所有的石块都往外移动伸展，最终露出了最中间的花蕊，赤红色的铜塔。

这距离成功只差最后半步了，铜塔已经清晰可见了，张宇初只要再挪动石块一寸，这塔就可以取出来了，但是他却在这个时候停了下来，他的脸色一片惨白，手掌也是不住地发抖，显然他已经到极限了！

黑衣人急忙站前一步，想要施以援手。

但他又停住了脚步，毕竟这御火和开锁的本领他都不会，自己上前又能帮他什么呢？

石碑前，张宇初苦笑了一声，终究是岁月不饶人，自己苦修一世，毕生的功力从天地造化而得，最终还是要还给这片天地，内力逐年在流逝，现在连这后面的半寸都打不开了，只是自己许下的诺言，无论如何也不能违背，他替这人守护铜塔多年，现在把这塔交还给他，便算是换了当日的人情了，此生他也了无遗憾了！

罢了罢了！拼死一搏吧！

他暗暗用力，毕生功力都凝聚在双手之上，他的右掌缓缓移动，想要用尽力气去开启这石碑，就在这时，突然一道人影从祭台下飞快地掠了上来。

“掌门师兄，万万不可再催内力！”来人正是张宇初的弟弟张宇清，他一把拍住石碑用力往左一推，整个石碑终于全部开启，那是一种几乎神奇的变化，好像石头开了花，大地裂开了缝一样，赤铜塔法器就像一朵莲花的花蕊一样完全显露出来，再无遮挡。

第四十章　夺塔

赤铜塔已经完全显露出来，张宇清急忙上前用袖子一卷，就将这铜塔从炙热的乱转石中取了出来。

而后，火光一闪而逝，石碑猛地收缩，迅速就恢复了原样，而张宇初整个人身子一软就瘫倒在张宇清的怀里，显然他已经力竭了。

“师兄！”张宇清忍不住哀叫了起来，这二人虽是亲兄弟，但入了道门之后，张宇清便一直以师兄相称，在他看来，血缘关系不过是上天注定的一种缘分，而传道授业志向相同才是后天努力修来的情谊，所以师兄二字远比大哥来得更加珍贵，眼见自己的师兄为了开启穴眼耗费了巨大的修为，甚至还要折损阳寿不少，他有些痛心疾首道：“师兄，你何必如此啊！”

张宇初的脸色苍白如纸，他的一生再辉煌灿烂可现在也老了，神仙道术从来不可能让人长生不老，再好的丹药也只能拖延这衰老的时间罢了，张宇初突然觉得他一生都在追求长生的境界真是太可笑了，还不如现在，心愿已了，心无牵挂的好。他长舒了一口气道：“师弟，还好你来了，方才师兄一时力竭差点误了大事，快把这法器交给他，从今往后，我正一派便不再欠他人情了。”

“师兄……”

“快给他吧，此物对我们没什么用处。”

“拿去！”张宇清将铜塔狠狠地一甩，这法器在空中划了一个弧线就落在了黑衣人的手里，黑衣人接了铜塔，俯首恭敬道：“未承想，此事要耗费张天师这么多真元，我实在过意不去，多谢了！”

张宇清扶起张宇初，回首恶狠狠道：“魏东侯，你也不必这般假惺惺了，当日我正一派欠你的，这几年我师兄都尽数还给你了，你想要做什么再与我们没有关系，我正一派虽然奉行忠孝诚信，行善积德八个字，但这一忠字却也只忠于大明二字，而非你家那个帝王！你走吧！”

这黑衣人正是金吾卫指挥使魏东侯，只是说起他与张宇初的交情，却又有一段故事。

当年靖难之役，坊间有传言神乐观的道人王升协助建文帝从鬼门水道逃到神乐观，而后再乔装打扮一起逃离南京，随后在泉水港坐船，远渡重洋，隐匿在南洋的某个小岛。这王升本身也是正一派的弟子，算是张宇初的同门师弟，他救走了朱棣最想杀的建文帝，自然令新登基的皇上震怒不已，朱棣下令彻查正一派，同时对神乐观留下来的二百十一五名弟子全部斩首示众、以儆效尤！

这件事当时轰动整个道门，彼时张宇初虽然贵为正一嗣教道合无为阐祖光范大真人，总领天下道教事，地位崇高，但毕竟自己的门人放走建文帝乃是重罪，他身为正一派掌教自己受到牵连倒没什么，只是眼睁睁地看着神乐观两百多名弟子受刑确实叫人心如火焚，正当他焦灼不定时，魏东侯站出来力排众议，他搜集罗列王升叛逃的证据，表明此人背信弃义，早年更是无故击杀神乐观同门弟子十二人，乃是正一派的败类，与整个道门毫无关联。而后他建议张宇初以修葺大上清宫和编撰《道藏》一书为由，请求皇上免去神乐观道人的死罪，而改为到武当山修葺宫殿，劳作苦役，戴罪立功。魏东侯这一计，解救了神乐观两百多名弟子，作为交换的筹码，张宇初也答应了魏东侯一件事。

这件事，便是替魏东侯看管他找到的阳明穴铜塔。

只是魏东侯是如何发现这个铜塔，又为什么要保存这个东西，就不得而知了，毕竟张宇初受人恩情，只管替他履行这个约定，至于其他已不在他考虑之列。在他心中，两百多条弟子的性命，足以让他做任何事了。

往事历历在目，这一切究竟是魏东侯的仗义相助也好，还是他的阴谋计策也罢，张宇初觉得都是自己心甘情愿的，甚至对魏东侯都是心怀感激的。所以面对张宇清的呵斥，这老道人反倒觉得有些过意不去，他颤颤巍巍地站了起来，恭恭敬敬地俯首道：“宇清师弟性子急躁，言语多有得罪，还望魏大人见谅，当年魏大人危难之中向我正一派伸出了援手，无论是何原因，此大恩大德我张宇初都铭记于心，昔日你我二人有约，我今日自然是要全力回报，只是你我毕竟志向不同，不能坐而论道，如今约定已了，还望魏大人多多珍重！”

张宇初的话说得很客气，也很坚定，这约定已了，今后金吾卫与正一派便是各不相欠。魏东侯俯首拱了拱手，也恭敬道：“魏某多谢张天师鼎力相助！告辞了！”

魏东侯用锦布收好了铜塔正准备走人，突然神舞门处一道冷风疾疾掠来，只见一道阴影闪动，一记冷冰冰的声音响了起来："魏大人取了法器这就想走了吗？"

"谁？！"所有人惊得脸色一变，现场的魏东侯、张宇初、张宇清三人都算是当世的绝顶高手，这三个人合力起来便是当世最厉害的武者恐怕也要畏惧三分，但不想三个人都未曾觉察出有人在跟踪他们，而且来人丝毫不忌惮，口气更是颇为狂傲，似乎根本未把他们三人放在眼里，那这人的修为究竟是何等之高？！

魏东侯定眼瞧去，终于看到一团黑影立在巨大的龙虎花鼓之上，这人身着一身黑袍，身形比魏东侯都要高大，他就像夜色中的一只苍鹰一样神秘孤傲，不可亲近！

众人的眼光还落在他的阴影上，正想分辨他是谁，下一瞬间，他已经出现在石碑之上，行动如此悄无声息，速度又是如此迅捷，足可见来人轻功之卓绝。

他的身形终于完全暴露出来，一袭黑衣，带着黑面罩，腰带螭龙金镶玉佩，他的手中握着一把三尺长的黑剑，剑锋处有一片片羽翎般的纹路，发出令人胆寒的青黑色光泽，这人正是七煞门的大剑师。

或者，应该称他为汉王朱高煦！当然，这一特殊的身份现场的只有魏东侯知道，其他人都是第一次看到这个可怕的剑客。

魏东侯护紧了铜塔，心中一凛："又是你！"

张宇清大喝道："你是谁？！胆敢闯入神乐观！"

魏东侯替这人答话道："他的身份可就太多了！我若没猜错，你可是池中金鳞，又何必做这等不见光彩之事？"

朱高煦哼了一声，伸手道："魏东侯，你知道的再多又怎么样，识趣的就快把商阳塔给我！"这商阳塔正是这个赤铜塔法器的名称，魏东侯一手抱着铜塔，一手摸着自己的流光刀道："你想要这宝塔，还应该先问问我的流光刀答不答应！"

朱高煦哈哈大笑道："魏东侯，你这手下败将，怎么还敢与我较量吗？！"

魏东侯的右手已经拔出流光刀一尺有余，这刀面不过是映照着微弱的月光竟也能反射出灿烂的光华，果然是不可多得一柄神兵。他也毫不示弱道："高手比试，胜负就在一念之间，不再试一试，又怎么知道这一次是胜是败？"

“那我便教你输得彻彻底底，心服口服！”朱高煦身子一掠，整个人如夜枭一般飞扑过来，他的速度快得惊人，整个空气被他的身子一带，似乎都全部撕裂，发出了一声刺耳的尖啸！

嘶！

魏东侯也毫不迟疑，单手拔刀，身子一旋，一抹璀璨的刀光就斩了出来，铮！两兵两交，一道道火花四射，着实夺目！

朱高煦嘿嘿笑道：“不如这次我把你的流光刀连根斩了，让你换一把兵器如何？！”

“灵鹤亮翅！”剑影突然层层叠叠而出，像是黑鹤展开了双翅，又像是黑色的莲花在夜里绽放。朱高煦的鹤鸣剑在他手里仿佛有了生命一样，每一次划破空气都会发出一阵鹤鸣，每一次穿刺而来，都会带出一阵残影，这剑影虚虚实实，真真假假，真叫人难以辨别。

魏东侯且战且退，原本他的修为与朱高煦不分伯仲，只是一来他兵器不如对方，不能硬抗；二来他现在一手还抱着铜塔，铜塔十分沉重，在手里就是一个负担，所以他现在只能用单手御刀，对阵起朱高煦的双手剑，必然是吃了一些亏！

繁复的剑影之中，突然有一道黑影猛地穿刺而来，犹如一剑东来！

这是鹤羽剑的特点所在，剑锋划过便会留下无数剑影，而这剑影之中只有一剑是真的，若是判断不清楚，就极易被剑招所伤！

魏东侯的反应也够快，急忙挥刀格挡，只是挡虽挡住了，朱高煦却仗着自己兵器更锐利，一路直逼而来，他用剑尖猛击，想要直接击断魏东侯的流光刀，魏东侯急忙换挡为缠，一招拨草寻蛇，以刀背猛地格住鹤羽剑，一阵猛敲，险险地躲过这一招。

朱高煦不依不饶，再画一剑，所有残影都回收过来，化作声势锐利的一击，他的剑本来速度就快得绝伦，现在又只攻不守，显然是仗着兵器好，有吃定魏东侯的信心。

这二人在祭坛之上过招，一个长剑黑如墨，一个弯刀亮如银，黑白绞缠，好似阴阳两分，刀剑相错，更似曲直难分，当真是针尖对麦芒，平分秋色！

只是张宇清一见这人的招式，突然觉得有些熟悉，他问道：“师兄，你听，这怪异的鹤鸣之声可是道如师弟遇害那日所听到的声音？”

朱高煦每一次挥剑，兵器划破空气都有刺耳的声音，好似鹤鸣，当日青城派掌门蒋道如进京拜会张宇初、张宇清师兄弟，不想他人还未到神乐观，便遭遇了七煞门的截杀，惨死街头，张宇初兄弟虽未亲眼见到蒋道如遇害的情景，但当夜却也是听到了这一声声的独特的鹤鸣声，二人还只以为是哪里来的野鹤嘶啸罢了。

今日再闻这鹤鸣之声，自然就对上号了！

张宇初罕见地愤怒道：“正是这声音！”

张宇清立即勃然大怒：“原来是你杀害了道如师弟！”

第四十一章　鹤羽流光斗

朱高煦冷笑道：“你们说的是青城派掌门蒋道如？他不知道京城之内有宵禁吗？夜间出门还要多管闲事，可不是自寻死路？！”

张宇清彻底怒了：“恶贼当真可恼！”他五指一抖，一块玄铁牌飞了出去，朱高煦正与魏东侯杀得难分难解，张宇清突施冷箭，他急忙挥剑一个格挡，剑影化作一面鸟翅将自己层层护住，这玄铁牌当的一下打在剑影上爆裂开来，化作无数的碎铁流星，这一招本来颇有威力，但是在朱高煦鹤羽铁翅的掩护下，却尽数被弹飞出去。

张宇清十指急抖，连连出击，十二枚铁牌纷纷打出，每一块铁牌都内置不同的火药，虽然不能伤得朱高煦，但也令他不胜其扰。他正欲挥剑反击，突然张宇清双掌一合，大喝一声：“神将助力，燃！”

落在地上的铁牌碎片再度爆炸起来，无数火焰腾空而起，竟然化作了十二名身着金甲的神将模样，张宇清双掌御火一凝，十二名神将纷纷丢出手中法器一缠，又化作一个火焰笼子将朱高煦牢牢困住！这正是张宇清的天干地支火囚阵，以火化阵，囚住对手！

朱高煦没承想这张宇清还有这等本事，一个大意就落入对方的阵法之中，他现在细看下才发现这些铁牌落在地上有规则地排列成天干地支的序列，十二名火焰神将交织在一起，围得他几乎无处可逃。

四处有震天的怒吼声传来，这是火焰燃烧到了一定温度的撕裂爆破声，常人若是被这阵法所困，必然胆战心惧，只以为是张宇清招来了神兵神将相助，但朱高煦是何等高手，早已久经这等巅峰对决的场面。

他眼见这火焰越绞越窄，四处高温炙热逼迫过来，他心火也越发旺盛起来，突然怒喝一声，奋力平斩一剑，这一剑灌注了体内的真气，令青黑色的鹤羽剑上陡然生出一层薄霜，他快速旋转，层层寒气透过剑势喷涌而出，竟然化作一道寒气屏障！

“张天师的火囚阵未免太花哨了些，恐怕太不实用了！不如本王神威破阵！”朱高煦的长剑唰地划破了烈焰囚笼，他的剑气纵横飞出，竟然连火焰都齐齐斩断了下来，十二神将瞬间被腰斩，寒气逼来，这焰火竟然一滞，没能立即续上去，整个囚火阵瞬间被破！

朱高煦身形一闪就飞出了牢笼，他手持鹤羽，凌空御剑就朝张宇清杀去，张宇清吓得面色一白，毕竟他和张宇初只是修道之人，还不是什么真正的武者，二人虽然内力深厚、道法精深，但轮到杀人之术，是远远不如朱高煦这样久经沙场的人！

眼见朱高煦持剑杀来，张宇清一时间竟然有些慌了神，不知该如何抵抗，可以想象当日青城派的蒋道如也是如此，纵然有天下间最奇绝的御剑术，但面对突如其来的杀招，他的惊愕和猝不及防让他成了剑下亡魂。张宇清还在犹豫，魏东侯已经狂奔而来，他一手握刀，一手抱塔，整个人高高跃起，手中的刀借着身子下坠的重力就狠狠地斩了出来！

“飞鸟斩！”

这一刀如飞鸟受惊离枝，一点一扑，一跃一斩！

刀芒似鸟雀的双翅完全展开，最后又收拢于鸟喙的一个尖点，万千力道化作最后一击！

快！准！狠！魏东侯显然也是倾尽全力想要化解朱高煦的这一进攻，让他知难而退。

刀势掠动气浪，朱高煦已经明显能感受到背后袭来的寒意，他不可能忽视魏东侯的实力，就算魏东侯的刀不如自己的剑锐利，但是流光刀怎么说也是风物榜神兵排名第六的神刀！想要杀一个人太容易了！尤其是现在，这一招飞鸟斩，若是自己不回身抵挡，自己就必死无疑！

朱高煦急忙弃了张宇清，转而身子一回，就朝魏东侯刺去一剑，这一剑大有荆一飞回风斩的特点，在外人看来，朱高煦分明是化出了两个身影，原先的残影还面朝张宇清，但另一个影子已经对准了魏东侯，他的剑果然够快，就是这么一点点空隙，他就已经准备格挡魏东侯的致命一击了，甚至这残影中还有再分的趋势。

这是他的身形速度已经快到了一定的境界！

魏东侯冷笑一声，他清楚地看到朱高煦的动作还是慢了半分，他虽然已经分出了第三个身影，做好了格挡的准备，但是还是露出了一丝破绽，高手对决，胜负就在一瞬间，就这点破绽都足以要了他的性命！只要自己击中这第三个人影，朱高煦就必败无疑！他说张宇清的道法是华而不实，他自己的这招灵鹤分身又何尝不是华而不实？！

魏东侯流光刀往下，一刀猛地劈过去，这本是万无一失的一招，但不想三个影子都空了！这人影都还停留在半空中却都是空的，真的就像一个人影！那真实的朱高煦在哪里？魏东侯突然觉得背后一寒，一个人影闪现在他的背后，这人双手持剑犹如鬼魅般出现在魏东侯的背后，目露寒光，猛地劈了下来。

唰！血花飚射而出，魏东侯整个人径直摔倒在地，手中的铜塔也咣当一声跌落了下来。

四个人影，终于汇合成了一个人，一个无比强大的对手！所以这才是朱高煦真正的实力？他的速度已经快到可以分出四个身影，这速度几乎就是荆一飞的两倍，甚至他可能还会更快，那是一种快到不能想象的速度！而这也是混元剑经中“体”的威力！

魏东侯与朱高煦相识已久，当年靖难之役中，他也是造反大军中的一员，所以他是见过朱高煦发狂时的模样，整个人就像上古猛兽一样疯狂，一剑一个，杀人如麻如草芥，不过很显然那还不是朱高煦最可怕的状态，建文帝的将士只能让朱高煦有杀戮的快感，却不能激发他最强的状态，天下间能激发一个高手最佳状态的只有棋逢对手了！

魏东侯的飞鸟斩，让朱高煦施展出鹤羽剑最强大的速度和力量！只可惜魏东侯可以配得上做他的对手，却还不足以击败他！

朱高煦捡起来落在地上的铜塔，这塔雕琢得十分精细，透过镂空的铜塔，清晰可见这塔里藏着一把小小的弯刀，弯刀上刻着两个字：商阳！这正是众人争夺的第五个法器，商阳赤铜塔。

朱高煦冷笑一声，用布匹包裹了宝塔提在手里，却并没有再出手杀掉魏东侯，毕竟这人还曾与他出生入死过，他朱高煦虽是个野心勃勃的家伙，但对朋友下属却还算是有情有义，尤其是对有本事的人他历来是高看几分的，只可惜这魏东侯始终不愿与他为伍！他冷冷道：“魏东侯，这是第二次了，若是第三次再逼我出手，我的剑必定要划开你的喉咙！”

他双足一点，掠过围墙出了神乐观，终于消失在夜幕之中。

张宇清面色一片惨白，他是第一次见到剑术如此高超的人，难怪蒋道如会死在他的剑下，他的剑比起蒋道如杂耍般的御剑，确实要狠辣凌厉得多，似乎每一剑都是那么不可阻挡，若是自己与他对敌，恐怕也是难逃一样的下场！风物榜强者排名第四，仅次于张三丰、毕坤和贺知之的高手，可真不是浪得虚名！

张宇清心有余悸，有些发抖般地问道："他……他究竟是谁？"

魏东侯缓缓地站了起来，他只觉得背后一片火辣辣的疼痛，用手一摸，已经湿黏成一片，那是血浸透了衣裳。这伤口足有一指深，差一点便可见骨，显然朱高煦还是手下留情了，若是他的剑再靠前几分，魏东侯必然要被劈得脊骨断裂，当场毙命！

不过魏东侯虽然输了，甚至被朱高煦所伤，脸上却毫无绝望和懊恼之色，相反显得十分平静。

魏东侯撕了片裙角，狠狠地捆绑在自己背后，这样虽然更痛，但可以勉强止血，不让他短时间失血过多，他捆扎完毕后一言不发便往道观外走去，突然张宇初叫住了他："魏大人，你刚才是故意的对不对？"

魏东侯头也不回道："搏杀较量胜负都是在一瞬之间，是魏某技不如人，如何会有故意一说？"

张宇初冷笑道："我虽不懂刀法，但我亦看得出，魏大人此战根本就没有想赢，其实以你的本事，你早就知道这一切完全就是姚少师的计策对不对？！所以你是故意引这个人来夺取这个法器，你到底想做什么？！"

张宇初的话听起来猜测匪夷所思，魏东侯只是冷笑了一声，道："张天师这话便是妄自揣测了，我如何会做这等不要性命的蠢事？"

魏东侯踉踉跄跄要走，张宇清不甘心，又叫住他，再问了句："那剑客究竟是谁？听口气，你知道他的身份是不是？"

张宇初喝止道："师弟不必多问了！你我何必引火烧身呢？让他走吧！"

魏东侯笑了一声道："张天师这话便说对了，无关你们正一派的事，又何必多问！今日多有打扰，魏某告辞了！"

说着，魏东侯也不再管这二人，直接踉跄出了神乐观，骑上战马就往金吾卫大营奔去。

神乐观一战，终于让五件法器全部现世。

天宗穴的鎏金塔内藏有天宗剑，地泉穴的玉塔里藏的是太渊斧，盘龙穴的银塔内藏的有四渎简，虎踞穴的琥珀塔内藏的是虎牙钩，而阳明院的铜塔内藏的是商阳刀，这五件法器中除了玉塔和琥珀塔在金吾卫手里，其余的现在都在汉王朱高煦手中。

五件法器分属两个阵营，只是按照姚广孝的说法，想要打开太阴穴，必须集齐这五件法器才行，将金、银、铜、玉、琥珀五座宝塔同一时间放置入穴眼之中，才能打开这最后一个穴眼，取得最后一件法器，拥有六件法器的人，才能重新设定风水大阵，更改这一千古奇局。

眼下，汉王、太子、金吾卫、锦衣卫等各大势力缠绕其中，形势变得越来越复杂，谁都想第一时间得到所有的法器，谁都想解开这其中的谜题，只是毕竟这最后的结局只有一个，七日后的孝陵一战虽说可以决定这场争夺的最后胜利者，可是若是这一战只是个阴谋呢？或者这一切的事情从一开始就是一场阴谋呢，那又当如何是好？究竟这件事的开头在哪里，目的又在哪里，它是从什么时候布下这让人猜不透、躲不开的天罗地网的？！

第四十二章　临战

后湖樱洲之上，朱高煦与七煞门的人再次聚首。

这是争夺六件法器的最后一战，朱高煦不可能不重视，他捏着一封薄薄的信函，正是姚广孝托人送来的，姚广孝的信纸上会有一个很独特大拇指印，因为他的大拇指异于常人，所以用力道按压在信纸上犹如盖了印章一样，十分好辨别，不过这信函打开之后不过片刻就自动焚毁，化为灰烬，什么证据都没有留下。

一封信不过几十个字，朱高煦看完后，面色却更加沉重。

傀儡师试探性地问道："王爷，不知这信上说了什么？"

朱高煦弹了弹手中的纸灰，冷冷道："太子也想要这六件法器！不过他想要跟我们公平较量！"

傀儡师惊了一下道："怎么，这事如今连太子也知道了？"

朱高煦道："他的手下有神通广大的姚少师，你觉得普天之下的事还有瞒得过他的吗？"

傀儡师叹了口气道："当日皇上偏心，叫姚少师给太子当老师，可不是留下了这么个心腹大患！"

火药师不解道："都说姚广孝厉害，却不知这快入土的老儿有甚厉害之处？"

朱高煦哼了一声道："姚少师乃是大明第一谋士亦是第一术士，就连储君的天章六侍都差点死在他的手下，他的厉害并非在武功有多了得，而是他的计谋，神出鬼没，叫人防不胜防！"

傀儡师劝道："王爷大可不必这样灭自己威风，长他人志气，姚广孝再了得也不过是一谋士，加之如今年事已高，此次争夺法器之争，太子未必就有多少分胜算。"

远处江面上有人踏水而来，他哈哈笑道：“这话便说对了，他太子有姚少师，你汉王不也有我张虚吟吗？不知王爷担心什么？”

“真人？！”七煞门的人一个个急忙退后两边。

张虚吟开门见山道：“要想得到太阴穴的法器，需要前五件法器共同放入才能成，所以这姚广孝是来先求合作，再图争夺吗？”

朱高煦道：“真人猜得一点都没错，那信中所说的正是这意思，为今之计，真人认为该当如何决断？”

张虚吟先问道：“王爷，你认为自己现在能夺回金吾卫手里的两件法器吗？”

朱高煦想了想，这法器若只是在金吾卫的手里，自己有一百种的方法可以抢过来，这支禁军虽然厉害，但是毕竟敌在明我在暗，暗中夺取自然比明处守护要占尽优势，只是如今有了姚广孝的相助，那性质就大不一样了，从某个程度上说，姚广孝代表的可不仅仅是太子，甚至可能是皇上朱棣，须知这六脉风水大阵是一场不见阳光的背地里的争夺，绝对不能让皇上知道，所以若是自己硬抢只怕不是什么明智之举。

朱高煦心里很明白，但依旧不肯摇头否认，这是他一贯的作风，不肯认输！他这一生，成也如此，败也如此，杀伐果断，勇往直前，让他在战场上所向披靡，屡克强敌，只是不懂迂回，强取强要，也让他在争夺皇位的道路上始终不能更进一步。朱高煦口中冷冷道：“若要夺，也不是不可能，真人以为呢？”

张虚吟身为幻象师，观相察心是他的基本功，他早已知道了朱高煦的心态，于是不急不缓地问道：“贫道再问王爷一个问题，为何姚少师不自己保管法器，而叫金吾卫代劳？”

这个问题很关键，一下子让朱高煦愣然了！

是啊，此事虽然各方都在介入，但是太子、姚广孝，甚至连魏东侯都是刻意避而远之，从头到尾都是三个无名小卒在行动，若是事情闹得大了，一旦败露，此事错的只是这三个不知好歹的小子身上，与他太子、姚广孝可是毫无瓜葛，可他朱高煦一旦被人抓住把柄，却是证据确凿，到时别说争夺皇位了，就是自保都难了！

若是这时候太子掌握了证据，倒打一耙，只怕自己都要陷入万劫不复之地。

他瞠目结舌道："真人的意思……"

张虚吟笑道："王爷！你也不必惊讶和过多担心，合作对我们来说倒是件好事，这太阴穴内的情况，他姚广孝和金吾卫的人未必有我熟悉，到时候在地穴之内，等六件法器都到手了，我自有退敌之策，保管这法器手到擒来！此事只要做得干净利索，不留把柄于人，他们便奈何不了我们！"

朱高煦问道："那万一太子心有不甘向父皇禀报此事……"

张虚吟道："王爷多虑了，一则太子性子温吞，没有这个胆量；二则现在乃是文象，若是皇上知道了此事，必然也会想要更改为武象，这对他可没有任何好处！你说，他如何会做这等蠢事？！"

朱高煦点了点头，道："真人言之有理！"

张虚吟道："我等忠心汉王，必是要为汉王出谋划策才是。"

朱高煦神情稍稍有些放松，道："好，此事我等务必计划周全了，切不可再节外生枝！张真人！"

张虚吟道："贫道在！"

朱高煦道："你奉我的密令，速速通知江北的鬼奴、尸魃、破土三军过江，现在到了用他们的时候了！"

张虚吟俯首道："贫道这便去通知！"

说罢，他轻身一点，便朝湖中跃去，只见湖面如镜，他人如飞鸟般掠水而过，只留下一点点轻荡的涟漪。

眼见张虚吟走远了，朱高煦这才低声自言自语道："都说良驹难寻，我朱高煦征战多年也只得赤炼一匹，可是比起良驹来，良才更是凤毛麟角，太祖打天下有刘基军师相助，父皇亦有姚少师这样的旷世谋士，如今我也得张虚吟这样的奇才，只不过，你们觉得这张真人的话有几分可信？"

火药师想都不想道："五分罢了！若非王爷宠幸，我早就一把火烧了他！"

傀儡师想了想谨慎道："属下以为有七分！"

朱高煦显然觉得傀儡师说话更可靠，遂问道："七分为何，三分又为何？"

傀儡师如实道："张真人说起皇上、太子、姚广孝等人，次次都是目露恶意，显然想要帮助王爷击垮太子一党是真，但是否要帮扶王爷上位就不好说了，属下只怕他是另有所图！"

朱高煦面色平静道："还有呢？"

傀儡师犹豫了下，又说道：“属下有一件始终不明白！”

朱高煦道：“你有话便直说，你我乃是生死之交，不必忌讳。”

傀儡师道：“六脉风水大阵，按理说只有太祖、除君的天章死侍才知道，却不知道这张真人为何这么清楚？他曾说自己修炼五十余年，与刘伯温乃是同门道友，刘伯温告老还乡之时，深恐太祖要害他性命，所以机缘巧合之下与他说了这事，只是这等离奇说辞，王爷觉得可信吗？所以，属下觉得最多七分！”

张虚吟术法通天，诡计多端是不假，但是正如傀儡师所说的，这人是不是真心诚意在帮自己，这就不好判断了，朱高煦的脸色一时间变得更加阴晴不定。

后湖上朱高煦密谋孝陵之战，阳明院内，金吾卫的人也聚在了一起，魏东侯、秦明、白齐和荆一飞四人环立而站，当下的气氛有些肃然，就连一向嬉皮笑脸的秦明都是一脸严肃，面色深沉，毕竟这一战非同小可。

魏东侯的脸色白中带青，就连嘴唇都毫无血丝，显然神乐观一战，叫他元气大伤，短时间内是难以恢复了，他轻轻咳嗽了几声，每一次咳嗽都觉得背后一阵火辣辣的疼痛，仿佛肌肉随时要撕裂开一样，他暗叹了几声，当日真是兵行险招，若是稍有不慎，自己只怕就要成了剑下亡魂，他暗暗吸气，收回心思，抬头问道：“两件法器都带来了吗？”

秦明和荆一飞拍了拍后背道：“都带来了！”

这二人一人背着一件法器，看起来就像背了一把古琴或者是长剑。

魏东侯点了点头道：“姚少师的话想必大家都听得很清楚，距离孝陵一战只剩几天了，不知诸位有什么想法？”

孝陵一战，既是意料之中也算意料之外。意料之中的是，大家都知道每一个穴眼的争夺只会越来越激烈，不可能顺利拿下；意料之外的却是，没想到太子和姚广孝也介入这场争夺之中，若是事态再发展下去，只怕知道和介入的人会越来越多，到时候他们的境地就会越来越尴尬，越来越危险！

这是他们所不愿意看到的。

荆一飞见其他人都不说话，犹豫了下，首先问道：“魏大人，属下有一句话不知道当不当问？”

“问吧！”

“我觉得我们是不是有些偏离了金吾卫的职责？金吾卫乃是以守护皇城安危为己任，眼下这六脉争夺越演越烈，早已不是简单的案件了，我等是不是应该……”

荆一飞的意思很明显，这案子的发展已经不可控制，若是金吾卫再介入其中，就很难有脱身之机，她身为金吾卫一员，历来把职责使命看得比什么都重要，同时她敬重魏东侯如师如父，也会时刻把魏东侯的前途安危系在心上，若是形势发展不可控制，她自然是要提醒魏东侯的，此事是不是应该及早悬崖勒马，向皇上禀报。

魏东侯冷哼一声，反问道：“一飞，那你觉得应该如何？立即禀报皇上吗？”

荆一飞俯首道：“属下只是建议，不敢妄作决断！”

魏东侯语重心长道：“一飞，我知道你担心我和整个金吾卫的安危，但是你认为这件事涉及太子、汉王和姚少师等一干人，皇上会相信我们的言论吗？你觉得我们现在已经介入这么多，还藏有两件法器，这些人不会在关键时刻将罪责一股脑儿地都推到我们金吾卫身上吗？这些人弄权推卸的能力可都是一等一的厉害！我怕，到时候表忠心未成，成了替死鬼倒是水到渠成！”

魏东侯的一连串质问，立即让荆一飞哑口无言。

金吾卫介入这个案件，其实并非一开始就没有回头路了，当时他们查清了这案件与朱高煦有关，大可以客观罗列证据给皇上，不必牵扯得这么深入，只是魏东侯的态度一直比较模棱两可，加上众人立功心切，终于一步步陷入了这迷局之中。

现在他们身怀关乎国运的法器，想要再向皇上禀报确实已经晚了，皇上如何会听信这么曲折的案件，如何会为了小小的金吾卫而去惩罚太子和汉王？明朝的皇帝历来都是亲朱家人而远功臣，一言一语不合被砍头的不在少数，所以这时候向皇上禀报必然不是上策。反而，只会惹祸上身。

魏东侯道：“为今之计，只有将计就计四个字。替太子夺取法器，让太子来重挫朱高煦，从而我们才能坐收渔翁之利！”

若是他们帮太子夺取法器，太子与他们便是一条线上的蚂蚱，此事必然要助他们脱困才是，所以这是现在最好的办法了。这太子虽然能力不如汉王，但他忠厚仁慈的人品却是有口皆碑的，这也是为什么一干文臣拼了命地支持朱高炽当太子，当真可以配上贤德二字。而且太子的儿子，圣孙朱瞻基对自己明显也有几分好感，若是能助太子登基，将来跟随朱瞻基，也未尝不是件好事。秦明这般想定，对魏东侯的决定自然就没有异议，而荆一飞则是把魏东侯看作自己的恩人和师父，魏东侯的话她自然是不会反对的。只有白齐，眼神不停闪烁，显然他有自己的想法，他不是不同意魏东侯的这个决定，而是想他还有一件事必须要做，这件事是他师父贺知之交办给他的，眼下就是最好的时机！

白齐突然道："魏大人既然已经有了决定，我等照办便是，只是此事毕竟非同小可，我心中也有个疑问，不知当问不当问？"

魏东侯道："你问便是。"

白齐道："我听闻魏大人一向不喜结党营私，却不知大人这计策是真心诚意要助太子登基，还只是权宜之计，另有其他想法？"

他这话问得很大胆，就连秦明这么不守规矩的人都被惊到了，一旁的荆一飞更是急忙喝止了白齐。但魏东侯却摆了下手，反问道："不知白侍卫何出此言？"

白齐俯首道："此次孝陵一战乃是关乎生死一战，我等必然是无视生死，一往无前，不过便是死总要有个明白，属下向来便是这个性子，不懂便问，只求一个心里明白。"

魏东侯义正词严道："我等金吾卫自然是忠君之事，如今皇上既非太子也非汉王，你说我图的是什么？凡是心有异者，皆为国法朝纲所不容，不论将军草民，都是如此！不是吗？"

魏东侯的话，语气虽然不甚凌厉，但句句坚定，叫人无法再反驳。白齐俯首道："属下明白了，属下必定全力以赴，不叫魏大人失望！"

秦明和荆一飞也俯首道："必当全力以赴！不顾生死！"

魏东侯道："那便好，孝陵一战，我等只许胜不许败！"

第四十三章　回家

距离孝陵之战还有几日的时间，秦明也知道这一战生死难料，心里不禁有几分感慨。他这人向来大大咧咧习惯了，倒也不是怕死，只是有些放不下自己的奶奶，毕竟这是他现在唯一的亲人了，他原本就很少在这个家里待着，自从他入了金吾卫之后，就回家更少了。

秦明出了城便一路往西走去，他的家就在外城郭的一株大樟树下，残阳照在两侧的房舍和树木上，金灿灿得像是镏了金一样，这颜色倒也让破旧的街景增添了几分生气。

拐过两条街，就看到那棵巨大的樟树，他奶奶说这棵樟树年龄比她还大，在她小时候这树都有这么大了。树就像一个符号，一面旗帜，远远地看见了就知道他家在这里了。此刻，秦明的奶奶安详地坐在门口的树下，秋天的樟树依旧亭亭如盖，她今天没有缝补也没有做饭，就一个人静静地坐着，往常这个时候她要么开始做晚饭了，要么她就给秦明缝补裂开的衣服。秦明太调皮了，身上的衣裳一般穿不过三天就一定会开裂，甚至烂得像个乞丐，他奶奶就一边骂着秦明一边给他补衣服。现在她就像个雕塑一样坐在夕阳下，不言不语，安安静静的，直到整个人都完全沉浸在金色的光影中，变得格外慈祥。

秦明放慢了脚步，走得更近了。

他奶奶终于回头看了他一眼，头也不抬道："臭小子，你还知道回来！"

秦明应了一声，跟个小孩子一样闪了过去，他原本想进屋看看有没有吃的，再一想他奶奶现在还坐这里，肯定就没准备晚饭，很可能这老太太平日里一个人的时候也不怎么吃饭，就是这么坐在树下望着道路的尽头。很可能，她是在想自己的丈夫，或是在想自己的儿子，也可能是在想秦明，想这小子怎么还不回来。

这个家太冷清了，秦明的鼻头突然觉得有些酸涩，觉得自己亏欠他奶奶很多，他秦家的男人都亏欠他奶奶，他的爷爷很早就去世了，他的父亲母亲总是常年在外，几乎不在家里出现，现在他长大了，终于也轮到他了。他小的时候有一阵子是恨极了自己父亲，觉得好像他父亲不要他了，也不回来照顾这个家，可是现在他突然觉得自己慢慢地竟然变得和他父亲一样，也不曾顾家过一次。

秦明问道："奶奶，你饿不饿？城里开了家馆子，味道不错，今天我带你去尝尝？"

他奶奶哼了一声道："臭小子，少来拍你奶奶马屁，说，今天回来是不是有什么事？"

秦明找了把竹凳子靠着坐了下来，轻轻地抱住他奶奶，嘿嘿笑道："奶奶就是聪明，什么事都瞒不过你，我这不是在金吾卫当差嘛，过几天有个大事，我怕耽搁了会有一段时间回不来，所以先回来看看你。"

奶奶的脸色微微地抖了一下，她人虽老，可却不糊涂，或者说她早就活成精了，只是她一个妇道人家，对于这秦家的男人，从来不想多管罢了。她也笑了一下，点头道："好啊，好啊，我家秦明现在也大小是个官了，好男儿志在四方，要办大事，奶奶自然支持。"

秦明想了下，摸索了口袋，而后掏出了一个布袋，里面装了一袋的银子，这是他的全部积蓄了。秦明把银子塞给他奶奶道："奶奶，这是我当差赚的银子，你就拿去放心花吧，你要嫌累，就找个下人帮你干活吧。"

他奶奶推了下钱袋，道："我人老了，花不了什么钱，反倒是你当差，处处要银子打点，你啊自己留着用吧。"

"奶奶你拿着吧。"秦明干脆站了起来，把银子给她藏在了她的床头的首饰柜里，他心想这样她就能看到这些钱了。好多天没回家了，有一个多月了吧，屋里变得有些凌乱，秦明觉得自己实在是亏欠老人家太多太多了，一时间思绪涌上心头也不知道该怎么办，他一会儿拿扫把去扫地，一会儿去收拾屋里的东西，弄得乒乒乓乓，只是他向来不怎么收拾卫生，这屋里越打扫越乱。

他奶奶笑了一声道："秦明，别扫了，就你那两下子，屋里只会越来越乱。"

秦明有些不好意思地丢了扫把，傻傻地看着他奶奶，尴尬道："我这不是很久没回来，想表现下嘛！"这老太太站了起来，慢悠悠地走过来，笑道："奶奶也养了你这么多年，给你也做了十几年的饭，现在你是禁军了，有公家粮吃，不用我这个老太太了。你不是想表现吗，不如你就做一次饭给我吃吧，我也享受下金吾卫伺候人的待遇。”

“做饭？！”秦明一下子傻眼了，他从小到大连锅都没刷过，哪里还会做饭，但是他奶奶都说了这话，秦明心想说不定这就是自己最后一次孝敬奶奶了，做饭就做饭吧，再说做饭有什么难的，煮个大米，炒个青菜还会比学藏锋四式难吗，还会比破案难吗？

他应了一声就去灶火间，外面虽然有残阳余照，灶火间还是很昏暗。他开始点火，烟熏得他眼泪鼻涕直流，他热锅下水下米，一会儿火大了，水干了，米煳了，大米饭煮成了焦锅巴，他试着炒菜，油温太高了，瞬间爆燃，差点点燃了茅草棚。他才想到自己活生生的一个金吾卫竟然连个柴火都驾驭不住，这般折腾了一个时辰，天都完全暗下来了，这晚饭终于做好了。

一大锅的米饭黄中带黑，足够十几个人吃几天了，秦明不知道这米一煮膨胀有这么厉害，两道青菜更是不堪入目，焦的焦，生的生，各种滋味更是不能表述。

“奶奶，饭……做好了。”他的话里都带着歉意和尴尬。

奶奶嗯了一声，坐下来，倒是很欢快地开始吃饭，米太硬了，咯得老太太直牙疼，菜太咸了，入口都是苦的，可这老太太吃得很满足，一口接着一口，秦明爷孙三代，这么多男人就从来没有人给她做过一顿饭，这是第一次。她的眼里突然出现一抹悲色，她倒不是不满，古时男主外女主内，做饭收拾家务向来都是女人的事，她从来就没有什么可抱怨的，她担心的是，这是秦家男人给她做的最后一次了，毕竟秦明已是最后的苗子了。

“秦明。”他奶奶放下了手中的碗筷。

“奶奶你说。”秦明早就吃不下去了，这饭菜实在是太难吃了，每一口都像在吃土和炭，他心想自己以后有机会了，一定要苦练厨艺，给奶奶做点好吃的。

他奶奶叹了口气道：“可能是我真的老了，我这些日子不知道为什么老是想起你的父亲，这小子从小跟你一样调皮，我嫌他在我身边老是惹祸又管不住，就送他出去学艺。我也不知道他是跟谁学了本事，总之他整整学了十年，这十年他就回来过一次，回来以后我差点认不出他了，他就抱着我哭，说我怎么变老了，还说以后飞黄腾达了要给我买城里最好的胭脂水粉、买最漂亮的绫罗绸缎，让我享尽人间富贵，可是这傻孩子啊，他就不知道咱大明老百姓是不能穿这些的。我以为这一家人总算可以其乐融融，但不想这小子啊，学艺归来后又去当了差，从此就更不怎么回家，其实我知道他后来不是不想回来，而是不能回来，他每次回来都是深更半夜，匆匆一见，也跟你今天一样，丢下一堆银子，有叮嘱不完的话，又匆匆而别，可是我一个妇道人家，要那么多钱干什么，我吃不惯山珍海味，也穿不来好的布料，我就想多看看我的儿子，可是有时候一个月看一次都很难。

“我记得很清楚，那一天下很大的雨，他回来的时候浑身都湿透了，他一进门就说阿溪死了，他很难过很痛苦，他说不知道还能不能再回来，他说如果天地有变，就要我们忘了他，让我替他好好照顾你。所以我一直不想让你去金吾卫当差，可是好像这就是你们的宿命一样，你今天的神情就像极了那天的他，我真的有点怕……秦明，你爹不是不要你，他是为了保护你！从你一出生就是！”

她絮絮叨叨，突然觉得自己说的有些过了，急忙换了神情，强颜欢笑道：“臭小子，你现在长大了，我也管不了你了，奶奶岁数也大了，在这里过得也挺好，你根本就不需要担心我，你有事的话吃完饭就回去吧。”

这是奶奶第一次跟秦明说起自己的父亲和母亲，以前她从来不肯多说，秦明问得急了，也只是跟秦明说不要问了，你阿爹有一天会回来找你的，那柄藏锋就是见证，他爹会回来亲自教他藏锋的搏杀之术。可是，他现在明白了，他的阿娘早就死了，他父亲跟他说阿溪走了，不会回来了，原来是这个意思……

而且，很可能他的父亲也不会回来了，永远不会回来了。

天地有变，这变化与他又有什么关系？秦明仿佛已经探究到他父亲身份的一个边缘，他轻轻地拉住了奶奶，他的手有些发抖，他纵然有千言万语，现在却是一句也说不出来。良久，他终于问道：“奶奶，我阿爹到底是谁？我娘是被谁杀了？！”

老太太急忙推开了秦明，摇头道：“不要问了！我也不知道。”

“奶奶你告诉我！”

“秦明，很多事知道了未必是什么好事。”

“就算是再坏的事，我也想知道！”

“秦明，算了吧，每个人的命运都有定数，这事不怪任何人，我不想告诉你就是不想你过多纠缠，你过好自己的生活就是对你阿爹阿娘，对奶奶最好的报答。”

她开始自顾自地收拾碗筷，根本就没有再抬头看秦明一眼，仿佛这个活生生的人根本就没在这里出现过。秦明呆呆地垂着头，站了许久，他知道他奶奶不会告诉他更多的信息了，他也知道他奶奶是为了他好，可是就算全天下的人为了他好都不肯告诉他这个秘密，自己也要去寻找这最后的答案，他咬了咬牙，突然转身踏出屋外，就如同他的父亲一样，头也不回地消失在浓重的夜色之中。

第四十四章　明孝陵

七日之后，南京东，明孝陵。

明孝陵坐落在紫金山南麓独龙阜玩珠峰下，是明太祖朱元璋与马皇后的合葬陵墓，陵墓始建于洪武十四年，直至永乐三年才完全建成，先后调用军工十余万，耗费了大量人力、物力和财力，陵园内种植松柏十万株，养鹿千头，陵前还专门设置了一支孝陵卫，派五千精锐镇守，是为皇家禁地。

关于明孝陵的风水以及传说数不胜数，不过最奇特的恐怕是孝陵的布局并非是以中轴线对称分布的，而是自大金门开始，途经四方城、神道、金水桥，一路都是绕着蒋陵岗（孙权墓）而过，像是一个弯曲的北斗，这与历代皇陵对称的规制大相径庭。

关于这一独特布局有多种说法，其一是当年建造皇陵之时，主持工程的中军都督佥事李新曾经进言，要将位于孝陵南边，正对孝陵大门的孙权墓移开，但却遭到了朱元璋的反对，他大度地表示："孙权也是一条好汉，留着给我看门吧。"这个留着孙权替明孝陵守门的传说在南京城内可谓是妇孺皆知，流传得最广泛。不过这其中还有另外一个说法，说的是这弯弯曲曲的布局恰似天上的北斗，所以这是当年朱元璋特地命人在孝陵上布下的一个北斗奇局，专门用于守护他的皇陵，这个说法得到了当时许多风水大师的一致默认，还有人以孝陵后有祖山（独龙阜），前有案山（蒋陵岗）来进一步佐证这风水堂局，证明朱元璋乃是有意为之。

不过真相究竟是不是如此，除了当年主持修建的风水大师外，恐怕外人再也不得而知了。

此刻，夜色沉沉，孝陵一带早已沉浸在黑暗之中，四周除了山风掠过树叶发出沙沙之声，以及偶尔飞过的夜枭清啸，再无任何动静。

秦明、白齐和荆一飞等人身着夜行衣，正蛰伏在暗处一动不动，前方就是孝陵的下马坊了，再往山上行去几里地便是孝陵的神道，只不过这神道和金水桥处日夜都有孝陵卫在巡逻，想要在五千多侍卫的眼皮底下查找太阴穴，并争夺法器恐怕不是件太容易的事。

秦明回头问白齐道："他们人呢？"

此刻大家都利用夜色在掩护，魏东侯带着另一队人蛰伏在对面，而朱高煦和姚广孝的人在何处就不得而知了。

白齐道："姚少师昨日叫人送来信函，说已经与汉王约定，双方于子时一刻，在棂星门附近等候，现在还差半个时辰，我们要不要先等一等？"

荆一飞道："这孝陵卫每隔半炷香便会来回巡逻一次，我们现在行动，到了棂星门应该时间差不多。"

说话间，又有一队孝陵卫的人走了过来，这些孝陵卫身着乌黑色的铠甲和装束，手持长矛，腰挂弯刀，背上还背着弓箭，看起来颇为神秘英武。白齐提醒道："听闻这些孝陵卫都是百里挑一的军中精英，个个武艺高超，有些还身怀秘术，我等务必万分小心，切不可惊动他们。"

秦明哼了一声道："放心吧，这种偷偷摸摸的事，我们也不是第一次干了，有的是经验！"说着他朝后面招了招手，一个矮壮的身影挪了上前，又是阿福。很明显，阿福已经成了他们三人小组外最值得信任的第四人。

阿福一脸兴奋地凑了过来，双眼之中都是闪烁的光芒，显然这一次又一次的特殊任务，让他找到了极为强烈的存在感，更为关键的是，阿福喜欢和秦明一起行动，荆一飞太冷漠，白齐又太文绉绉，只有秦明让他觉得有趣又义气！

秦明低声问道："阿福，雾草带过来了没有？"

阿福点了点头，道："我……我叫辟火司的人给我，他们……他们还不肯，我就直接……偷了！"他从背后取下一个包裹，里面正是一捆捆用雾草编制成的草卷，每捆草卷不过信号筒大小，一经点燃，就会产生浓重的烟雾，深夜林海，再起白雾，自然是最好的隐身屏障。

秦明哼哼赞许道："做得好，现在先点雾草。"

几个人分散开来，分别点燃雾草，一道道烟雾开始从林中蔓延出来，很快整个孝陵外围都弥漫在一片大雾之中，雾气不断地往中央靠拢，负责巡逻的孝陵卫很快便发现了异常，这些人十分警觉，眼见这白雾起得有些奇怪，急忙吹响了口哨，唤来了一群特殊的伙伴。

一群黑影从林中狂奔而来，正是他们驯养的猎犬。

这些猎犬长耳长嘴短毛，看起来十分奇特，就像壁画里的哮天犬一样。阿福见了猎犬，不禁嘿嘿笑道："不过是几头短毛……短毛猎犬罢了，这个……好办，交给我好了！"他也轻轻捏了个口哨，一群野狗也从附近奔了过来，这些野狗趁着白雾的掩盖，缓缓靠近巡逻的孝陵卫，口中故意发出呜呜呜的低吼声，孝陵卫很快便发觉了这些靠近的野狗，他们身旁的猎犬也开始疯狂咆哮，大有一决雌雄之感。

孝陵卫们冷笑一声，一个个松开手中的猎犬，喝道："不过是几条路过的野狗罢了！去！抓过来，晚上正好烧了下酒！"

猎犬像离弦之箭一样，快速朝野狗追去，孝陵卫显然对自己的猎犬极有信心，这十几头猎犬齐出，就算是猛虎也能拿下，更何况是几只不入流的野狗，他们谈笑风生，不急不慢也朝林子深处行去，准备去收取这些野狗的尸体。

阿福又学狗吠了一声，黑虎突然从林子里跃了出来，这黑虎形如黑豹，吼声震天，只是一个咆哮，就震得白雾都在发抖倒退，这一声音更是吓得各猎犬纷纷停止了脚步，不敢再上前，孝陵卫一听这声音更是脸色一变，他们转头纷纷朝最后面的一个高瘦的侍卫问道："金蛇眼，快去看看，前面到底是什么东西，是不是林子里的老虎跑下来了？"

那名孝陵卫的双眼圆溜溜的就像猫眼一样，瞳孔的颜色呈现微微的金黄色，他微眯双眼，双眼如火炬般朝暗处看去，在外人看来前方是一片漆黑，任何细节都难以辨别，但在他眼中却是一清二楚，犹如白昼一般，他看了几眼，答道："好像是头黑色的豹子！"

"好像？怎么，连你的金蛇眼也不好使了吗？"

"主要是有雾气干扰，这畜生像虎又像豹子！可是有些奇怪！"

"管它是老虎还是豹子，抓过来肉烧了下酒，皮剥了做垫子，可不是正好过这寒冬？"

"好主意！哈哈，走！"

这群孝陵卫一个个脸色兴奋，又叫唤了一声，带着猎犬直奔黑虎而去，黑虎扑腾了一阵，急忙往林子中蹿去，孝陵卫眼见猎物在前，哪里有就此罢休的道理，急忙取下弓箭就追了过去。

林子中传来了嗖嗖的箭矢破空之声，还有一些野狗的惨叫声，秦明有些担心道："黑虎不会有事吧？"

阿福道："黑虎速度快，这箭……箭伤不到它，我们……我们走！"

众人趁着巡逻的孝陵卫被引开了，纷纷往山上狂奔而去，这一路直上，率先经过的是神道。

神道又名石像道，在参天的树木之下矗立着十二尊石刻神兽，分别是狮子、獬豸、骆驼、大象、麒麟和白马，原本进孝陵必须绕着蒋陵岗，经过石像道，进入翁仲路，走完这条又长又弯曲的神道，就可以到达三方约定的集结地点，棂星门。不过，这石像路和翁仲路正是孝陵卫巡逻的必经路线，所以众人走了一半石像路，就直接竖着杀进了蒋陵岗，想要抄近路而去。

蒋陵岗正是吴国孙权的陵墓，这里埋葬的不但有吴王孙权，还有孙权的夫人步氏和后妻潘氏，山冈上遍植梅树，若是天气再冷一些，山上红梅、白梅、蜡梅齐齐盛开，团团锦簇，暗香浮动，是为金陵一大美景。不过由于蒋陵岗被孝陵所包围，如今也成了皇家陵园禁地，外人自然是不能入内，平日里孝陵卫和神宫监也不怎么管这地方，这一山梅花也是常年无人得见，委实可惜。

众人一路疾行，直奔蒋陵岗，此时正是深秋，寒意渐浓，未见星点梅花，却见满山草黄叶枯，很是萧条。过了一座小小的石桥，便看到无数矗立的石人，这些石人与翁仲路上的文官武将石像差不多大小，但是雕刻却更加精细，一具具灰白中掺杂着些许雨水腐蚀的黑色。石人的中央是一座不算高大的石殿，这石殿门口写着"阴郄"二字，看起来阴气森森，却不知是什么含义，趁着月色，众人隐约可见这石殿内立有一座巨大的石碑，好像这个殿供奉的便是这碑文，只是驮碑的不是常见的赑屃，而是一群像人又像鬼的怪物！

众人心想哪里有用这东西给自己驮碑文的，这不是大大的晦气吗？白齐对墓葬一事虽不算精通但也有些了解，他心中疑惑，一度以为自己看错了，正要上前细看，秦明急忙叫住了他："白齐干什么？时间快到了，我们先去棂星门再说。"

荆一飞也点头道："此地有些古怪，不可随意行动。"

白齐退了两步，也跟着秦明、荆一飞和阿福迅速离开这石像群。

蒋陵岗不算大，过了此处，便到了翁仲路的尽头，松柏掩映下，处处黑影憧憧，好像到处多有人影一样，四个人往前再走几步，便是棂星门了。

此时距离子时一刻不到半刻钟的时间，看来荆一飞估计得很准确，若是在路上再耽搁一阵，必然要来晚了。

棂星门处有八名孝陵卫站在门下守卫，这些人是按照一个时辰换一班站岗，此时刚过子时不久，料想是刚换完班。四个人正想着如何悄无声息地进入棂星门，突然就听得不远处的树上传来一阵轻微的窸窣声，若是不注意听，便以为是鸟雀、老鼠之类的小动物在树间爬行。

但此刻大家都屏息以待，稍微有些异样都能感受得一清二楚，况且又是这么特殊的时刻，四个人互相望了一眼，都露出了一致的表情：“有人来了！”

第四十五章　鬼奴

四周白雾渐浓，隐隐约约还有呜咽之声传来。此情此景，在孝陵这等阴寒之地更显得阴森可怖，几名守卫的孝陵卫大觉异常，正准备走过来看个究竟，突然白雾之中闪出几团黑影，影子形如鬼魅，速度如风，其动作身形均不似之前七煞门的几个人。

孝陵卫急忙拔刀一劈，这人的速度力道都很不俗，但对面的黑影更是迅捷，只是一闪，这黑影就贴了上去，整个人犹如面糊一样完全粘在了这名孝陵卫的身上。这人突然就觉得有什么东西灌入口中，喉头剧烈疼痛，如烈焰烧灼一样，瞬间就什么话也喊不出来了，其余的黑影也飞快地扑了上去，这些怪人就像一条条黑色的蟒蛇一样把孝陵卫死死缠住，有的孝陵卫急忙拔刀劈砍，眼见刀光一闪，黑影就迅速地转到了侍卫的背后，而后只听得嘶啦一声，似乎有什么东西被快速地撕开了，八名孝陵卫面露极度痛苦的神情，身体更是开始极度扭曲，可是这些人喉头被融毁，口齿间只能发出嘶哑的呜呜声。再几声撕裂声，似有什么东西被丢了出来，林子间血腥味大盛，而后这些人影就迅速消失在八名孝陵卫的甲胄之中，卫兵终于轰然倒地，一动不动。

这一过程实在是太诡异了，仿佛恶鬼夺舍一般，秦明低声问道："你们看清楚了吗？这些人不人鬼不鬼的是什么东西，好像不是七煞门原来那些人？"

荆一飞摇头道："那些影子明明是人，只不过这几个人精通软骨术，又生得干瘦，走起路就跟鬼一样轻飘飘的，速度也快得惊人！"

白齐虽未看清这些人的手法，但他对汉王的手下却似乎十分清楚，他只是光凭荆一飞的描述就猜到了些什么，开始惊愕道："我想起来了，这些人是……"

他这话没说完，这些倒在地上的孝陵卫突然开始剧烈抖动起来，八名孝陵卫以十分扭曲的姿势开始颤颤悠悠地站了起来，这些人刚才明明都已经死了，这会竟然又活了过来，只不过这模样看起来比死了更恐怖、更惊悚。

白齐终于低呼了起来：“这是汉王的鬼奴！”

汉王朱高煦野心勃勃，一心想着壮大自己的实力，有朝一日也复制他父亲篡位的举动，他除了跟朱棣索要天策卫外，自己还养了一大批的江湖高手，有许多不为人知的能人异士。这其中最神秘的莫过于鬼奴，他们形如鬼魅，只在夜间出动，最擅长暗杀毁尸灭迹，鬼奴有一招最血腥的杀人法门叫夺舍术，顾名思义就是模仿神怪故事中恶鬼夺舍的手法杀人取尸，这些鬼奴的双手上套有利爪，他们会快速绕到人的背后，活活地把人从背后撕开，先剔除脊骨和胸骨，而后迅速掏除内脏和四肢骨骼，最后干瘦的鬼奴会钻进对方的皮囊之中，套上对方的人皮活动。

这一杀人办法匪夷所思，血腥残忍至极，若是有不明真相的人必然以为是凶鬼夺舍，实则这夺舍的是活生生的活人。

秦明等人第一次见到这传说中的夺舍之法，自然是惊得目瞪口呆，白齐甚至还捂了捂自己的嘴巴，心中只觉得恶心。鬼奴片刻间杀了八名孝陵卫，地上一片狼藉，空气中更是充满浓重的血腥味，这时候要是有巡逻的孝陵卫经过必然会发现，这法子除了手法残忍血腥外，并不算太妙的隐身办法。

半空中，又有三道人影轻轻地落在棂星门上方，看装扮正是七煞门的傀儡师、五毒师和火药师，五毒师一闻这味道，就直摇头道：“如此腥味，不引来野狗才怪！”他双袖一摇，就朝地面上撒了些粉末，很快地面开始冒出一股股青烟，这些被掏出的血肉骨骼内脏迅速融化，血腥味也消散了不少，转为一种松柏的清香味。

傀儡师赞道：“还是五弟的化尸粉了得，现在可好闻多了。”

火药师冷哼道：“要我说一把火烧了才是一了百了！”

傀儡师笑道：“你半夜烧尸，可不是要引人过来？怎么如此愚昧！”他一掠长袖，只见一道气浪飞旋而出，直接朝秦明等人扑面袭来。傀儡师叫道：“时辰已到，你们几个还不出来吗？！”

面对七煞门人的叫嚣，秦明恨不得直接冲出来一刀一个直接解决了，一了百了，但眼下毕竟不比往日，姚广孝、汉王、魏东侯等人都还不知去向，加之四周还有巡逻的孝陵卫，现在动手可不是太蠢了？他转头问道：“现在怎么办，我们是要先等魏大人，还是先过去答话？”

荆一飞谨慎地环顾四周道:“想必现在这附近到处都是太子和汉王的人，我们还是再等等魏大人吧……”

一旁的白齐不知为何却突然站了起来，秦明急忙拉住了他，着急道:“你疯了，快蹲下来！”

白齐挣脱了秦明，摇头道:“你们还没看出来么，七煞门的人早已察觉出我们，再蹲在林子里已是毫无意义，不如正面交锋才是最佳计策！”

白齐的话让秦明三人瞬间有些愕然，心想这还是平日那个最谨慎的家伙吗？秦明有些不可思议地问道:“所以，你的意思是现在过去？”

白齐眼露精光，笑道:“不错！”他指了指秦明和荆一飞的背后道:“现在所有人想要的都是你们背后的两件法器罢了，只要法器在，什么都好说，若是法器丢了，便是一败涂地了！现在法器在你们身上，不如先让我一个人过去试探试探这些人的底细。”

他这话说得胸有成竹，但秦明和荆一飞如何能让一个手无寸铁的白齐去面对凶神恶煞的七煞门徒。秦明急忙摇摇头道:“不妥！这样不妥！你一个人去我始终不放心。不如这样，我和白齐上去，反正他们现在看不到五件法器也不会对我们怎么样的。若是真有什么，我也可以帮白齐御敌逃跑，一飞，你和阿福就负责保护好另一件法器，若是有什么意外，你不要管我们，自己赶快去找魏大人。”

秦明的这个建议白齐没有反对，毕竟这四人里，以荆一飞的武功最高，这法器自然是要交给她保管，况且一飞眼神也好，在暗处也可以时刻做好观察，及时提醒。

四人议定，荆一飞和阿福留下来守护百兽塔，而秦明和白齐则带着太渊塔，上前会一会这七煞门的人，二人跃出树影，径直朝棂星门走去，八个孝陵卫或者说八个鬼奴第一时间扭过了头，用空洞的双眼盯住他们，这八个人几乎是异口同声地冷喝道:“来者何人！”

这声音并非从喉头处传来，而是从尸体后面穿透而来，真是又阴森又古怪，叫人听了以为这些人的嘴巴是长在了背后。

秦明指了下自己背后的法器道:“子夜一刻，棂星门下，我负太渊前来！”

棂星门上的傀儡师哈哈一笑:“再不出来，我五弟可要以毒粉相逼了！请他们过来吧！”八名孝陵卫听了这话，便自动分立两旁，目送二人进门，这八个人被夺了舍，只剩下一张皮肉，远看还未觉得有什么区别，近看便觉得脸色惨白，双眼无光，浑身阴气森森，还带有一丝古怪的腥臭味，尤为恶心恐怖。

秦明和白齐走到棂星门下面，拍了拍自己的法器，道：“东西已带来，倒不知你们门主何在？”

傀儡师反问道：“你们似乎只带了一件法器，那小妮子呢？”

秦明嘿了一声，道：“那你们的法器呢？为何也只带了一件？”

傀儡师道：“大家彼此彼此！”

秦明不客气道：“彼此彼此就请开门见山吧，省得夜长梦多，孝陵卫的人可不好惹。”

傀儡师哈哈笑道：“有意思！我就喜欢你这性格，天塌了都不怕，好，那我们不如敞开天窗说亮话，现在孝陵附近至少蛰伏了数百名一等一的杀手，我知道除了我们七煞门、金吾卫外，还有其他的高手在，大家若是恶斗起来，对谁都没什么好处，既然大家目标一致，不如请蛰伏四处的诸派代表也现身一谈，共谋计策如何？”

他环顾四周，过了片刻，附近的树丛里果然传来一阵窸窣声，甚至还有兵器清微交错的声音，无数的人影像夜枭一样出现在四周的树干上，这些人都身着青黑色的夜行衣，若不细看根本察觉不出，原来这片林子里已经聚集了这么多的杀手。

暗处的荆一飞迅速扫了一眼，这夜色虽深，众人又穿着夜行衣，但依旧骗不过她的眼神，她看了一圈，未发现有朱高煦、姚广孝、魏东侯等幕后高手，也不知道这几个关键的主谋现在躲在何处，应该是等最后六件法器现身时才会出马吧。只是眼下这么多人，若是一起进地穴，别说敌我难辨，打架斗殴了，就是叽叽喳喳吵起来，都百口难调难以控制，若再一招来孝陵卫，只怕立即就会作鸟兽散，今晚一切都以失败告终，大家都沦为输家。

白齐低声道：“如我所料，今夜果然不只汉王、金吾卫两方势力争夺，似乎还有其他人也想分一杯羹。”

秦明有些着急道：“看来得想一个退敌之策才行！”

白齐笑了笑，突然唰地开了扇子，低声道：“放心，我早有办法了！”

他大大方方地走上前，道：“现在这些人虽未露面，但大多已到齐，敢问你们想要怎么谈？”

火药师向来心急，粗鲁地插话道：“谈什么谈，自然是把你们的法器先送过来再说！”

傀儡师哎了一声，劝阻道：“六弟不必心急，此太阴穴身在孝陵之中，乃是汇集九幽之阴气而成，非同寻常，要开此穴恐怕还需要这位小兄弟出手才行，我们光得了法器还是不能成事。”

他指的人正是白齐，秦明听出了话外玄机，摇头道：“看来你们还不知道这穴位在哪里，那这事还谈个屁，罢了罢了，各回各家！”

傀儡师冷笑一声道：“这太阴穴的位置，你知不知道我不清楚，不过想必这位白侍卫心里是很清楚的，对不对？”

白齐目光一冷，反问道：“哦，何以见得？”

傀儡师道：“如果我没猜错的话，姚少师已经告诉你寻穴和点睛的方法了，而且你也已经猜出来了，所以你才这么胸有成竹，现在杀了谁都可以，唯独不能杀你。”

白齐道：“不错，这太阴穴的位置不难猜出，但可惜点睛之物却只有我有！”

所有人的目光都被白齐吸引过来了，一个个纷纷盯着他，心想这个瘦弱的少年能有什么本事，竟然可以让姚广孝把这么大的秘密都告诉他，还让他带着点睛之物。

傀儡师盯着白齐腰上的水囊道：“看来灵物就在那水囊中吧，那请白侍卫速速点睛查穴吧，时间可不等人！”

白齐取下腰间的一个皮囊，这皮囊外画阴阳八卦，大小不过比葫芦略大，原本是装水的，此刻却不知装了什么东西，鼓鼓囊囊的，还在微微地在抖动。白齐正欲打开水囊，秦明就轻轻拉住他道：“这么多人看着，你真开啊，不怕他们知道了要杀我们？”

白齐双眼如星，此刻虽未言语，但眼神之中却已说得很清楚了，他早已把计策想好了。他打开了水囊，喝了声：“灵虫灵虫，寻仙问路，去吧！”突然一阵黑烟从水囊中席卷而出，这黑烟漆黑一团，当真是比黑夜还要黑暗，饶是在这么无光的树林下，众人都看得清清楚楚明明白白，这一团黑色在空中四处飞舞，逐渐幻化成人形，它好似一个鬼魅，一个地狱来的恶鬼是聚是散，这暗影在树林间环绕了两圈，突然身形一闪就朝孝陵之中飞去。

众人惊异道：“这是什么东西？！它去哪儿了？！”

白齐道：“此乃寻找太阴穴的灵虫，太阴一穴必会设在阴福最重的地方，这地方自然是在孝陵的宝顶之下，此处当年可是安葬宝志大师的宝公塔所在之处，是真正的风水宝地，灵虫自然寻宝顶下的秘密入口而去了。”

这股黑烟果然像利箭一样往安葬明太祖的宝顶飞去。

第四十六章　尸蠹

眼见这黑影一瞬而逝，众人皆哗然，一个个又想追又怕出事，纷纷按捺不住叫道："这入太祖陵墓，可是株连九族的大罪啊！我们还追不追？！"

"你私入孝陵已是死罪，反正都要死，还不如把事给办成了！"

"正是！成大事者哪有不冒风险的道理！"有人终于率先起步，化作一道闪电紧随黑影疾奔而去，各路杀手见了，一个个也急忙掠动身影，施展轻功，追逐着黑烟朝最后方的宝顶狂奔而去。

傀儡师狐疑地盯着这二人，显然他有些不相信，这太阴穴会在宝顶之下，秦明回瞪了他一眼，拉着白齐道："事不宜迟，我们也赶快过去！"

白齐道："不急，先堵住后路，以防孝陵卫发觉！"他再点燃一根雾草灯，白雾立即滚滚而起，二人趁着白雾遮掩也迅速朝宝顶跑去，只是跑了半路，白齐突然朝秦明使了个眼色，他拉着秦明转向就钻进了林子里往另一条小径跑去。

这一路几乎是掉头折返，往棂星门之外狂奔，出了这道大门，过了翁仲路，又杀回了蒋陵岗，荆一飞和阿福早已在那里等着他们了，荆一飞正欲问他们怎么又回来了，白齐二话不说带着他们就迅速冲入了山冈，朝最上方的孙权墓跑去。这陵岗内依旧雾气弥漫，只是这次不是雾草的白雾，而是这个地方自己生出的水雾，水雾流动，扑面如冰霜一般，原本矗立的一干石像若隐若现于其中，显得越加阴森。

荆一飞问道："为何又折回来了？"

白齐道："今夜来的人太杂太多了，我故意给他们指了一个错误的地方。"

荆一飞道："那七煞门的人呢？"

白齐笑道："放心吧，那几个人狡猾得很，不会那么傻的！"

他拉紧了面罩，道："这地方太阴寒了，一到夜间就会生出阴毒雾障，大家可要少吸一点，我们先过去看看。"所谓阴寒之地，多是山之阴、地之下，秽气和瘴气积聚所制，此处为孙权墓遗址，四周又是密林，自然较城内阴寒，只是夜间能起这么大的雾气，必然不是正常情况，这说明此处水汽很重，极有可能地下有水脉，所以水汽半夜上涌冷凝，成了瘆人的白雾。

秦明叫阿福暂时在林子外等候，以防不测，阿福跟着他们三人活动已久，早已从最初的不情愿到很自觉地点了点头，他找了个大槐树，噌噌几下就爬了上去，隐匿了起来。

他们三人则饶过层层石像，直接进入了石殿，这石殿内只有一座巨大的石碑，石碑上面的样式与孝陵四方城的“神功圣德碑”颇为相似，只是驮碑的不是赑屃，而是上百只的恶鬼，恶鬼钩鼻獠牙，长舌利爪，面目异常狰狞，一只只伸手仰脖，有的甚至拉长了腰身，扭曲着身体似是想要从这石碑下逃跑，奈何被这重碑死死地压住了，一个个无处可逃，痛苦不堪。

这石雕惟妙惟肖，只是看一眼就能明白雕刻工匠的心意，众人的心里已是明明白白地映出了这两个字：镇压！

这里可是堂堂吴王孙权的陵墓，又不是什么至邪至恶之地，如何能用这等怪异的墓碑，还显露镇压之意。秦明不禁问道：“白齐，你确定真的是这里？是不是太阴森了？”

白齐点了点头，同时展开了一张信函，上面写着：“雪映三色，斗现七星。流水不至，石碑不蠹。”

这是当日姚广孝交给他们的密函，信纸上是要告诉他们太阴穴所在之处以及如何打开穴眼的提示，只是乍一看，这十六个字像是某种偈语，说得不是太好明白，尤其是对秦明这个空有些实践本事但理论学识异常浅薄的人来说，这十六个字看起来无异于天书。

秦明一看见字就心烦，急忙催促道：“这个我们早看过了，你快解释下！快！快！”

白齐道：“所谓雪映三色，指的便是冬来下雪时这蒋陵岗上会有红白蜡三色梅花盛开，梅花映雪，正好是有三种颜色，而斗现七星，指的是这围绕蒋陵岗的神道好似北斗七星，这穴眼正好就在这七星斗内，所以这前八个字就是告诉我们太阴穴在蒋陵岗内。”

方才白齐在棂星门内说太阴穴在宝顶之下显然是胡诌之语，毕竟穴眼是要定期开启换阵的，而宝顶乃是明太祖朱元璋安息之地，如何能让外人打扰，当年明太祖修建孝陵时执意不迁走这蒋陵岗内的孙权墓，说是让孙权给他把门，其实这不过是刘伯温放出的幌子罢了，真正的原因是刘伯温要利用孙权墓修建风水大阵的最后一个穴眼，太阴穴！这穴眼既能与孝陵的风水相辅相成，荫泽后人，也能巧妙地利用孙权墓牵动其他五个穴眼，发挥风水大阵真正的威力。

白齐刚分析完上半句，石殿外就响起了一阵啪啪啪的清脆鼓掌声。

来人正是七煞门的傀儡师、五毒师、火药师和八个如僵尸一般的孝陵卫，他们的背后是两名身材高大的黑衣人，看姿态其中一人是汉王朱高煦，另一个人是一直未曾露面的幻象师张虚吟。

傀儡师率先冷笑道："就知道你们几个会耍花样，不过你们是不是太蠢了，若是没有我们手中的三件法器，光凭你们几个一样打不开太阴穴！"

"不错，若是没有诸位，确实打不开太阴穴，不过……"石殿的顶上，不知何时又出现了八道人影，这其中一道人影明显是魏东侯，另外七个人身着一模一样的青黑长衫，袖子上绣着的阴阳八卦，很显然是姚广孝派来的阴阳术士。为首的术士道："不过若是来的人太多了也容易出问题，所以姚少师特命我们在此恭候王爷，引开闲杂人等，只留你们几个，才能放心地打开石碑！白侍卫，你刚才做得不错！"

白齐俯首道："不过是灵机一动罢了。"

说话间，这些术士一个个飞出背后挟带的卷轴，这卷轴内藏的是一道道乌黑色的帷幔，这些帷幔如纱如帐，又像薄薄的黑烟，迎空漫卷飞舞，很快就将众人和石殿围了起来，这帷幔之内瞬间陷入一片黑暗之中，就连声音都隔绝得干干净净。

火药师大惊："糟了，我们被这些人耍了！"

傀儡师也有些惊异道："这是何物？！"

朱高煦显然是见过姚广孝手下的本事的，他瞄了一眼身旁的道人，低沉道："不知张真人可认得此物？"

张虚吟俯首道："乃玄门七子之物，曰影障！"

影障是用特殊黑色丝线制成，这些丝线织成的黑色帷幔外面有一层层类似鱼鳞的结构，这些鱼鳞状的东西除了会隔绝声音外，还会反射四周昏暗不明的光线，造成视觉误差，让人看到与周围情况类似的障碍，比如树影、围墙、河流等，此物最适合在黑夜里使用，可以埋伏千军万马，亦可以在关键时刻掩护逃遁。上一次，姚广孝来六相司找秦明等人时，这门口守卫的七个人便是玄门七子，他们布下影阵，隔绝了六相司的空间，从而不让外面的人打扰。

如今，七子再度布下这个阵法，显然是不想让汉王手下更多的杀手找到这里，双方都只有十余个人，最终公平较量。

张虚吟冷笑道：“好狡猾的和尚，怎么，今夜独庵老鬼不亲自来吗？”

姚广孝乃是当今的太子少师，地位何等崇高，张虚吟出言不逊，称其为老鬼，为首的术士神情立即有些愤慨，只是他忍了忍，昂着头颇为傲气道：“少师之事不需诸位挂念，这取法器一事，自有我等七人代劳便是！”

火药师不快道：“你们几个算什么东西，也配与我们平起平坐？！”

术士脸色抖了一下，只是这人修养着实是好，再度忍了下来道：“我等乃姚少师侍卫，为何不能与你们平起平坐？！”他一招手，四周的影障快速掠动，这光影更加诡异，直叫人都看不清眼前情况，七名术士加之魏东侯等人都有些看不太清楚了。

火药师一向性情暴躁鲁莽，他见这术士又要秘术，忍不住怒从心头起，手中火焰瞬间翻腾而起，大喝道：“你这什么狗皮帖子，看我不放把火直接给你烧了！”

他御火欲袭，傀儡师急忙制止道：“不可！先不说你这火能不能烧了帷幔，便是烧起来了，可不是要引来孝陵卫？！”

火药师道：“那怎么办？要不割了算了！叫来林子里的援军，先杀这几个鸟人，夺了法器我们自己进殿去！”

傀儡师嘿嘿笑道：“此物如烟如纱，乃是用秘术飘浮在半空，你以快刀断水劈雾，能分得了吗？不过，我倒有一办法可以解开这影障！”

这傀儡师自然是熟知各类秘术的破解之法，眼看这争端将起，背后的魏东侯喝了一声，道：“口舌之争着实无益！今日诸位都是为了七件法器而来，这最后一件法器就在这太阴穴中，不如先请白侍卫开启穴眼。我等先入了穴眼见了这第六件法器，再作争论不迟。你们觉得如何？”

朱高煦笑道：“还是魏大人识大体！那请开穴眼吧！”

所有人都望着白齐，因为姚广孝将这开穴的办法和点睛之物都交给了白齐，现在只有白齐知道怎么打开这太阴穴的入口，他淡淡道：“穴眼在这地下宫殿之中，石碑就是通往宫殿的入口。”

朱高煦听了这话率先步入石殿，见这里果然立着一巨大的石碑，只是石碑之下雕刻着无数的恶鬼，让这里看起来十分诡异，他心想这石碑怎么看都没有缝隙，如何能有入口，莫不是这碑可以挪动？他暂时猜测不透，回头朝白齐道：“即是如此，不必再耽搁了，速速挪碑吧！”

白齐靠近了石碑，俯首道：“请诸位退后几步。”

所有人都退了几步，围着石碑静观不语，白齐从腰间取下方才的水囊，这水囊内其实有两个空间，口子处设计成阴阳嘴，方才白齐放出的是阳鱼内的东西，现在他打开了阴鱼的口子，一股浓如黑漆一样的东西流了出来，这黑漆像油又像污水，一倒在石碑上，便开始缓缓流动，好似有生命一样。

五毒师看了一眼，便惊愕道：“这，这好像是虫子！”

“这是虫子？”秦明也是第一次看到这古怪的东西，便忍不住要凑近了看，荆一飞急忙拉住了他，责备道：“好奇害死人！不懂吗？！”

张虚吟冷笑一声道：“此乃尸蠹也！”

“尸蠹？！”所有人都惊呼了起来，这种东西真的是第一次听说。

白齐徐徐道，所谓的尸蠹便是从尸体中培育出的食尸虫，寻常的食尸虫不过消化腐肉而已，但若用丹药和秘术滋养，便能变异成更可怕的尸蠹，白齐水囊中流出的黑色油状物正是尸蠹，这些细小如跳蚤的虫子不仅可以吞噬尸体的血肉，还可以消化人的骨头，吃得连骨头渣儿都不剩，而且速度奇快无比。

太阴穴的入口石碑内设有机关，匠人以骨粉混合糯米浆封死，这封口石连绵往下，足有几丈，坚不可摧，从外面硬拆是根本无法打开的，除非是用这尸蠹，所谓“流水不至，石碑不蠹”，说的便是如果这流水一般的尸蠹不出现的话，石碑就永远不可能被毁坏。

无数细小的尸蠹汇聚而成一摊黑水，从上往下流去，它们闻到石碑下骨粉的气息，立即分散开来，从百鬼的七窍之中爬了进去，黑色的痕迹迅速翻腾在百鬼的身体内，只听得一阵阵咕噜噜的声音传来，这些百鬼塑像开始扭曲变形收缩，好似被什么东西拖进了地穴中一样。

一层层鬼怪雕像被快速地腐化消融，渐渐地露出石碑下的一个半遮眼的入口，原来这太阴穴的入口在这里，众人再用力齐齐一推，石碑轰隆一声往后退了三尺，终于整个入口完全敞露出来。

白齐退后道：“这便是太阴穴的入口了！”

第四十七章　画鬼

眼见入口开启，一群谁也没有先动身，大家都有些狐疑的，毕竟这地穴之内有没有机关陷阱、具体情况怎么样谁也不知道，万一一进去就是流沙掩埋、毒箭飞梭、火油浇身，那可不是自寻死路？

黑洞洞的口子里隐约有嗡嗡之声传出，甚至还带着一股阴寒的气息，这让所有人更加迟疑。白齐笑了一声，道：“六脉穴眼不是皇陵墓穴，不会设置恶毒的机关，与其担心这穴眼机关，不如多担心对方吧。”说着，他率先入穴，而后秦明、荆一飞也跟了进去，一群人这才鱼贯而入。这入口一路往下，起初小的仅容下一个人弯腰而入，走了一阵便越来越宽敞，再往下，俨然是一座宏伟的地下宫殿了！

前方是一座巨大的拱形石桥，桥设九孔，横跨在蜿蜒的地下水河之上，走上石桥，俯望暗河，一片漆黑平静，整条河看起来就像铺陈了一段黑色的丝绸一样。

上次地泉穴内的地下真水叫秦明和荆一飞吃了大亏，甚至差点命丧穴内，所以这次他又见有地下水，忍不住多看了几眼，想看看这水里藏有什么异样没有，他看了一阵，也不知道是眼花还是光线昏暗，他突然觉得水面上微微抖动了一下，似有什么东西要破水而出，只是这抖动很快便消失了，整条河又恢复一片平静。

“在看什么？快跟上吧。”荆一飞拉了下秦明提醒道。

秦明指了指暗河道：“我感觉这河里似乎有什么东西。”

荆一飞看了几眼，摇头道：“什么都没有啊，这地方阴气森森，有什么异物也是再正常不过，我们还是务必小心点。”

白齐转头道：“快跟上来吧，穴眼应该就在前方了。”

过了拱桥便是一条神道，神道两侧矗立着两丈高的巨大神像，这些神像与外面的神兽都是一一对应的，狮子、獬豸、骆驼、大象、麒麟和白马，只不过这十二头石首都是分作文臣武将的打扮，文臣官服持玉圭，武将铠甲握金吾，分别侧立两旁。

石像雕刻得极为精细，还用油漆重彩描绘，更显得栩栩如生。

白齐一踏进神道，只听得咯咯咯几声，这些石像的眼睛就开始自动地转了过来，十二尊神像一动未动，只是十二双眼珠子都整齐划一地盯着这些闯入者，看得人毛骨悚然！

秦明以为这是机关傀儡，但细看下这些雕像完全是整石雕刻，不太像机关傀儡，他越看越觉得疑惑，甚至觉得这些石兽开始要动起来了，他正诧异着，背后的张虚吟突然走了过来，轻轻地拍了下他的肩膀道："此乃六兽神道，所谓六兽者，乃是狮子、獬豸、骆驼、大象、麒麟和白马，狮子为百兽之王，代表的是帝王的威严，它既是皇权的象征，也能起到镇魔辟邪的作用；獬豸是法兽，代表的是明辨是非，刚正不阿；骆驼是异域的象征，代表我大明江山辽阔，皇帝威震四方；大象是兽中巨物，代表江山坚如磐石，四平八稳；麒麟乃是四灵之首，象征仁义之君和吉祥光明；而白马是帝王的坐骑，象征南征北战、一统江山。这六兽神标志着此处圣洁高贵、不可侵犯，立在此处也是为了检验入穴者是否诚心诚意，尔等步入神道，切不可东张西望，更不可心生怯意，否则便会被神兽的兽魂所噬！切记！切记！"

说来也怪，这老道一拍之下，秦明顿觉神志清朗，心中残余的疑惑恐惧消失全无，他往前一望，那人早已身姿轻盈地走过神道，毫发无损，秦明、荆一飞、魏东侯，七煞门的人也一一走过，前面这些人路过的都还比较顺利，一个个只顾着自己走路，倒也没出什么意外，只是落在最后的玄门七子有些狐疑，他们经过时，突然神像发出了轻微的剥裂之声，这声音虽小，但在地穴之中听起来就十分清脆明显，众人急忙抬头一望，却见左边的麒麟神像不知为何面目开始变得狰狞起来，原本油光滑亮的彩绘开始破裂成一道道鱼鳞状，面目色彩也发生了剧烈变化，似乎有什么东西要撕裂油画，挣扎着要冲破这神像飞出来。

啊！玄门七子最小的第七子吓得脸色一白，差点便要跌倒在地。

"果然有妖物！速速立阵！"玄门七子纷纷面露惊异之色，为首的第一子立即拉起小师弟，而后手中的法器更是纷纷亮了出来，原来是一尺大小的镏金刀。这短刀弯曲如月，十二把一套，好似快板，七个人不过轻轻一抖，转了个圈，十二柄短刀就合成了一面金色的刀轮。

此物名曰宝轮金刀，可攻可守，可远可近，玄门七子七人背靠背环成一圈站立，正欲对这神像发起攻击，白齐急忙喝了一声，劝道：“几位万万不可硬拼，快守住心神方为上策！”

神像进一步变化，此刻就连白马、巨象等神像的面容也开始出现了明显的裂纹，原本高大的石像浑身都是裂纹，这些裂纹波动着，看起来就像石像的表情在剧烈变化，似哭似笑，十分诡异可怖。

眼见此景，玄门七子心中更加慌乱，他们既想要屏住心神，但又担心被妖物袭击，尤其是年龄最小的第七子修为不够，心中更是恐惧难安，他不停地念叨道：“各位师兄对不起，都怪我，都怪我一时乱了心神，这才引来了妖物！”

第一子急忙喝止道：“小师弟，万万不可再想了！赶快凝神！”

只是，都到了这时候这第七子如何能够顺利凝神聚气，平复自己的情绪，在他眼里这神像分明已化作了一具巨大的魔神杀了过来，满天满地都是恶鬼，他们呼啸而来，想要撕裂他的皮肉，吸食他的血液和骨髓，他越想越怕，眼前突然什么也看不见了，只能感受到一片血红。

张虚吟摇头道：“这人双眼泛红，血气外现，只怕再过片刻就是血崩而亡！可惜！可惜！”他指诀一捻，便化出一团白色的粉末，再单手一震，这粉末就变成一团白雾朝第七子飞去。

“你想干什么！”其他六子担心第七子的安危，潜意识下还要去阻挡张虚吟的粉尘，但不想张虚吟手法更快，不过是一转袖子，一阵异风刮起，这粉尘已分化成四五条白蟒一样，直接朝第七子的脸上扑去，白气缠绕这人，再迅速入体，第七子双眼倏地一空，便直接昏了过去。

“你做什么！你把小师弟怎么样了！”众人大怒，他们一边抱起第七子，一边正欲飞轮斩击张虚吟，张虚吟冷笑道：“你们怎得如此愚蠢，我方才可是救了你们一命，你们非但不感恩，还要拔刀相向，好不识抬举！”

玄门七子如何能信，一个个怒发冲冠道：“还我师弟！”

白齐扇了扇手中的扇子，赶走四散的粉末，并指了指神像道：“他没有骗你，你师弟心生恐慌差点引来了画鬼，多亏他撒的迷药定住了他的心神，你们自己看那神像是不是恢复如初了？”

众人抬头一看，果然原本扭曲变化的麒麟、獬豸等面首又缓缓地恢复了原样，一条条裂缝开始自动缝合，原本破碎不堪的颜色也逐渐变得光滑鲜艳，与最开始一模一样了。

玄门七子自己没能控制心神，差点引来祸端，被张虚吟用迷药昏倒了一人，算是吃了哑巴亏了，他们看着白齐一脸欲言又止，显然是很不服气，白齐摇了摇头，劝道："此事纯属意外，这下面才是真正的穴眼所在，大家进穴之后可要更加小心！"

傀儡师也笑道："就是，都还没看到最后的法器，何必如此着急动怒呢？"

所有人再度上路，依旧是白齐走在前面，这过了神道，就见一个巨大的空间，高有十余丈，宽亦有二十多丈，这大空间下是一路往下的陡峭石梯，石梯又长又宽，加之洞穴内光线昏暗，几乎是望不到边看不到底，似乎这台阶下面就是个无边无际的黑洞，所有人都很自觉地站在台阶边，没敢再动一步，白齐自己打了一个火折子，登梯而下。

踏踏踏！

这火光合着脚步声掀开了重重暗影，这地下穴眼内的布置终于看得一清二楚了。

眼前有无数的宫殿矗立在地下洞穴之中，这些宫殿皆是由青石雕刻而出，一层层依山势而建，十分繁复，眼下火光所及之处都不能穷尽，不知道往下能绵延多远，这样浩大的城市着实叫人震惊，若说是刘伯温为了更改南京风水专门在地下修建这么一处宫殿，只怕短短的几年时间决计难成，所以众人推测，此处必然是原来孙权的陵墓，孙权在地下建造了一座与地面上几乎一模一样的城市，而后刘伯温发现了这个墓穴，并进行一定程度修缮改造，终于设下了太阴穴这一旷世奇局！

所有人都被这浩大的地下宫城所震惊，前有秦淮护城，后有钟山玄武，左有长江辽阔，右有紫金山横陈，就像一座真实沙盘一样矗立在眼前。

张虚吟似是一时间流连在这地下宫殿之中有些着迷，他双眼发亮地看着宫殿道："正是这里了！正是这里了！风水六脉大阵，如今仅剩这最后一个穴眼未曾开启，若是得了这六件法器，择良辰吉日重新设阵，便可更改我大明格局，汉王必然金龙入海，无人可当！"

朱高煦更是兴奋得难以自制，他似乎忘记了这里面还有姚广孝和金吾卫的人在一旁，他毫不避讳地一指前方的地下城郭，狂傲道："这便是我朱高煦日后的江山所在！”

傀儡师等人急忙吓得叫道：“请王爷稍加冷静！”

朱高煦这才察觉自己方才确实是失了分寸，竟然敢说出这么大逆不道的话，这话若是传了出去，可如何得了，那便是坐实了造反篡位的罪名？不过，他又转念一想，此事既然已到了这个地步，这里的人，除了自己的死侍也是绝对不可能活着出去了，不如就让这金吾卫和玄门七子一同埋葬此处替他守护穴位吧。

他回头道：“张真人，可以开始了吧！”

张虚吟点了下头，双袖缓缓平伸起来，道：“敖融，御火掌灯！”

火药师得了声令，双手一抖，一团火药粉末飞上半空，他再打了一个响指，一团火星直击粉末，瞬间血红色的火焰在空中闪耀了出来，火光将原本暗沉沉的地穴映照成炼狱般的场景，张虚吟双袖一抖，一股气浪冲击而出，气浪击打火焰，立即化作几十道火柱朝四面八方飞射而去。

轰！轰！轰！

设置在各处的盘龙石灯柱被火焰点燃，整个地穴内终于亮堂了起来。

第四十八章　第六件法器

眼前是一座微缩的地下城市，从上往下望去，清晰可见数丈高的城墙，四四方方的瓮城，高耸的宝塔，齐整的酒楼商铺，纵横交错的街道，再远处还有森严的皇城。这个城市与南京的城郭颇有几分相似之处，后有湖，右有靠山，内外四道城郭，地下暗河犹如秦淮河一般贯穿整座城市，皇城设在东北，兵营设在西北，甚至连几条主要的街道都是十分类似，却不知道当年朱元璋下令修建南京城时，是设立穴眼的人按照南京城的样板修建了这座地下宫殿，还是刘伯温发现了地下宫殿按照这格局修建了南京城。

这个真相已经不得而知了，所有人现在只感到两个字，震撼！

朱高煦叹道："好一个地下城郭，所以这第六件法器是在这城里吗？"

张虚吟道："此乃地下之城，与地上之城相同，将这五件法器按顺序放入原先的五个穴眼中，这第六件法器自然就会出现。"

地下城市与南京相仿，也设立了寺庙、书院、湖泊、高塔、地穴等场所，只不过这些建筑与地表的也有些许差异了，尤其是原本应该是刘子风的府邸和孝陵，现在却是一处观星台，一处祭坛，想必是在当时设立风水大阵时还未有这等建筑。

借着火光，从高处望去，这六个地方都看得一清二楚，尤其是祭坛上的八卦造型十分清晰醒目，张虚吟道："请诸位下城去放置法器吧！"

现在地泉穴的玉塔在秦明手里，虎踞穴的琥珀塔在荆一飞手里，龙盘穴的银塔在傀儡师手里，阳明穴的铜塔在火药师手里，而天宗穴的鎏金塔则在五毒师手里。五个人各捧着一尊宝塔，互相虎视眈眈。

魏东侯道："你们二人先去吧，这上面有我和这几位兄弟在，会随时做好准备的。"

这话说完，一旁的朱高煦忍不住冷笑一声，那口气好似在说：就凭你魏东侯吗？

除了尚且昏迷的第七子，其他六名术士听了这话，早已是握紧了宝轮金刀，一副剑拔弩张的态势，在他们看来，从现在开始，每一瞬间都是生死存亡的时刻，不是你死便是我亡，丝毫不能大意。

魏东侯劝慰道：“诸位尚且不需这么紧张，汉王虽然做事狠毒，但也不是卑鄙无耻之人，即便要杀我们，也是会堂堂正正地来，绝不会背后偷袭，是不是，王爷？”

朱高煦道：“魏东侯，你倒是很了解我，若非你我政见不合，我倒是很愿意与你再喝一场酒！只可惜……”

魏东侯直接打断道：“算了，你我也就喝过一场酒，只可惜喝了那次酒，我就杀了一百零九人，我可不想再当一个屠夫了！”

朱高煦嘿嘿笑道：“我倒觉得那真是一场痛快的屠杀！那天，纪纲，你我三人可算不分伯仲啊！我记得很清楚，我杀了一百一十一人，你杀了一百零九人，而纪纲则是一百零七人，其实我知道你和纪纲都有意在让我，纪纲是由于权势的缘故故意让我一步，而你却不一样，你是招法里留有余地，不然你一定不会输给我的，我那时便在想，若是你的刀再好一点，你能不能打得赢我？”

朱高煦说的大屠杀便是靖难之役的最后一战，燕王朱棣的大军横渡长江兵临城下，层层围困住了南京城，建文帝朱允炆紧缩在皇城之中不敢外出，正当朱棣踌躇之际，姚广孝主动请命，带着军中六名最厉害的高手身着夜行衣潜入皇城，暗中刺杀不肯让位的朱允炆。

这七个人都是燕王军队中能以一敌百的一等一高手，原本以他们七人的身手，这守卫的禁军是根本发现不了他们的，但是经过金水桥时，朱高煦看见了层层守护三大殿的禁军侍卫，他突然起了杀意，征战了这么多年，早已将他心中嗜杀的虎豹之魂给激发出来，他想要显露本领，更想给朱允炆的旧臣一个警告，告诫天下顺我者昌逆我者亡的道理。

朱高煦踏着禁军的尸体，狂傲道：“不如我们来打个赌如何？”

朱高煦要让这近千名守护的禁军作为玩偶，比试他们七个人杀人的技法，谁杀的人最多，出城之后他便向燕王请求，官升至三品，赏金千两，这既是一个游戏，也是一次测试。除了姚广孝和魏东侯外，所有的人都目露贪婪之色，这些人都是天下间最一流的杀人凶器，杀几个人就像斩瓜切菜一样，尤其是面对人数众多但武功平平的禁军守卫，这些人就像入了羊群的虎豹一般，终于释放出最凶狠暴戾的一面。刀起刀落，光影闪烁处，便是一颗人头滚了下来，剑气纵横，破空呼啸处，便是一道血花飞溅，呼喊声，喧闹声，惨叫声连成一片，很快奉天殿外便陈尸四处，汩汩而出的鲜血汇成了一片湖泊，映照着朱红色的大殿，血腥而惨烈。

朱高煦彼时的剑名曰太岁斩，剑宽且厚，连斩一百一十一人，位列七人第一。

魏东侯用的是两把大马刀，刀重且利，连斩一百零九人，位列第二。

纪纲用的是七决剑，剑细且软，斩杀一百零七人，位列第三。

胡濙斩杀一百零一人，位列第四。

司马城斩杀一百人，位列第五。

…… ……

过百者共五人，除了纪纲外，其余人等为了避嫌，都不敢带自己的成名兵器，而朱高煦倒是没有失信，靖难之役后，如数表功，除了胡濙性子不羁，另有重任外，其余三人皆是官至正三品，两人为金吾卫指挥使，一人为锦衣卫指挥使，都是朝中要职。

风物榜上的排名有限，只列入了朱高煦和魏东侯，却不知道还有纪纲、胡濙、司马城等人，但其实这五个人的武功修为都十分接近，高下也往往只在一念之间。朱高煦向来好斗，他自信这些人都不可能胜过自己的，一方面他的剑法了得，他自问用剑之道除了他的师父毕坤外，自己已是天下无双。另一方面，他的鹤羽剑无往不利，无坚不摧，很少有他斩不断的兵器，这么多年，无论是在江湖中的比试还是战场上的厮杀，早已让他习惯了会当凌绝顶的感觉，只是现在，面对站在了对立面的魏东侯，他突然很想知道，若是没有了鹤羽剑，他还能不能击败魏东侯、纪纲等人，他总觉得魏东侯和纪纲是两个最不可捉摸、最深藏不露的人，以前他们刻意在隐藏实力，现在也是，他的本事究竟如何呢？自己能不能只凭借着剑招就击败他？

魏东侯突然笑了起来，他笑得很淡然，也很不卑不亢："其实，王爷想知道我能不能打得过你，一会儿不就知道了？"这六件法器一出，便是生死决斗之时，谁胜谁负自然就该见分晓了，一直隐藏实力的魏东侯也该拿出自己全部的实力了。

朱高煦微微抬起了头，眼神里露出了一道道杀意，他很久没有过这么强烈地想拔剑的欲望，这是作为一个武者天生的斗志，这是狭路相逢、剑遇对手不可遏制的战意！

朱高煦终于急不可耐了："魏东侯，我还真期待这一刻的来临！"

台阶之下，五个人缓缓往下面走去，上百级台阶一路向下，皆是由青石长条打造而成，整整齐齐，看不到一丝一毫缝隙，足可见这工艺之精良。

下了台阶，穿过外城门，入了内城，五个人便分头而去，秦明自然是往观星台而去，这个星台有些类似阳明院一般，三层高耸，中间留有天井，人可以站立其中夜观星象，最主要的是这星光散落天井之中，反射地上的花纹，会呈现出星星点点的光芒，好似天上的星图。

这其中有一处凹陷的地方，大小与自己手中的玉塔差不多，想来这玉塔就是个钥匙吧，他回头望了望养虎场处的荆一飞，此刻她与五毒师隔得最近，这养虎场和千禧寺原本都在东长干里附近，以往站在塔顶可以清晰地看到养虎场内这些巨兽的活动，现在这场景微缩，二人相隔了不过六七丈的距离。

高处，张虚吟终于叫道："天宗地泉，虎踞龙盘，阳明太阴，六象皆现，法器入穴！"

五个人一起将这五件法器放了进去，每一处穴眼都设置了一个恰如其分的口子，五个宝塔放了进去，终于触动了这个庞大的机关，一阵阵轰隆隆的声音从地下传了出来。这个巨大的城市仿佛就是一具完整的机器，或者说它是一头沉睡的野兽，此刻终于被唤醒了！

白齐的脸色也开始变得兴奋起来，他知道这六件法器一出，必然会引来最残酷的争斗，这个新建立不久的王朝必然又会卷入新的纷争之中，这对很多人来说并不是什么好事，但是不知道为何他就是兴奋，仿佛混乱才是他所要追求的目标和意义，乱世才是他施展才华的舞台。

这是另一个他，与正常的白齐完全相反的性格，奉阳违阴，违背阴阳，混沌世界，他才能得到最大的释放和满足。想当年，他的师父不也是如此吗？！一时如神，一时如魔！

第六件法器终于从祭坛的八卦上浮现出来，那是一座用象牙骨雕琢出来的白塔，塔色洁白如雪，里面的一根小小的法杖也是若隐若现。一如前面五件法器，这第六件法器也是精美绝伦，工艺和设计都是当今之最。

第六件法器一出来，此刻，六件法器都完整地出现在城郭内，除了祭坛上的第六座象牙塔，其他的都有人在一旁，谁也没有率先动手，但所有人的神经都瞬间绷紧了！因为，所有人都很清楚，这决战终于要开始了！这一瞬间，有点像双方同时站在了秤杆的两端，谁稍稍一动，都可能打破这个平衡，带来致命的结局。

两拨人都死死地望着对方，手都紧紧地按在了兵器上，空气中异常地凝重和紧张！这一刻终于是到来了！

第四十九章　云中藏龙

空气中异常的安静和压抑，就像暴风雨前短暂的停滞一样。

只是那么片刻过后，玄门七子率先按捺不住了，为首的第一子眼神一闪，六个人就像一阵风一样朝象牙塔飞奔而去，他们想要第一时间抢夺第六件法器，但朱高煦却冷笑一声，他的笑声古怪而且阴冷，双唇透过薄薄的面罩只发出了一个字：“杀！”

玄门七子想到的是先抢法器，但对朱高煦这样久经战场的人来说，先想到的却是杀人，既然六件法器都出来了，这些金吾卫和姚广孝的人留下来就没有必要了，对他来说，这些人早就该和死人差不多，杀了他们，这六件法器可不就是自己的？

八名被附身的孝陵卫率先朝玄门六子狂奔而去，这些被附身的人速度快得难以想象，一个个像饿狼像僵尸一样手足并用奔跑了起来！

玄门六子也被这八个鬼奴的速度吓到了，一个个急忙停住了脚步。

“列阵！”第一子急忙大喝道，六子快速转动手中的宝轮金刀，弯刀化作一片法轮空转起来，发出嗡嗡嗡的金属嗡鸣声。

鬼奴发出低吼，突然一扑，利爪撕裂了原本的手指透了出来，看起来就像这尸体生出了爪子一样，其实那不过是隐匿在孝陵卫体内的鬼奴刺出的阴爪，铮铮铮！铿铿铿！双方响起刺耳的金属交迸之声。

这双方，一个身形快如闪电，一个金刀恍若霹雳，鬼奴控制的孝陵卫虽然人数略微占优，但玄门六子围成一圈，就像一堵固若金汤的圆环碉楼一样，坚不可摧，毫无破绽！

金轮快、利爪狠，再恶斗片刻，各孝陵卫被宝轮金刀劈得手足俱断，背开肚裂，只是这伤口虽深却没有任何鲜血，因为这些孝陵卫的肉身早已被鬼奴放干了血液，只剩一张不薄不厚的肉皮罢了。

八个人被杀得断手断脚，浑身都是刀伤，形容更加恐怖，但是依旧锲而不舍，疯狂地围击玄门六子，似乎根本就不会死一样，第一子大怒，喝道：“师兄弟听令，分阵！斩邪！”

六个人突然分散出去，这宝轮金刀一收，化作一柄短匕径直朝孝陵卫的心口刺去。

六个人就像六道光一样射了出去，扑哧一声，金刀刺入孝陵卫的心窝内，只是这人早已不是人，只是具尸体罢了。他嘿嘿一笑，就要伸爪朝第一子抓去，但不想第一子猛地横拉金刀，金刀再度变化成刀轮，刀轮快速转动，刺啦一声脆响，尸体连同铠甲直接被分成两半，这一刀威力甚大，直接斩断了尸体，隐藏其中的鬼奴终于无处可躲，不得已弃了这尸身，整个人如同螳螂一样蹦上了附近的石壁，显露出他的真身。

浑身黑瘦，形如小儿，瘦得不成人形，粗略看去胸腔还没有海碗粗，整个人就像一只巨大的螳螂，或者竹节虫，他侧趴在墙壁上，双眼血红，爪子轻轻地划着石壁，口中发出哧哧哧的声音，这样的东西或许已经不能称之为人，而是怪物了！

“果然是妖物！”

玄门六子急忙再度环立一起，亮出手中金轮，六道金轮转得呼呼作响，极有声势。这六个人齐声喝道：“六子齐心，定要斩妖除邪！”

这边玄门弟子和鬼奴已经彻底拉开了战线，秦明、荆一飞、傀儡师、五毒师和火药师也急忙收了各自的法器，迅速投入到第六个法器的争夺之中，没有人会知道这隐匿在孝陵之下的地宫中，已经爆发了一场最是残酷的争夺战。

场面已然不可控制，只是朱高煦和魏东侯却依旧一动未动，二人很有默契地看了对方一眼，轻轻抚摸了下自己的兵器，一个是漆黑无光的鹤羽剑，一个是璀璨耀眼的流光刀，这两个人似乎都在等一个时机，一个出手击败对手的时机。

现在，距离秦明最近的是在阳明院的火药师，这人收了自己的铜塔，顺势就朝秦明吹来一道火柱，地下洞穴，火攻确实是十分难对付的，不过秦明早有准备，双足狂扫地面尘土，一层层黄土飞扬而起，刚好挡下了这道火焰的攻击。

火药师冷哼一声，再抛手中的火弹，火球旋转而来，秦明立即射出右臂中的袖箭，火球凌空炸裂，化作火雨四散而下。这一招火药师又没能占得什么便宜。

秦明手指一勾，露出了些许藏锋的利刃，冷笑道：“敖融，你的御火术就这么几招，恐怕奈何不了我了！”说话间，他突然身子一掠，藏锋在手腕底下转了一圈，整个人聚力于手指间便朝火药师猛刺过去。

秦明的招式直截了当，又快又急，火药师的火术还未完全施展出来就见这锋芒已在眼前，他吓得急忙退后五六尺，奈何秦明脚步更快，不依不饶，唰的一声便刺中了对方的左肩膀，血花瞬间飞溅而出。

秦明一招得手，整个人御藏锋瞬间一转，这一招画了个半圈，原本可以直接卸下火药师的左臂，但不想一声尖啸划破长空，秦明分明觉得右耳有一阵强烈的压迫袭来。

是傀儡师的箭！

他急忙弃了火药师，单手空中一斩，啪的一声切断了两根锐利的箭矢。远处的傀儡师再拉动弓弦，无数的箭矢如暴雨般飞击而来，秦明整个人就像白鹤展翅般，疯狂舞动，这一点小小的藏锋就像带动群雁的头领一样，叫秦明的身影看上去时聚时散，极其难以捉摸。无数的箭矢袭来，又化作更多的断杆碎铁，傀儡师的箭现在根本无法伤到秦明分毫了。

傀儡师显然有些震怒，他一震长弓，弯弓边缘猛地弹出两道利刃，弓身上原本捆缚的木纹也开始迸裂剥落，露出紫红色的惊艳色泽，想必这才是他虬龙弓真正的面。他冷冷道：“看来今日是该大开杀戒了！老六，借你的火焰一用！”

这人再弯弓射出一支利箭，这一箭明显远胜以往，箭矢如流星赶月而来，火药师也顺势飞出一团火焰，火焰点燃箭矢，突然轰的一声，突然这一箭当空炸裂成九支分箭朝秦明飞击而来，九箭飞舞游动，一时间犹如九条火龙在空中穿梭，又像凤凰九尾笑傲苍天，每一箭都快得如疾风，如闪电，如不可捉摸的风和云！

魏东侯突然愣了一下，这样诡奇的招式他自然是认得的：“凤动九霄？！是他……”

当日入皇城暗杀建文帝时，七名杀手中便有一名是箭术高手，他最厉害的一招便是这凤动九霄，一箭射出，分化九箭，瞬间可击毙九名高手，若非他背上箭矢数量有限，这杀人游戏只怕没有人能比得过这用箭的人。

按理说七个人一同入宫，必然都是互相认识，但不想当日入皇城的七个人，是姚广孝秘密挑选的高手，除了外，其余五人都未曾见过对方的真容，甚至很多人为了隐藏自己的身份都没有使用独门的武器和招法，除了纪纲将他的名剑七决藏在腰带之中外，其他人都另选了武器，朱高煦用的是太岁斩，魏东侯用的是精铁淬炼的马刀，而这傀儡师用的是另一把弓，这也是为什么在奉天殿内搏杀时，众人的武器会被岳松的分金掌轻而易举地破掉的原因，这些一等一的高手，为了不暴露身份导致不能全力以赴，所以第一时间反而给天章六侍留了逃脱的时机。

眼下，这傀儡师箭术再出，魏东侯瞬间便回想起了这人，风动九霄，这样的箭术天下间不可能会有第二个人会使出，因为这一招不仅考验的是弓箭手的力道和技术，更考验造箭人的技艺，要做到这一步必须将九箭按照特定的技术融合在一箭之内，利用火药炸裂后，九支箭就如最精准的焰花一般，循着既定的运动轨迹朝对方射去，也就是说这箭射出去之后，对手就已经注定无路可逃了！尤其是这一箭有了虬龙弓的加持，比当年的招式更加霸道凌厉，九支箭，一箭快过一箭，一箭狠过一箭，箭与箭之间互相配合掩护已经达到了一种完美无瑕的地步，九箭之下，已是毫无脱困的破绽！

朱高煦的嘴角已经浮现出一丝笑意，在他看来，这一箭下秦明是毫无生还的可能，当年建文帝的禁军之中不是没有高手，可是一样要倒在这些利箭之下，现在以秦明的身手最多能挡住三支箭，余下的六箭会分别刺入他的心脏、太阳穴、喉头、腹部等处，每一箭皆是致命一击，毫无逃脱之机！

这是朱高煦作为一个高手对于招式的走向预判，只是他还是忽略了一些情况，这人太过自负，甚至有些刚愎自用，这样自傲的人偶尔出现误判是再正常不过。果然，不远处的魏东侯冷笑了一声，道："他的箭是好箭！只可惜招法向来是相生相克的，今日说不定他就遇到克星了！"

微缩的南京城内，战火四出飞扬，秦明突然双脚往空中一扬尘土，黄沙席卷处，身子一闪便消失不见了！这一下真的是完全消失不见，朱高煦、傀儡师和火焰师都惊了一下，这活人怎么可能在眼前凭空消失不见？这小子练的是什么异术？！

"藏锋四式第三式，云中藏龙！"魏东侯缓缓地吐出了四个字。

四字刚落，黄沙之中就传来一阵龙吟，秦明的身影突然就从沙尘中闪现了出来，他的身影快得只剩一道黑影，这影子在黄沙之中穿梭翻滚，犹如龙虎穿云间，见首不见尾，一时间沙如海，尘如雾，烟如云，人如神龙现，铮！

一支凤尾箭被干脆利落地斩断了！

傀儡师脸色大变，他的箭法修炼至今，不说是战无不胜、百发百中，但也是极少有失败的时候，除了那次皇城中与金吾卫指挥使岳松的对决，让他败得彻彻底底外，再也没有人能破掉他的这招箭法，而且他一直相信，那一次惨败是由于自己准备不周全，没有带上好弓和好箭的缘故，所以这次的凤动九霄，他是信心满满的。

现在，他有虬龙弓在，又有坚不可摧的玄铁箭在，是不可能再失手的！

只是眼前的情景却并非如此……

铮！铮！铮！

沙尘之中，秦明好似张牙舞爪的蛟龙，搅动层层风云，卷动万千迷雾，一柄藏锋在手，更似利爪横扫，带着火焰的长箭射来，却像是射进了团团雾气之中，一时间迷失了方向，就是连速度都慢上不少，秦明时隐时现，这地上黄沙现在已不是黄沙，而是天上的风云，风云变幻处，秦明再度御匕首斩击，这箭矢被一一斩断，化作一道道无力的火星陨落而下。

云中藏龙，本就是主击杀的招式，叶底藏花主迷惑而杀之，莲底藏鲤主脱困而反击，而云中藏龙则是完全以速度强行击杀！人若游龙惊凤，电光石火间击败对手！

第五十章　阴阳破骨针

藏锋式一招破了傀儡师的风动九霄，朱高煦脸色也变得有些诧异，按理说，秦明和傀儡师的修为差距可不是一点点，傀儡师的这招绝技秦明是绝对不可能破解的，但眼前的情景却由不得他不信，因为风动九霄，现在已经变成了一地破铜烂铁。

朱高煦不可思议道："这……这不是流光刀的刀法，我对你的刀法太了解了，这是……"

魏东侯冷笑道："那王爷以为这是什么招法？！"

朱高煦脱口而出道："这是分金掌！这是岳松的分金掌！"岳松两个字一出，傀儡师也是怔了一怔，他如何不知道这个人，只是他不敢相信一个已经失踪了这么多年的人，他的绝招竟然会出现在一个金吾卫的无名小卒身上，这其中大有可深究的地方。

朱高煦的神情变得有些古怪和难以理解，只是过了片刻他就转为嘲弄道："嘿嘿！我想起来了！魏东侯，你当初背叛了岳松，手刃了他一家人，你一定是在那时候找到了他的分金掌秘籍，不过我没想到你会把这样厉害的招法传授给这么一个无名小卒！是不是觉得看着用分金掌的人如今变成自己的一条走狗，特别有满足感！"

魏东侯的心中掠过一丝愤怒，这愤怒来自朱高煦对分金掌和秦明的侮辱，不管往事如何不堪，立场如何不可调和，但在他看来，岳松绝对是一个值得敬仰的人，但他现在戴着面罩，谁也看不清他的神情，只能从他的言语中感受到一股被压抑的愤怒。"魏某虽然出生草莽，但亦有自己的选择，当年除君愚钝明知大势已去依旧不肯让位，岳松一家人冥顽不灵，妄图螳臂当车，我只是替皇上清扫了些许障碍罢了，至于分金掌，王爷应该知道魏某早年本就混迹江湖，这么好的杀人之法自然不该浪费了，若是有人能习得这门绝技，也算不辜负了这点前人苦心研究的技法。”

魏东侯出身江湖草莽，一手姑苏三十六刀法早年便已名震天下，位列风物榜前十，在金陵河畔，年少的魏东侯遇到了一生的挚友岳松，二人都爱饮酒，又爱习武，当真是一见如故，当时岳松已是金吾卫的兵马司千户，他极力推荐魏东侯一同入金吾卫共事，岳松确实没有看错魏东侯这人，他本事过人，做事又机敏沉稳，不过几年便破获数起要案大案，立下战功无数，三年提升百户，五年提升千户，眼见兄弟二人荣华富贵皆在眼前，但因为燕王起兵造反，岳、魏二人开始反目，甚至在金吾卫大营公开决斗，那一日分金掌对阵流光刀，魏东侯大败，他当场脱下朱雀服，愤而离开金吾卫，最终投入了燕王的麾下。

往事历历在目，岳松这两个字对魏东侯来说，已不是一个简单的朋友或者一个敌人可以概括的，那天的奉天殿内，火光摇曳，岳松盯着自己，那眼神太复杂了，魏东侯突然觉得自己是不是做错了很多事，这样的绝对究竟是对还是错，天下之大，虽然处处可以容身，但自己现在却被囚禁在这小小的朝堂之内，反倒不如岳松，早已跟随着除君不知游走何方了。至于秦明……

他的思绪有些飘远了，朱高煦的双指开始轻轻地抚摸过自己的鹤羽剑，他的眼里终于开始燃起了浓浓得化不开的杀意：“魏东侯，事不过三，这已是第三次了，我看你我的恩怨就到此为止吧！”

铮！二人终于再度拔出刀剑，一黑一白两道光芒迅速地交迸在一起，激起了一道绚烂的火花！

朱高煦英武的面庞几乎是扭曲成一团，他恶狠狠道：“魏东侯，今日便是你的死期！”

地穴之内，所有人都陷入疯狂的杀戮之中，不想被对手杀死，就只能以更残忍更决绝的方式杀掉对手！这些对决中，最先被斩杀的是与荆一飞对决的五毒师，毕竟到了真刀真枪的时刻，以荆一飞的决绝和杀意，五毒师是不可能挡得住的，这女子的斧头早已化作一道赤红色光芒旋飞而来，五毒师的毒药再凌厉也挡不住这凌厉的斧头，一击被破开了胸膛，这人圆睁着双眼写满了难以置信，但是事实就是如此，他直挺挺地倒了下去，他的尸体撞翻了地穴内两丈高的琉璃塔，只落得四处一片狼藉。

另一边，秦明藏锋一人对决火药师和傀儡师两人，他先破了傀儡师的凤动九霄，而后身子一转，藏锋在指尖再出，尖刃直钩火药师喉头而去，火药师大惊，连忙闪退，只是这藏锋出手快如疾风，火药师仓皇之间，一个踉跄便后仰跌倒，秦明本想一刀了结了这人，但关键时刻动了恻隐之心，尖刃不过是划过火药师的手腕脚腕，噗噗几声，这人惨叫了下便跌倒在地，手筋脚筋已被秦明尽数切断，再也站不起来了。

七煞门连损二员大将，傀儡师大呼一声，但他并没有来救火药师，而是朝第六座法器冲了过去。

傀儡师的身法很快，虽然这轻功不及朱高煦和魏东侯，但也是一等一的水平，只是他人刚掠至象牙塔所在之处，突然一道人影已经早他一步到达，正是一直没有动手的白齐，众人交战之时，都没有人去关注这个不起眼的少年，却不想他第一个拿到了这座象牙塔。

现在塔已经在白齐的眼前，他要取塔已是片刻之间，不过白齐却停了下来，似是故意在等傀儡师，而傀儡师也愣了一下，停住了脚步，他分明是有些犹豫该不该上前，白齐笑道：“怎么，你遇到了我这等对手还要犹豫吗？”

傀儡师哼了一声，甩出一根火折子，这火焰在半空中才飞了一会儿，突然就被什么东西切断，变成几十道火焰纷飞出去。

傀儡师冷笑一声道：“嘿嘿，果然不出我所料，又是你的烛龙丝！”

白齐笑了一声，不急不缓地取了象牙塔，道：“即是如此谦让，那我就却之不恭了！”

傀儡师恶狠狠道：“谦让？我看未必！”他稳住身形，双手一持一拉，便是一箭，这铁箭穿透过网眼，直接朝白齐射去，白齐急忙一拉丝线，丝线虽然未能及时绞住铁箭，但也让这铁箭偏了方向，这铁箭扑哧一声擦着白齐的耳朵飞了过去，当真是好险！

傀儡师再度引弓，这一次他直接引动了三支箭，若是这三箭齐出，以白齐的身手必然无处可躲，要立毙当场！傀儡师冷冷道：“小子，快交出象牙宝塔，我就饶你一条性命！”

白齐急忙后退两步道：“要我交塔，这可行不通，有本事就自己来取！”

傀儡师道：“冥顽不灵！”

他右手三指用力一扯，弯弓被拉得浑圆，一根弓弦绷得咯吱作响，只要这人手指一松，三支利箭就会直飞而来，瞬间取了白齐的性命！不过不知为何，这人还是迟疑了一下，始终没有射出这三支箭。

“你认识我？”白齐突然问道，虽然傀儡师的样貌声音都是独一无二的，但是这对眼睛他突然觉得在哪里看见过。

傀儡师冷笑道：“你我何止见过，交道都打过这么多次，所以我劝你速速交出法器，不然休怪我不客气！”

白齐不退反进道：“那你究竟是谁？！”

傀儡师道：“你何必多问，你知道得越多便是越危险，这么简单的道理都不懂吗？”

白齐心中咯噔了一下，他想起了一个人，失声道：“你不会是……”

傀儡师似是终于下定了决心，大喝道：“叫你不要探究！你非不信，这一箭送你上路！”他手指微微一松，这三箭眼看就要射出去了。

“嘿嘿嘿！”突然白齐脸上的神情大变，方才的文弱模样已变成一脸戾气的样子，他猛地抖开手中的破骨扇，这扇面漆黑，上写着古朴的阴违二字，字体扭曲，犹如术士用最阴狠的怨气写下，傀儡师一见这两个字不知为何突然心寒了一下，就像看到了什么恐怖的画面一样。

傀儡师失声道：“你……”

他惊讶间，这三支利箭就朝白齐射了过去，他叫了一声，下意识地就想伸手去抓这三支箭，很显然他不想杀了白齐。但白齐却突然一挥扇面，一道寒光从扇子中飞射而出，傀儡师大惊，急忙收弓想要先挡下这一暗器，但不想这暗器速度十分之快，就像火铳射出的弹药一样，想必是这扇骨之内安装了机括，可以快速地弹射暗器，再配合上用扇人的力道，整个速度就像离弦之箭。

傀儡师的长弓还是慢了半分，钉子未能直接破入他胸膛，而是钉入他的手掌之中，傀儡师好似已经知道了这暗器的厉害，急忙运气凝聚与左掌之上，想要逼出细针，但不想这一用力非但没有逼出细针，手掌上还传来一阵骨骼碎裂的声音。

咔嚓！咔嚓！整个手掌内的骨头都开始快速地碎裂，这速度快得惊人，而且碎骨的力道开始快速传染，很快就从手掌蔓延到手臂上，傀儡师还未感受到碎骨的痛苦，他只觉得自己左手一麻就失去知觉了，而后酸麻蔓延，再而后便是如百虫叮咬一般的痛楚！那分明是骨骼不断在碎裂，肌肉经络被完全摧毁带来的痛苦！

这是什么暗器，一枚小小的银针为什么有这么恐怖的威力？！只是一根针就足以令他浑身骨骼、经脉甚至血肉都碎裂成齑粉？！

傀儡师绝望道："好一支破骨针！"

白齐合了扇子，神色冷冷道："不错，正是破骨针，得罪了！"

第五十一章　第三次对决

姚广孝赠予白齐的阴阳破骨针形如细小银针，弹射出去后会突然爆裂，引起连锁碎裂反应。这细针刺入人体，先是破坏真气，而后碎裂肌肉经脉和骨骼，一针入体，不论钉在什么位置上，都可以迅速蔓延全身，直至全身都碎裂成粉末，这样的细针比天底下任何的淬毒暗器都要恶毒百倍！

不过眨眼之间，傀儡师的一条手臂已经迅速地软奄下来，若非有皮连着，这胳膊只怕已经破裂成一堆肉泥了，破骨针的威力还在蔓延，傀儡师只觉得自己的整个右臂都毫无知觉了，这再往上便是肩膀、胸口和头颅了，若是过了肩膀真的就无药可救了！

傀儡师咬了咬牙急忙从腰间掏出短匕，猛地一挥，猩红暴涨之间，傀儡师的左臂划出一个弧线飞了出去，这胳膊啪嗒一声跌落在地，像一条被切断七寸的蛇一样软绵绵的毫无生气。

白齐本就没想取人性命，只是想逼退傀儡师罢了，只是这破骨针的作用在人身上的威力如此骇人，还是大大出乎了自己的意料，哪怕此刻他控制的是自己的阴心，白齐还是被这针的效果惊慑到。

傀儡师迅速点穴止住自己的狂喷的鲜血，整个人更是痛得咬牙低吼了起来，这人虽然戴着面具，但隔着冰冷的鬼脸依旧可以充分感受到他此刻的面容一定是扭曲的，内心也一定是十分痛苦、极度不甘心的。

七煞门现在已损三将，玄门六子在和鬼奴的对决中也渐渐占据上方，鬼奴虽然速度奇快，招式狠辣，在人数上也占优，但玄门六子亦是姚广孝的高徒，六个人配合默契，加上阴阳秘术层出不穷，逐渐将八名鬼奴死死地围困起来。

眼看自己的战局已处于劣势，朱高煦再也坐不住了，他单手一震，鹤羽剑迅速出鞘，一道青黑色的寒光终于闪了出来。

他目光冷冷道：“魏东侯，看来真要殊死一战了！”

魏东侯冷笑道：“王爷认为我们还有得选吗？”

朱高煦也笑道：“魏东侯，我知道你上次未曾使出全力，不过你的伤不可能这么容易好，就算你还留有杀招，但凭你现在的状态，你是不可能挡得住我的！”

魏东侯坚定道：“我出刀从来不是为了格挡，而是为了击杀！就算我的背上未愈，但是使用只攻不守的刀法也是足矣！”

“好！今天就看你有没有伤我的本事了！”朱高煦率先出剑，这一剑击来，又快又急，空气之中气压被剧烈挤压，好似一只水鸟掠过湖面，瞬间激起了一道道扩散的涟漪！

这一剑正是鹤舞清波，剑身未至，已有道道剑气纵横交织而来！

朱高煦的剑习自浑元剑经，分为体、意、形、功、术五法，其中体者，强身健体，速度更快，力量更强，此乃剑道之基；意者，剑随人动，人剑合一，神到剑到，无一延滞；形者，师从龙虎，效仿风云，时而澎湃如潮，时而静谧似潭；功者，剑招从无到有，再从有到无，招法随机应变，无穷无尽；术者，则贯通阴阳，效法五行，锋锐之中藏奥妙，变化之中现神机！这五法乃是浑元剑经的入门之术，只是朱高煦把这五门基本功修炼得炉火纯青，再加上自己的鹤羽剑变化，俨然已是当世超一流的剑术高手！

朱高煦的实力有目共睹，魏东侯也不是泛泛之辈，二人都是当世一等一的高手，这对决自然必须全神贯注，丝毫不能懈怠和大意。魏东侯单手一拍，手中的流光刀也飞旋而出，刀如光芒飞跃，魏东侯双手迅速持刀，身体的惯性带着刀锋凌空奋力就是一斩！

鱼跃花涧！

波纹如碎花般四散，刀和剑交迸在一起，四周更有火星闪耀，犹如百花齐放，水花飞溅，空气中更是突然炸起锐利且刺耳的尖啸！

第一招，势均力敌，堪堪打平！

朱高煦身姿不停，剑招连绵而出，他一边用剑一边自信道：“我幼年修行浑元剑法，我师父就告诉我说，剑乃儒雅中之利器，有正直之风，和缓中锋锐，灵则通神，玄能入妙，飞来飞去，无影无踪，能作云作雨，能如龙如虎，谓之变化莫测，转展无穷无尽。我的剑乃是王者之剑，不败之剑，你的刀如何能挡？！”

他每说一句话，就斩出一剑，按理说剑锋轻灵，不比刀锋厚重，更多的用击、刺、削、截、点等方法，但朱高煦自持修为、武器都胜过魏东侯，每一剑都刻意加重了力道，变成用力劈砍，这每一剑劈砍下来，都声势慑人，力道之重更是震得魏东侯虎口发麻，而朱高煦刻意这么猛击猛打还有一个作用，那就是魏东侯的背伤还未痊愈，这剧烈的震动会不断撕扯他的伤口，令他的旧伤重新迸裂飙血。

魏东侯心里很清楚，朱高煦就是见他伤口还未好，偏要用这种打法一点一点地折磨自己，这人对待自己的下属恩义并重，但是对待敌人却是残暴无情，无所不用其极！现在自己与他为敌，已是形同宿敌，他朱高煦如何能不将他杀之而后快？

重剑再来，挟带一阵阵排山倒海的尖啸，流光刀迎面格挡！铮！

刀剑之气激荡，四周黄尘开始飞扬而起，看上去好似水波狂卷，周边的人都仿佛进了黄沙阵中一般，有的甚至完全都睁不开眼。

朱高煦双手持剑力压，口中大喝道："剑者，诛人间之恶党，斩地下之精鬼，可破阵以攻城，可防一身之害，可避水火之灾，可解刀兵之乱，随手所至，草木皆兵！我的剑便是要杀奸恶之人！魏东侯，你不怕吗？！"

魏东侯反讥道："王爷也配说奸恶二字？！"

"如何不配？逆我者，皆是奸恶之徒！杀！"他再挥一剑，突然剑锋之上寒霜骤起，一道冷冽的气息直接压迫而下，这寒冰开始顺着两兵的交接处蔓延上魏东侯的流光刀上，原本光洁如镜的弯刀也逐渐蒙上一层薄霜，光彩瞬间全无！

"哈哈哈！冰封之下，刀刃会更脆弱，魏东侯，你输了！"朱高煦整个人突然高高跃起，手中剑影一闪，猛地朝魏东侯斩杀去，他的鹤羽剑比流光刀更重更锐利也更坚硬，上一次他一剑分化为三，直接劈掉了魏东侯的刀尖，这一次朱高煦的力道更强！他双手御剑，无数黑影汇聚起来，就像九天九地之力都聚集在他的剑锋上，化成了天地间最强势的剑招。

神剑煌煌，他要一招断刀，叫魏东侯人与刀俱断，就此毙命鹤羽剑下！

魏东侯的神色从未如此凝重，他不能硬拼，他的刀如果这样硬拼，必然会被鹤羽剑斩断，这剑刃如此势大力沉，断了流光刀之后，再破开的就是自己的头颅和胸膛！眼看就是败局已定，魏东侯突然冷笑了一声，他并不躲避，而是完全放弃了防守，改为直接御刀反击，一招釜底抽薪直接冲向了朱高煦。

玉石俱焚，向来是绝处逢生之法！

朱高煦的剑可以直接杀掉魏东侯，但魏东侯这招也一样可以劈中朱高煦的脖子，魏东侯不守全攻不要命的打法叫朱高煦大吃一惊，任是他的剑法再凌厉也不过是杀了魏东侯这一个人而已，但是这一剑的代价却是要他以性命相陪，这事他如何能干！魏东侯是困兽之斗，自己占据优势自然是不会这样不顾一切。

他被迫收剑格挡，铮！这一剑震开了魏东侯的刀势，只是魏东侯不依不饶，身子再旋，刀势再劈，而且刀刀都是只攻不守的致命一击，他的流光刀在他的舞动下终于又恢复了往日的神采，光影璀璨，流光溢彩，璀璨高傲得不可一世！

魏东侯哈哈笑道："王爷可是忘了我刚才说的话，我的流光刀出鞘，从来不为格挡，只为击杀！我姑苏三十六刀里，最后一招乃是草上刀，草物最贱，但却最坚韧，生来只有一个方向，那便是一路向上，绝无低头之理，纵然火烧石压，依旧可遇风再生、纵横四野！此乃风中劲草之刀也！"

他的身子突然狂卷而起，刀影重重而出，好似无数的草尖在空中卷成了一个龙卷风朝朱高煦转了过去，刀影层出不穷，虚实难辨，只是所有的刀影都只有一个方向，那便是汉王朱高煦！

朱高煦大惊，他没承想魏东侯还有这么厉害的刀法，他的剑虽然可以斩断流光刀，但现在满空中都是刀光，铺天盖地的光影就像一个网一样笼罩了自己，自己该如何破掉他的这一刀？

倒影如风卷来，扑哧！流光刀割裂了朱高煦的面罩，又划破了他的胸口，一道道鲜血飞洒而出，朱高煦踉跄了几下，差点跌倒在地，他有些难以置信，这是他南征北战这么多年以来，第一次败在别人手下，纵然当年两军对垒，他在建文帝万千大军之中奋力厮杀、来回穿梭无数次也未曾受到一次伤。

朱高煦用手摸了摸自己的胸口，突然笑了起来："原来，受伤是这个滋味！"

他伸出舌头舔了舔自己手指上的鲜血，这滋味又咸又腥，他又道："原来我的血是这个味道！好腥好咸啊！魏东侯，你果然配得上做我的对手！你是第一个能伤我的人，只可惜，你这一招还远远不够！"

他突然拔身而起，整个人凌空一晃，变成了七道黑影，这是朱高煦自创的绝技“七鹤斩”！只有修炼了《浑元剑经》上半卷的人，才能拥有如此快捷的身形，在同一时间变幻出七个身影，犹如七只玄鹤同一时间飞舞在半空中，这样诡谲的招式也是朱高煦第一次在决斗中使出。

七鹤斩好像是七个人连接发起攻击一样，对手必须在极短的时间内接连破解七道杀招，这对于常人来说几乎是不可能的，因为人的速度再快都有极限，你面对的不仅是速度的极限、力量的极限，还有十分刁钻的角度，这样的招式单凭一个人几乎是不可能挡下来的。

七个人影分别持剑朝魏东侯飞击而去，魏东侯依旧是不退让，他知道这一招若是守顶多守得住三招四招，最后一样难逃被击杀的命运，所以面对顶尖的高手，全力以赴的进攻才是唯一的胜算。

魏东侯一往无前，手中的刀飞快地飞旋，他的姑苏三十六刀每一刀都有六个变招，每一招又有六重刀影，山、水、鸟、鱼、花、草六种招式依次使出，快得惊艳绝伦，妙得叹为观止，他的招式一招接着一招开始连绵而出，六招几乎是同时使出，魏东侯的身边仿佛瞬间迸发出一幅姑苏山水画卷。

看山巍峨擎天，水缠绵回转；

看鸟惊枝振翅，鱼追波逐浪；

看花朵朵绽放，草片片如刃。

这每一招刚好化解了一个分身，六招用毕，正好破掉了六重人影，最后只剩下一个影子，这道影子用剑的速度却比刚才的六个都要快！很显然，这才是朱高煦最后的真身所在。

魏东侯刀也快得几乎看不清形状，他只需要再一招就可以彻底破解朱高煦的七鹤斩！可惜，他的姑苏三十六刀已经用完了，三十六刀破解了六个分身，却还漏下了最可怕的一个，不过魏东侯还有最后一招，这一招不是他自己的，而是藏锋四式的最后一招，叫风中藏羽！

藏锋式皆是先藏而后攻，藏于叶，则显花之曼妙；藏于莲，则显鱼之轻灵；藏于云，则显龙之威武，而最后一式，藏于风，则显千羽之凌厉！

正所谓：人如疾风动，刃似千羽现！

魏东侯双足一蹬，身子在空中快速旋转，这一转带出了一道道强劲的风旋，他的流光刀在风速之下竟然都开始有些扭曲，看起来就像一把高度弯曲的白刃，他现在只需要借着这旋转之力劈出一刀，朱高煦必然就要彻底败在他刀下，但可惜这剧烈的转动再度撕裂了他背上的伤口，鲜血已经完全浸湿了他的背部，这伤口从脖子一直贯穿到腰部，如同开裂的峡谷，触目惊心！

魏东侯还是咬牙劈出这一刀，刀和剑再度交迸在一起，铿铮！无比璀璨的光华！

世间只怕再也找不出比这更耀眼的光华，这光华就像流光刀的绝唱一般，朱高煦的鹤羽剑终究是破开了魏东侯的流光刀，刀碎！碎如烟花绽放，点点银光消散！

而后，扑哧一声，朱高煦的剑终于刺入了魏东侯的腹部！

这第三次的决斗，魏东侯还是败了！朱高煦哈哈大笑道："可惜了你精彩的刀法！现在，我就送你一程吧！"他双手再用力搅动，这一剑准备搅烂魏东侯的肠子，突然两道冷冽的寒光同时飞了过来。

第五十二章　斗剑

这两道光芒，一道青黑如墨，一道青翠似玉，正是秦明的藏锋和荆一飞的七漩斧！

二人眼见魏东侯败了，再也顾不得自己安危，急忙左右合击，朱高煦不敢大意，急忙拔了剑便率先朝荆一飞刺去，这一剑十分仓促，威力并不算大，荆一飞轻松格挡下来，背后的秦明见机已经单手朝朱高煦的后脖颈杀去，朱高煦只觉得自己后颈一凉，心知不妙，急忙收了剑锋一护，剑影化作一面黑鹤的翅膀层层护住自己，这二人一击之下只见火花四射，却未能得手！

荆一飞持斧再劈，秦明也奋力一刺，但朱高煦不过是剑身一弹，黑色鹤羽翅展开一转，直接就将这二人尽数弹开。秦明眼见魏东侯已经倒在地上，他的腹部背上都是一片通红，旧伤未愈再添新伤已经十分严重了，他心中一凛，急忙叫道：“一飞，你先救魏大人！这鸟王爷先交给我对付！”

他有意要吸引朱高煦的火力，一招叶底藏花直接使了出来。

这招式虚中带实，柔中带刚，是藏锋式的第一招，正是以弱胜强的突袭招法，但朱高煦是何等修为的高手，他的浑元剑法本就是至快、至猛、至利，无往而不利的。

若说藏锋是短刃的极致，那鹤羽剑便是长剑的极致，现在长短极致的首次交锋，比之方才的刀剑之争也不遑多让。

秦明知道自己的修为远不如朱高煦，所以想要破敌只有坚持以快制快，他主动出击，趁着朱高煦与魏东侯刚大战完还没有喘息之机，一阵穷追猛打，朱高煦同样亦觉得秦明与自己水平差距太大，未再出狠招对攻，而是一边防御一边自己运气调理，想要让自己也稍稍歇息下。

秦明突然一个身形变化，双指猛地破空一点，这一点正中鹤羽剑的剑脊上，这里距离剑尖二尺一寸，正是剑身的重心，也是长剑最容易被折断的地方，若是其他的剑刃，这一击之下必然直接断裂，但鹤羽剑的材质与藏锋几乎是一模一样，都是不知出处的奇铁所制，坚硬无比，这两件兵器相击，除了声音刺耳外，就连火花都不曾飞溅一点，鹤羽剑自然也毫发无损。

秦明暗叫不好，这鹤羽剑跟自己的藏锋一样坚硬，自己的匕首破不开对方兵器，就毫无优势可言，这可如何是好？

朱高煦突然回身一剑，开始反攻了！

他一边出剑一边冷笑道："小子，你可知道你手中的兵器是什么材质所造？"

秦明愕然了一下，这个问题他太想知道了，这匕首是他父亲留给他的唯一一件物品，如果能够知道这藏锋匕首的来龙去脉，他就可以知道他父亲是谁，甚至现在是生是死。

朱高煦见秦明几乎是一脸不知情的情况，料想他是不认识岳松的，于是又问道："你告诉我，你手中的匕首是从何处得来？可是魏东侯给你的吗？"

"这藏锋是……"秦明正欲说这匕首是他父亲给他的，但他突然想起刘子风曾告诫过他，尽量不要在人前显露这武器，他突然意识道，刘子风的话有两层含义，一则是藏锋的本意便是藏而不露，不可随时暴露锋芒；另一层意思是藏锋太特殊了，要避免被别有用心之人认出这兵器，从而觉察出他父亲的身份！

难不成他父亲……

秦明整颗心都提了起来，只是表面上他依旧面不改色，高声道："藏锋是我偶然所得，魏大人可没这么好的武器送给我。王爷，我看你顾左右而言他，很明显是想试图岔开话题缓一口气，怎么，对付我这样的无名小卒也要如此用心吗？"

说话间，秦明欺生再上，他身子急旋，状如水中游鱼，快得几乎看不清身影，朱高煦哼了一声，连连刺出二十余剑，每一剑都像暴雨坠落在湖面上，激荡起一圈圈的涟漪，秦明就像雨中戏水的鱼，在这层层波纹中闪躲游弋，每一个身法都是又巧又恰当。

二人斗剑，按理说这剑术根本不在一个水平线上，但奇怪的是，这朱高煦的鹤羽剑与秦明的藏锋术总是能互相巧妙地拆解和躲避，甚至看起来，这两种风马牛不相及的招法是一个整体的！

朱高煦心头越来越震惊和好奇，他再度怒喝道：“小子，你想骗我吗？！你偶得的藏锋，可这藏锋又是从何而来？！”

秦明反呛道：“那我也问王爷，你这长剑又是从何而来！难不成也是与我一样，窃于他人之手？！想不到堂堂汉王也是一个窃人所爱的贼！”

秦明一句无心之话，却叫朱高煦听了勃然大怒，他贵为王爷，秦明这个小小的侍卫竟然公然说他是盗窃的贼，朱棣篡位侄子朱允炆，全天下的文人都以窃贼骂朱棣一家，说他们窃取了朱允炆的皇位，窃取了朱允炆的天下，此刻秦明再骂朱高煦窃贼二字，当真就像一根针扎在了心口上，叫他怒火攻心，满腔恶意化作无名火升腾而起！

“放肆！无知小儿，安知天下之大道！”朱高煦恶向胆边生，愤然出招，这剑一招快过一招，一招狠过一招，已是有杀之而后快的意思。

秦明却毫无惧色，口中更加放肆道：“王爷恼羞成怒，看来真是做贼心虚，却不知你的剑是偷了谁家的？难不成你这是先偷剑，再偷法器，最后也想学人偷皇位吗？”

这话一出，所有人都彻底震惊了！当朝之中敢这么说偷皇位这个话的人早已做了刀下亡魂，而且都死得很惨！齐泰、黄子澄、方孝孺被寸磔，右都副御史练子宁被割舌灭了九族，礼部尚书陈迪被凌迟处死，大理寺卿胡闰最惨，被朱棣先缢死，再用一种特殊配置的灰蠡水，浸脱其皮，再以草充实皮囊，悬于武功坊上警示世人。

现在秦明又说出了这等大逆不道的话，讽刺朱棣皇位不正，直指朱高煦想要谋反篡位！隔得最近的魏东侯、荆一飞听了都惊得目瞪口呆，他们心想这小子又要发疯吗？！真的不担心被朱棣砍了脑袋吗！？

但秦明心里很清楚，这地穴之中，大家做的其实都是大逆不道的事，既然横竖都是要杀头的大罪，自己再说这话又有什么大不了的，关键是现在自己这话可以把这朱高煦逼上疯狂的绝路！

果然，朱高煦完全抑制不住自己的狂怒，嘶吼道：“恶贼可恼！今日不杀你，我难称朱高煦三字！”

秦明哈哈笑道：“却不知道到底谁才是真正的贼，说，你偷了谁家的宝剑，倒拿到这里来耀武扬威！看你生在帝王人家，却也是如此恬不知耻！”

朱高煦浑身都在发抖，他自幼也是生在王府之内，向来只有人求他、宠他、巴结他，何曾见识过这么胆大妄为又不知天高地厚的人，秦明每一句话都像一把刀一样钉在自己身上，当真是令他的每一滴血都要燃烧沸腾！朱高煦终于失去了理智，大怒道：“你懂什么！我朱高煦的鹤羽剑乃是我师父毕坤所授！此剑乃是由獬豸独角铸造而成！此剑唯有我鲲鹏剑门独有，倒不知你这藏锋是从何盗窃而来！你，才是真正的窃贼！”

这青黑色的材质是獬豸的独角？！

獬豸是传说中的法兽，民间亦称之为独角兽，可是这东西毕竟是神话中的神兽，人世间如何能有这等异兽？他父亲的藏锋看来也是獬豸之角所铸，那……

秦明大惊，他父亲是不是与朱高煦师承同一个师父？都是毕坤所授？！所以他们的剑招才能这样相似，几乎是互相拆解和互相克制的。

秦明还在吃惊，朱高煦已经突然抢攻发难，他手中的鹤羽剑一抖，凌厉的剑气伴随着一道尖锐的鹤鸣声迎面扑来，剑影在空中如暴雨般闪现，当真是铺天盖地而来，朱高煦道：“臭小子，你很狡猾，故意激怒我套出鹤羽剑和藏锋的秘密，只可惜，你知道了也没有用了，这里将是你们几个的葬身之地，受死吧！”

秦明正欲使用莲底藏鲤逃脱，但不想朱高煦突然一转剑势，漫天的剑雨突然开始狂卷，黑影化作一股龙卷之势朝对手席卷而来！空气中都是呼啸的风声，这撕裂声尖锐刺耳，好似死神降临大地，要来收割一切存活的生灵！

荆一飞正欲赶过来救秦明，秦明却摆了下手，坚定道：“一飞，护好魏大人！不必救我了！”

他知道这一招他是无法躲过去，荆一飞过来也一样是救不了自己，反而会连累了她，既然如此又何必白白牺牲。

朱高煦凌空而下，面色阴狠如地狱使者：“小子！到此为止吧！”

秦明一动未动，冷笑一声道：“刚才魏大人有一朝风中藏羽未能尽数施展，不如我来替他完成这一招！”

风中藏羽，是魏东侯教给秦明藏锋四式的最后一招，这一招对修行者自身内力、素质要求极高，身体高速的旋转，御风藏羽的时机，千羽一现的威力都丝毫不能出错，一旦出错，等待自己的便是被对手一击毙命！

秦明前三式都练得八九不离十，唯独这一招还只是掌握了招法，却未能领悟精髓，只因为他始终不能领悟到最后千羽闪现的正确时机，这与他临阵对敌的经验有关，短时间内是不可能突破的，现在他要施展这一招对抗朱高煦十成功力的一剑，犹如赌上了自己的最后一根稻草，成功的概率不到百分之一！

空中，剑影狂卷犹如暴雨飓风；地上，秦明身子开始急旋，却好似一枚小小的陀螺！

这是速度和杀意的较量，长兵短刃在这一刻都没有了任何优势，是胜是败，关键就在谁能率先一击得手！

两个人的速度都越来越快，几乎都看不清各自的身影，朱高煦暴喝一声，终于风卷化作了无比狂暴的剑势斩杀了下来，光线昏暗不明的地穴中秦明清清楚楚地看到这剑影化作了一条巨大的黑龙，黑龙侵吞着地面，摧毁了四周的建筑，城墙纷纷倒塌，城楼化作乌有，繁华的城市街道碎裂成无数的残渣，秦淮河内静谧的地下水开始飞溅腾空，四周都是噼里啪啦的碎裂声！

现在，整个太阴穴内几乎沦为了末日之象。

黑龙张牙舞爪越来越近，很快已是近在咫尺！巨大的龙口张开，森森利牙就在眼前，这是朱高煦的杀招，已经很近了！秦明终于身子一滞，右手以霹雳之势出招了！原本青黑如墨的藏锋突然闪耀出一道闪电般的白色光芒，这白光是黑到极致后才会闪现出的白，好似至阴转为了至阳。

光芒不过一闪，径直射入黑色的蛟龙，就像强光穿透了迷雾，烈阳撕裂了黑夜！

有道是，世间唯有极阳破极阴！唯有光明胜暗影！

铮！

秦明的时机抓得正好，藏锋和鹤羽剑再度交碰在一起！

朱高煦的这一剑没能直接击败秦明，而是被藏锋挡住了，一尺短匕抵住了黑龙利齿的交错，可是这一剑虽然挡住了，但是朱高煦的剑气还在四周鼓荡。

朱高煦恶狠狠道："你以为这样我这剑这么容易挡住吗？你只会死得更惨！"

四周空气开始变得更加暴躁而剧烈，黑龙咆哮，乌黑色的鳞甲化作了无数黑色而锐利的碎片从四面八方飞击而过，这每一个碎片都是一道残余的剑力，碎片犹如暴雨骤降，不断地割裂秦明的身体，迸溅出一道道鲜血。这正是朱高煦这一剑的厉害之处，剑影之中不但暗藏了一招最致命的剑招，同时外围残余的剑气也会像暴雨一样冲击对手，直到把对手活生生地削成一堆白骨为止！

“小子，你知道当年礼部尚书陈迪是如何被处死的吗？是用小如拇指的羽刀，把身上的皮肉一片片割下来，足足割了三天三夜，共计三千六百八十片活活痛死的！现在，我也要让你感受这凌迟之苦！我要让你死无全尸！”

鹤羽剑压着藏锋再下，风雨更急，剑势更狂！秦明分明感受到这剑气入体带来一阵阵的疼痛，每一片剑气袭来，都会带走一片皮肉，这感觉痛不可忍，再这样下去，他真的会被一点一点削空血肉，只怕最后连骨头都不能剩下。

只是他全身心的力量都在这藏锋之上，此刻藏锋就像自己最后的救命稻草一样死死地抵住了鹤羽剑，不能有丝毫的松懈！只怪这朱高煦的力量真的太强大了！秦明必须用尽全力才能勉强抵御对手剑锋的下坠之力，若是有一点懈怠，等待他的就是被硬生生地劈成两半。

可是朱高煦却还有余力控制着四周残余的剑雨，足可见这二人修为上的差距！两柄青黑色的兵器本是一模一样的材质，现在就像两头最凶残的猛兽进行着最后的生死较量，剑刃磕住了剑刃，就像野兽的尖牙对碰着尖牙，利爪抓住了利爪，生死相搏的时刻任何的松懈都会带来残酷的死亡！

论实力，秦明终究是远远不及朱高煦的，二人对决，已然要见分晓胜负。

“獬豸？！”生死一刻，秦明的脑海里突然蹦出了这两个字，这两个字就像最黑暗的夜里突然出现的一颗星辰，是破解绝境的最后一点希望了。

第五十三章　破鹤羽

朱高煦说，这青黑色似铁似玉的材质是传说中的神兽獬豸独角所铸，秦明对这神兽了解并不多，但他想起自己在孝陵的神道上见到过这神兽的样子，形如虎豹，头生独角，那角又直又尖，生在脑门上显得十分奇特和突兀。白齐当时说这獬豸是法兽，头上的独角有一尺三寸，可用来明辨是非，判断世间的对与错的，若是有人犯罪，獬豸便会用独角顶翻那人，以示惩罚。

所以，这独角是一尺三寸？

獬豸的独角只有一尺三寸？！

这藏锋正好也是一尺多一寸，整体黝黑质朴，看上去毫无锻造和拼接的缝隙，很明显是整体雕琢而出，所以才能坚韧牢固，那朱高煦的鹤羽剑既然也是獬豸所铸，为何能有三尺长？难道他用的角要大一些吗？

秦明突然察觉到了击败朱高煦最关键的一环，他的鹤羽剑很可能是一对獬豸拼接起来的，也有可能只有一半是獬豸角，他把獬豸融入玄铁之中，铸造了这把奇剑，所以才会这么长！

秦明暗忖道，这鹤羽剑不可能像藏锋一样，通身都是完整的一体，它一定是拼接出来的。他努力地回想，千禧寺大战时，朱高煦剑斩魏东侯的流光刀，是用剑尖还是剑柄处击打对手的兵器？

好像……是靠近剑柄处四寸的地方！

寻常剑客以剑斩杀，必然是要用离剑柄三分之二的地方最好，此处剑的锋锐力量都能达到最佳，但朱高煦却偏偏用靠近剑柄的地方来击打，显然他是很清楚自己鹤羽剑的弱点所在。

秦明心中越发惊喜，他完全没有察觉到自己浑身都是剑伤，自己现在还处在朱高煦剑网的最要害之处，他的性命已是千钧一发随时可能被朱高煦所杀。

因为，他已经嗅到了一丝击败朱高煦的机会，这个机会就是连魏东侯也不曾抓住过！可是他现在遇到了，须知这世界上再强大的敌人也不会是无懈可击的，再精妙的阵法也不可能是毫无破绽的！藏锋的法门就是要破掉对方最厉害的一点，叫他一败涂地！

这就是破阵之法！

秦明主意已定，忍不住怒吼一声，他现在整个人几乎化成了一个血人，剑气刺破他的皮肤，一道道热血在他脸上、身上流淌，更在他胸口中沸腾，他没有十足的信心确定这一招一定能破掉鹤羽剑，甚至击败朱高煦，但这人就是一个亡命之徒，战场和赌博都是一样的，不向死，怎么求生？这一战只要有胜利的希望在前，就该一往无前，管它前途是利利刀山还是滚滚火海，都不过是一剑之间了！

秦明双手握住藏锋猛地向鹤羽剑的尾端划去，兵器交错，发出锐利的摩擦声！

一尺一寸！

一尺两寸！

一尺三寸！

…… ……

那里正好是两片鹤羽拼接的地方，秦明手御藏锋滑过，突然用力一错！咔嚓，这小小的匕首真的破入鹤羽剑……

铮！

无比清脆的声音响彻整个太阴穴！这声音让朱高煦的脸色猛然一抖，他似乎浑身都有些颤抖，不明白秦明为何会找到这么隐蔽的地方，藏锋顺着鹤羽纹再进，青黑色的鹤羽剑终于开始迸裂离析。

嘭！纵横江湖的鹤羽剑终于碎裂了！

朱高煦完全不敢相信！他睁大的双眼是震惊！是惊恐！更是不可思议！就连魏东侯、荆一飞和远处的白齐都难以置信！这人的剑叱咤风云几十年，几乎从无败绩，黑色的鹤羽剑能够斩断蒋道如的青云剑，能够轻而易举地破开横山之玉，也能够一剑击断风物榜排名第六的流光刀，现在竟然被藏锋直接割断！黑剑从一尺三寸处断成两截。

碎得干脆利落！

碎得好不狼狈！

暴风般的剑雨也逐渐平息，无数黑色的碎片化作黄沙缓缓落下，朱高煦手中的力道已完全泄去，整个人呆立远处。其实，即便秦明断了他的鹤羽剑，他也是有机会顺势一剑杀了秦明的，但是鹤羽剑一断，朱高煦整个人都蒙了，似乎不知道该如何处置眼前的局面，倒是秦明反应更快，他毫不客气，御剑见势一带，藏锋划过鹤羽残剑，扑哧一声，直接没入朱高煦的腹部……

血却开始从朱高煦的腹部涌了出来，当真是好大的一个口子！

朱高煦踉踉跄跄后退，现在他已经彻底败了！堂堂风物榜上排名第四的高手竟然败给了一个名不见经传的小子，他的剑碎了，招式也输了，这一招败北带来的打击是常人难以想象的，在他心中除了生死未明的张三丰和毕坤，自己的武功必然是当今之最，没有人可以击败他的，可是他自己最得意的长处却输得彻彻底底，仿佛自己心中的帝王之梦也随着这一剑断裂开始变得越加模糊，甚至要付诸东流。

秦明原本刺中了朱高煦，完全是凭着少年气盛，不知天高地厚，可是现在胜负已分，他很快冷静了下来，眼前的朱高煦毕竟是朱棣的儿子，堂堂大明朝的汉王，他若是再上前动手，诛杀了王爷岂不是要犯了弥天大罪？

饶是秦明再大胆也不敢做这事，他后退了几步，朗声道：“王爷，你输了！”

朱高煦伏跪在地上，一手按住自己的腹部，血早已透过他的腹部流了出来，染红了一片，朱高煦面色有些凄然，口中嘿嘿嘿地冷笑道：“我输了？！我居然输了！我怎么会输！”

魏东侯道：“王爷，今日你确实输了！”

朱高煦抬头望去，目光所及之处，自己的手下早已一败涂地，五毒师、火药师早已毙命当场，傀儡师断了一手，还在苟延残喘，而鬼奴也被玄门六子尽数斩杀，只有那幻象师张虚吟又不知所踪，却不知他什么时候早已离开不见，人死的死，伤的伤，逃的逃，这一战自己可是彻彻底底地输了！

朱高煦仰天长笑，不甘心道：“好个金吾卫！前有岳松，现在又有你魏东侯和秦明！果然是藏龙卧虎，只可惜总是要与我为敌！”

魏东侯面目表情道：“我等不过是做忠君之事罢了，法器必然要归属朝廷，只是这案件也该有个了结了，希望王爷就此罢手，不要再武力相逼了。”

如今，六件法器都归属到金吾卫手中，这场涉及权势、风水、异术的较量终于也要告一个段落了。双方都是损伤严重，尤其是七煞门几乎是灭门殆尽，魏东侯下令道：“一飞，收好法器，将这些人一并押送到金吾卫大营，明日我等便上朝向皇上禀报此事！”

荆一飞和玄门六子正欲上前擒住朱高煦，突然台阶之上传来一阵冷笑声：“想要用影障来骗我们，可不是小看了我们锦衣卫！”

台阶上出现了数百名人影，正是无处不在的锦衣卫，看来这些锦衣侍卫也要来分这一杯羹。黑暗中，锦衣卫很自觉地朝两侧让去，台阶上走出一名身材高瘦、面如鹰隼的人，他的双眉又细又长，双眼的瞳孔似乎微微泛着金色的光芒，这样独特阴狠的外貌正是锦衣卫指挥使纪纲。

纪纲叹了口气道：“没想到，京畿重地还有这等法外之徒！当真是匪夷所思！”

朱高煦仰头道：“纪指挥使来得正好！速速将这些恶徒拿下！”

魏东侯暗叫一声不好，朱高煦在朝中十分擅长笼络人心，他也曾多次想要把纪纲招到自己麾下，现在若是这二人合作起来，对自己真是大大不利，战局只怕要瞬时扭转了！

魏东侯正担心着，不想纪纲却冷喝一声道：“你又是谁？深更半夜出现在这孝陵禁地中，不也一样是恶徒吗！？一并拿下再说！”

朱高煦一惊：“纪纲，你……”

以纪纲的见识，他不可能认不出朱高煦和魏东侯，但是他现在偏偏假装不认识这些人，还要将他们一并拿下，就是要先斩后奏，到皇上面前邀功，只是朝中都在传言，说这朱高煦有心拉拢纪纲，二人即便不是一丘之貉，也该有些交情，怎么如今却还反目成仇？

朱高煦强行站起来，怒喝道：“纪纲，你可知我是谁！”

纪纲冷笑道：“这地穴内光线昏暗，我如何能知你是哪位，不过孝陵之内任何人不得私自入内，便是皇亲国戚一样要受罚，你今日犯了大罪，先入我锦衣卫镇抚司再说冤屈吧！”

“擒人！”

数百名锦衣卫纷纷拔刀，身子一闪，便鱼贯而下。

朱高煦心头闪过一丝震惊：这纪纲究竟想做什么？他到底是要帮谁？难不成他还想趁机杀了自己？这人何等大胆，竟然敢与自己为敌？！

锦衣卫一个个御刀狂奔，两百多人都带着杀气而来，很显然，这些人根本不是想来抓人，而是想要杀人，朱高煦突然明白了，纪纲是要先斩后奏！

今夜之事都是冒天下之大不韪，若是纪纲此刻不杀朱高煦而是救他与他为伍，纪纲为了朱高煦着想，便不可能向皇上揭发此事，也不可能破案邀功，那他所做的一切努力都将付诸东流，成了无用之功。若是纪纲像魏东侯一样去直接陈诉案情，皇上必然也会陷入两难的境界，毕竟谋逆的是自己的儿子，杀与不杀都是叫朱棣十分难堪的选择，为人臣子最该揣测皇上心意，若是自己让皇上陷入难堪的选择地步，他纪纲以后焉能有好日子过？可不是里外不讨好，自讨苦吃？

所以，不如现在都杀了！日后就说汉王和金吾卫为了争夺法器一同战死在孝陵地穴之中，人已死，朱棣无从查证，更不必犯难，自己破案有功，这责任自然就分得清清楚楚。

朱高煦想到这越发惊惧起来，他一直以为纪纲不过是一条趋炎附势的狗，一个彻头彻尾的小人，却不想这人根本就是一头狼！一头十足的饿狼！当真是狼子野心！

袁珙早年就曾告诫朱高煦，纪纲生了鹰鼻狼眼，为人狡诈，不可与之相谋。自己还不以为意，甚至还在朱棣面前说了不少纪纲的好话，现在想来，不禁有些后悔，他哀叹这心计当真比什么绝世武学都可怕！武学再高不过一剑十人百人，可是用计恶毒，一句话便可杀千人万人。

难不成他朱高煦当真要命丧这太阴穴吗？！

第五十四章　黄雀在后

战火再起，率先奔来的是几十名手持暗月斩的锦衣卫，这些人在台阶上立定身影，单手一拨一转，几十把暗月弯刀已经飞旋而来，空气中四处充斥着呼啸之声！

现在魏东侯和朱高煦、秦明、傀儡师都受了重伤，只剩下荆一飞、白齐和玄门六子了，这些人急忙驭动兵器奋力格挡，白齐手足翻腾间，率先立下了烛龙丝法阵，这暗月斩飞来，虽然速度很快，方向也很刁钻，但白齐现在对烛龙丝法阵的操控已经远胜以往，他一手拉丝，一手捏着盘蛇钩调换阵法，丝线不断变换，时而收缩，时而扩张，暗月斩叮叮当当就被一一挡了下来，化作了无数碎片凌空飞舞。

这第一轮的御刀锦衣卫未能得手，也不再强攻，而是立即退后，紧接着第二排的锦衣卫便冲了上前，这些人正是赫赫有名的四象卫，这些锦衣卫都有一双宽大的袖子，衣着上更是挂满了鸟羽一般的翎状暗器，这些暗器集成各色奇怪的图案，如龙似凤，只见四象卫双袖剧烈震动，十几双袖子掀起道道风潮，如狂风乍起，似风云突变。

四象卫大喝道:“朱雀振翅！”

无数朱红色的暗器借着风势犹如暴风骤雨一样扑面而来。

烛龙丝阵再度变换收缩，这回立的是千手观音阵，阵法如千手观音，手掌纷迭而出，可挡千般兵器。这阵法本就是为了对付暗器而创立的，只是丝线毕竟是丝线，这交织成的网眼再细也有限度，四象卫的朱雀翎小如羽毛，密密麻麻如飞蝗过境，而且这些暗器都借着风潮之力，很擅长穿梭入孔，白齐的烛龙丝法阵是不可能将它们全部挡下来的。

只见无数的暗器飞击而来，一大部分被丝线拦住，但也有一小部分穿过网眼飞梭而来，白齐腹部、大腿上一阵刺痛，已是被几枚雀翎刺中了。

他身上虽然火辣辣的剧痛，但手中也不敢有丝毫松懈。荆一飞见状，急忙冲了过来，她将秦明和白齐护在身后，快速甩动锁链防御，正是风、火、山、林、雷五式中的静如山式，招式取自不动如山，锁链上下交织纵横，布下了密集如山林的防御招式，一旁的玄门六子，也飞快地舞动宝轮金刀，这一阵兵器交错，叮当作响，终于是将雀翎暗器被完全挡了下来。

纪纲冷笑道："倒是有几个好手，这般葬身此处也是可惜了！不过，也只怪你们自己要来寻这些麻烦事！力士列阵！再袭！"

二十余名赤裸上身的力士砰砰踏步，冲了上前，这些力士个个壮如牛犊，他们纷纷搬动台阶上的巨石、铜鼎、石像等重物疯狂地朝众人砸了下来。

"四象卫，再驭朱雀！"又一轮暗器飞射过来。

这些锦衣卫配合默契，重物袭击之后有暗器穿插，一轮接着一轮，有缓有急，有刚猛有绵劲，决心要把这些人埋葬在这地下洞穴里。

荆一飞、白齐和玄门六子虽然奋力抵抗，但也是有力竭之时，两名玄门术士一不小心也中了十几把暗器，这有些暗器都抹了毒药，两名术士踉踉跄跄几下，终于是抵挡不住倒了下来。

眼看，战局已成一边倒的趋势，再这样的疯狂进攻之下，锦衣卫已是胜利在望。纪纲正欲下令，实施最后一轮进攻，突然有一阵阴风无声无息地灌了进来。

这风又疾又冷，各锦衣卫虽然穿着厚厚的衣服，依旧感受到一股刺体的阴寒！

整个地穴内开始传来了一阵阵十分刺耳的轰鸣声，好似猛烈的山洪冲向了峡谷，震天的霹雳响彻了云霄！

锦衣卫的人第一次听到这声音，一个个面色皆变，不知道这是怎么回事，难不成这地穴里另有机关，又或是地下暗河的水冲了过来？若是如此，怎么得了？！

他们回头凝眼一望，却见身后环绕贯穿的河道内，一阵阵黑雾不知何时弥漫而起，黑色雾气飘上半空，就像一层层薄纱一样，这黑雾起初黑茫茫一片，渐渐地开始凝聚起来，像是有什么东西在凝结成形，黑气最终凝聚成一队骑着战马的将士模样，这些将士个个面如黑炭、形如僵尸，身穿黑色兽甲，手持长刀长枪，身骑高大的骷髅战马，背后还举着数面黑色的旗帜，旗帜飘扬，中间写的正是一个吴字！

这黑压压的军队齐齐列阵，足有上千人！

情景突变，锦衣卫的人吓得个个退后三尺，胡狄脸色也是一变，失声道：“大人，这恐怕是……吴王的阴兵？！”

传说帝王陵墓中除了陪葬大量的奇珍异宝外，有时还会陪葬数千名的将士，这些所谓的将士或是直接以活人埋坑殉葬，或是塑成泥俑石像在墓穴中列阵，还有的以秘术将活人驱赶到水银河道中制成永不腐坏的水银尸，所有的这些方法都是为了给在阴间的帝王建造一支不死军队，时刻守护着帝王的安宁和财宝的安全。这蒋陵岗本就是吴王孙权的陵墓，这偌大的地下墓穴既是太阴穴更是阴王的安息之地，如今黑影骑兵从漆黑一片的地下河道中浮现，凌空列成一排排军队，可不正是传说中最恐怖的帝陵阴兵吗？

所有人都试图把自己的身子隐藏在黑暗之中，可是即便是再深的黑暗也隐藏不了这黑色阴兵的死寂气息，这样栩栩如生的感觉可绝不是六公子的魔术幻象能类比的。

纪纲静立不动，他的神色也开始变得凝重，原本是该他渔翁得利的一战，却不想竟然还有人黄雀在后，他朝那阴兵大喝道：“是何人在此装神弄鬼？还不快些出来！”

纪纲声调本就很高，在这墓穴内回音激荡，更是声声入耳，犹如刀刮。但对面的军队依然一动不动，好似一群影子，如此片刻，纪纲冷笑道：“想必只是些障眼法罢了！力士开道，先破这等邪祟！”

力士一个个面面相觑，但军令如山，不得不从，这些人开始缓缓靠近河道上的阴兵，这些人刚走了一半，还没靠近，突然墓穴内就传来了一阵诡谲的笑声，这笑声只听得人毛骨悚然，十几名力士更加犹豫不决，不知道还该不该上前，突然原本静止不动的阴兵就呼啸而来，无数的黑影开始朝这些举旗力士飞扑而来，快得就像一阵黑风。

“快！炸死它们！”这些力士大为惊恐，急忙举起附近的石块神像朝阴兵猛砸过去，但这些阴兵形如迷雾，巨石飞击而来就像砸中了空气一样，瞬间穿体而过，端是毫无反应。阴兵开始发出尖锐的叫声，一声一声就像利箭划破长空一样，这些阴兵就像一团黑云一样猛地冲向了力士，一瞬间，好似无数的吸血蚊虫疯狂地围住了鲜活的肉体，只是眨眼间就把力士严严实实地包裹了起来，黑云之中发出了凄厉的惨叫！

啊！啊！啊！

黑雾重新化作骷髅骑兵腾空而起，原本精壮的力士像被吸干了血肉一样，早已干枯成僵尸，这僵尸的脸上还保留着临死前恐惧挣扎的神情，怪异而扭曲。其他的锦衣卫见状慌忙后退躲避，面对这等未知的对手，即便这些平日里杀人不眨眼的恶魔，此刻也一样心惧恐慌，仓皇失措！

胡狄脸色颇为难看，他转头问纪纲道：“大人，这阴兵太古怪了，现在怎么办？！”

纪纲的脸色也好看不到哪里去，他倒不是怕了这阴兵，以他纵横朝野江湖这么多年的见识，他是从来不信这世界有鬼神一说，再厉害的恶鬼，那也不过是人吓人的杜撰罢了！他沉吟道：“螳螂捕蝉，黄雀在后，有人在暗中想要将我们一网打尽！”

胡狄惊恐道：“是谁，竟有此胆量？！”

纪纲冷笑道：“你说这世间除了那老鬼还有谁？”

胡狄自然是知道纪纲说的这个人是谁，他脸色更惊道：“那我们该如何是好？”

纪纲冷笑一声，道：“兵来将挡，水来土掩！便是鬼神来，也是见佛杀佛，见神杀神！”

骷髅阴兵再度掠来，纪纲大喝道：“诸卫听令，阴兵之象，不过是障眼之术，不可先怯了场，四象卫听令，速速设下黑蛟阵！”

十二名四象卫再度提振士气，齐齐奔了出来，这十二个人上下堆叠，青黑色的衣袖摆动，空中迅速显现出一条黑色的巨蛟，十二个人配合默契，快速舞动长袖，看起来就像黑蛟盘旋，掀起了阵阵风浪。

风力堆叠而出，已是疾如旋风，这些狂风乍起，吹得骷髅骑兵竟然也是身形一滞，众锦衣卫一见这阴兵也怕了自己的阵法，不禁士气大振，更加卖力地御动风潮，狂风呼呼向前，只刮得阴兵都开始有些飘散不定，这些人还想再进一步，但可惜四象卫内力有限，这招黑蛟出海的威力也只能到这地步罢了，双方一时间竟然是僵持在半空中。

如此这般，控制的骷髅骑兵突然怒吼一声，身形迅速一散，直接化作漫天的黑雾包围了过来。黑雾遮天蔽日，墓穴里彻底没了光线，这下四象卫什么也看不到了，黑暗中只听得到处是嗡嗡嗡的轰鸣声，似乎不时还有电闪雷鸣之声传来，紧接着便是各锦衣卫的惨叫声，无数的活人被抽干成一堆僵尸。

墓穴之中混乱一片，人人逃窜自卫，白齐道：“法器已到手，我们赶快趁乱出去！”

“跟我来！”

眼前漆黑一片，谁也看不清道路在哪里，东西南北在何处也不能辨别，好在荆一飞眼神足够锐利，在这样无光的条件下还能依稀辨别出脚下的道路，她背起了受伤的秦明，带着一群人绕过层层阴兵缠绕的区域，快速地往地穴的出口跑去。

穿过十二神像的神道，再往前过了石桥，就可以顺利逃出地穴。

这距离并不算太远，却危机重重，果然众人刚过神道，就见前方的河水中有一阵剧烈的波动，黑色的河水就像沸腾了一样开始哗啦啦作响，荆一飞暗暗叫了声不好，果然一团团黑影再度从河水中漂了起来，黑影时聚时散，很快又化作了一群面目狰狞的守陵阴兵。

一对对黑漆漆、空洞洞的眼眶之中，散发着些许绿幽幽的光芒，这些阴兵浑身上下都有无数的东西在蠕动起伏着，就像无数吸血的蚊虫汇聚而成，古怪而骇人。为首的阴兵状如佝偻的僧人，他一见秦明等人过来了，突然尖啸了一声，带领兵着所有阴兵不由分说就冲了过来。

桀！桀！桀！

神道上尽是阴兵恐怖的笑声。

荆一飞毫不畏惧，伸手奋力一甩，七漩斧带着青光劈了过去，她的斧头又快又疾，可摧毁尖兵利器，但这些阴兵似乎没有什么实体，斧头飞旋了一圈，只是把它们稍稍打散了，很快这些散去的黑气就又汇聚了起来，阴兵再度呼啸而来。

现在秦明已重伤昏迷，白齐更是不能独当一面，荆一飞自然是担心他二人的安危，她大义凛然地站在二人跟前，死死地护住他们，大有一夫当关万夫莫开之势。

“滚开！”荆一飞怒喝了一声，再度甩动着手中的锁链，一招“徐如林”飞快地使了出来，玉锁连着斧头犹如层层山林拔地而起，设下了丛丛屏障，只是这锁链再快、屏障再密也有缝隙，黑雾无孔不入，很快穿透了荆一飞的防阵。

阴寒透骨！

这是荆一飞的第一感受，仿佛置身严寒地狱。

死亡的气息！

这是荆一飞的第二个感受！黑雾就像是被囚禁了上千年的恶鬼一样扑面而来，叫人触之又冷又麻，甚至忍不住心生无端的恐慌！哪怕你现在视死如归，你也会不由自主地害怕恐惧！虽然荆一飞的肉体还未被吞噬，但她却开始清晰地觉察到，这些东西会从毛孔开始钻入自己的身体，而后破开血肉，不断地吸食精血水分，它们很饥渴，就像永远吃不饱的饿死鬼一样，会贪婪地吸食着能遇到的一切元气，她荆一飞很快就会被吸干血液、吸干水分，最后变成一具硬邦邦毫无生气的干尸，这过程之快，甚至会在自己完全脱水后，还残留有一些意识。

这就是这些阴兵的威力吗？！

第五十五章　白衣的少年

黑雾已经在荆一飞的眼前凝结，重新化作了一具消瘦的人形，这个人影与方才那些将士模样的阴兵大为不同，这次化作的是一个干枯的穿着长袍的黑影，它看起来很苍老，也很阴郁，浑身都笼罩在暗影之中。可是荆一飞分明能察觉到这是一个老态龙钟的僧人，它咧开了嘴，凄厉地笑着，而后缓缓朝荆一飞飘去，只要黑影与肉体完全融合，荆一飞就将被这鬼物完全吞噬！

荆一飞想要挣扎反击，但不知为何突然浑身不能动弹，她觉得自己的手脚都开始发麻，似有千斤重一样，沉得难以想象，举都举不起来，她整个人就像案板上的鱼肉要任人宰割。这究竟是什么，为什么有这么恐怖的力量，难道真的是沉寂在墓穴中千年的阴兵？荆一飞这时才发现，自己面对这样未知的力量，还是如此渺小！如此柔弱！甚至如此不堪一击！

只怕，今夜他们所有的人都要葬身在这地穴之中，再也无人得知今日的真相了吧。

面对死亡，荆一飞突然心如明镜，也毫无恐惧之感，她向来不惧怕生死，只是她的手还是不自觉想要去护住秦明，她是怕这丢三落四的人要是失散在这黑漆漆的地方，就找不到来时的路了，若是能死在一起倒也没什么。

“不要！”身后的白齐突然闪了过来，他张开了双手，像一只大鸟一样死死地守护在荆一飞面前，白齐的身材不算高大，甚至可以说还有些瘦弱，但是他张开了双臂，尤其是原本扎紧的袖口松开了，整个人挡在荆一飞面前，却突然间也有了宽广的感觉。

白齐朝黑影大吼道：“不要伤害她！我求你不要伤害她！”

僵尸一般的老僧面目干枯似焦木，目光莹莹却如萤火，它缓缓而来，在白齐的面前终于停了下来，这老僧的双眼紧紧地盯着白齐，好像在质问他，你竟敢挡住我的去路，你怎么敢挡住我的路，你为何这么傻？！

荆一飞也愣了下，喝道：“白齐，别管我了，你自己快跑！”

白齐摇了摇头，他的眼神异常坚定，说实话相比荆一飞，白齐还算不得什么英雄好汉，至少他是怕死的！修炼阴阳术的人都希望延年益寿，都希望活得久一点再久一点，这样的人没有不怕死亡的，但是此刻他却毫无畏惧，当一个人觉得有些东西的重要性超过了自己性命，这生死也就没什么可惧怕的。

现在，他就是想要保护这个人，他不希望荆一飞有任何的事情，尤其是死在这老僧的手里，若是其他人，他可能毫无办法，但是似乎对这恶鬼一般的老僧，他想要求得一线生机。

一人一影已经隔得很近了，二人面对面对峙，眼神都是愤怒而执着，良久，那老僧的目光终于慢慢地转为柔和，他的表情是一片黑雾，看不清太多的细节，只是大家分明看到了这黑雾叹了一口气，而后开口说话了，这声音空荡荡地就像从很远的地方传了过来：“白齐，难道你也看不透这世间的情字吗？我很早以前就告诉你了，这是大忌！”

白齐用力地摇头道：“我看不明白！我也不想看透，我现在只求你不要伤害她！”他的声音已经是低微得像在乞求。

“愚蠢，让开！”老僧见此，再度勃然大怒，他甚至陡然提高了声调来呵斥他，显然他觉得白齐的表现太让他失望了。

但是白齐还是摇了摇头，依旧寸步不让。

“你，冥顽不灵！”老僧的脸瞬间变得更加扭曲而恐怖，甚至还带着一丝愤怒和不解，他猛地伸手一拍，长袖化作了巨大的利爪想要将这几个人一并拿下，可是这一掌终究是悬在半空中，有些拍不下来。

白齐道：“你杀了我吧，若可以放过一飞和秦明。”

老僧怒极反笑，只是他笑得虽凄厉，这利爪始终是不能按下。

白齐自己跪了下来，趴在地上道：“请师父成全！”

这话一出，荆一飞立即大惊失色，这恶鬼是姚广孝所化？！那这阴兵岂不是都是他召唤过来的……

这姚广孝不仅想杀汉王、纪纲等人，刚才还想杀了荆一飞、秦明，这人如此心狠手辣究竟想做什么？！

就在场面一度冷凝之际，背后的玄门六子突然狂奔而来，大叫道：“禀报师尊，大事不好了！纪纲逃跑了！”

果然，纪纲、胡狄等人在四象卫的掩护下，趁着姚广孝要杀荆一飞和秦明的空当，已经朝地穴之外狂奔而去，姚广孝十分愤怒，一震长袖，整个人轰的一声化作黑雾朝纪纲追去，很显然，他决不能让锦衣卫的人活着离开太阴穴，今夜这一战涉及了太子、汉王的太多秘密，若是纪纲活着出去，对所有人来说都是个巨大的威胁！此人非杀不可！

姚广孝决心击杀纪纲，但纪纲也不是泛泛之辈。

他的武功虽然未入风物榜排名，但并非他实力不济，而是一方面他非江湖人士，未曾涉足江湖世事。另一方面，纪纲曾改名换姓，担任锦衣卫指挥使一职后，就极少出手，所以很多人对他真正的实力根本不了解，他的实力与朱高煦、魏东侯是不分伯仲的，而且他还有一把足以令人胆寒的杀人利器，这利器是号称第一暗杀神兵，藏锋的克星。

眼见姚广孝化作漫天的黑雾飞来，纪纲也不逃窜了，他立定了身姿，突然弹出一道火折，火折在内力的催动下，在空中猛地爆燃起来，小小的火折化作一团火球将整个太阴穴都照亮了起来，而后他单手在腰间猛地一拍，弹出一条闪电般的细剑，剑细如柳丝，色亮如白银，长约四尺有余，正是纪纲的贴身软剑，天下最灵活的神兵，风物榜上十大神兵排名第二的七决剑！

七决剑软如鞭，柔如丝，又锋利无比，正是软剑之中的极致！

当年，姚广孝带六名杀手入皇城暗杀朱允炆，面对岳松攻无不克的分金掌，只有纪纲的七决剑能够克住他，七剑连环，杀机连绵，最终重挫对手，逼退了建文帝的六侍。

此刻，他奋力搅动软剑，剑身越舞越长，到最后好像一条银色的长鞭在空中呼呼生风，这长剑带着火花四处飞击，竟然叫漫天的黑影都不能靠近分毫，无数黑影飞舞过来被剑锋火星所破，瞬间化作一抹抹黑尘散落下来。

纪纲冷笑道："老鬼，我猜就是你的五大螟术！昔日你以火螟烧了丰天大殿，后又以雷螟制造雷火案，现在还想以幽螟制造的所谓阴兵来吓唬我吗？！把我纪纲当作无知小辈吗？！"

世人都知道姚广孝学贯佛道，精通阴阳之术，权谋术数更是天下第一人，只是外人极少知道这老和尚还有一招最厉害的秘术，他靠着这招秘术多次呼风唤雨，更改战局，令对手死无葬身之地。

这秘术便是五大螟术！

螟虫有五行之分，雷、幽、火、灵、风，昔日在琉璃塔顶徘徊的黑色螟蛾叫作雷螟，这螟虫聚集时形如乌云，声若雷声滚滚，更主要的是雷螟的翅膀上有一层薄薄的白粉，这白粉抖散在空气中极易引发爆炸，声若震雷，让人觉得像遭了雷击一样，所以严格意义上说，这雷火案并非纯粹是七煞门所为，其中有一半的功劳要归功于姚广孝，或者说是太子朱高炽。毕竟七煞门只是单纯的想要盗取法器，改变六脉法阵，而太子却责令姚广孝故意制造爆炸案，让这盗宝行动公之于世，引起朱棣的注意，从这件事，足可见太子朱高炽也并非善辈！

而现在太阴穴内出现的犹如黑雾一般盘旋的螟虫称为幽螟，在五行中属癸水，性极寒，能吞噬吸收所有的阳力，一旦靠近生人，瞬间就会把人吸干成一具毫无生气的僵尸。姚广孝本想利用幽螟聚集成所谓的守陵阴兵将这些人全部击杀在太阴穴里，彻底封锁这一消息，但不想他还是低估了纪纲这人的实力。

锦衣卫里有太多的奇人异士，没有了光线，他们有嗅觉灵敏的鼠探来开道带路；水火侵吞，他还有防御力超强的四象卫可以抵挡；长兵短剑来袭，则有胡狄、鸩使、画押、力士等一干好手相抗衡。最关键的是，纪纲个人的实力也绝不逊色于朱高煦、魏东侯等人，单凭姚广孝一人还真没有十足的把握杀了纪纲。

老僧的影子飞击上前，仍欲做最后一搏，但身后的锦衣卫及时飞出几枚火弹，纪纲长剑顺势一击，团团火焰爆裂而出，剑身连着火星空中漫卷，画出了一面浩大的火云图，火云如阵法一般直接锁住了去路，黑雾飞击而来，再次无功而返。

纪纲一招退敌，也不恋战，大喝道："我等不必再战，速速撤退！"

锦衣卫仓皇而出，很快便消失在出口处。

这些阴兵追击了一半眼见杀敌无望，又折了回来，只是这次所有的黑雾都慢慢汇聚到石桥之下，收入一黑袍老人的袖口之中。这黑袍老人的身份不必多说，自然是当朝大名鼎鼎的太子少师、永乐第一谋士姚广孝。

除了昏迷不醒的第七子外，其他玄门六子立即俯拜在地，高喝道："弟子拜见师尊，弟子无能，未能擒敌，还望师尊恕罪！"

姚广孝冷哼一声道："何止无能，简直是误了大事！"

他顺手一点，一道黑气飞入第七子的眉心，这人终于啊了一声，惊醒了过来。

这人醒了之后，一看见姚广孝就吓得急忙跪在地上，头都不敢抬起来，其他六子深知今日未能擒敌已是犯了大错，一个个更加卖力地磕头，只磕得地板砰砰作响，额头血红一片，也不敢停下来。

姚广孝摆了摆手，叹气道："罢了！罢了！此行我早给自己算了一卦，卦中卯冲酉，巳亥冲，乃是外盛内衰、利害混集、得而复失之象！我早知此行是弊大于利，只是若我等不来，却是有百害而无一利，此乃天命也……"

他盯了一眼白齐，冷冷道："你空有天赋，却心慈手软，只怕日后要更添麻烦！"白齐早已合了扇子，低着头一句话不敢多说，只是他虽然低着头，身子却还是挡在荆一飞的前面，生怕自己的师父一个念头转变就要杀了这女子，姚广孝如何看不出来，一时间是又心疼又气恼，他终于摇了摇头，叹气道："你们几个想要活命的话，五更天到六相司来见我，我有事情交办你们！"

说罢，他自己化作一股黑烟消失不见，身后的玄门七子带着六件法器和受伤昏迷的魏东侯，也急忙追了出去，生怕晚了片刻就要遭到姚广孝的惩戒。

第五十六章　坦诚相见

锦衣卫的人逃了，姚广孝和玄门六子也走了。这洞穴之中，又恢复了一片沉寂，方才还是杀声震天，尖啸连连，只是一眨眼间，就好似人去楼空，静如深海。

白齐呆呆地望着出口，脸色微微发白，像足了一只惊慌失措的小白兔。

他慌的不是前途未卜，不是姚广孝警告他的日后更添麻烦，他慌的是自己身份的暴露，现在不知如何面对荆一飞和秦明。

秦明失血过多，虽然荆一飞暂时用玉肌膏药给他止住了血，但是这人早已昏迷过去，只是偶尔说几声呓语，似有些痛苦难挨。

如今，这地穴内清醒的，只剩下荆一飞和白齐，二人终于要坦诚相见。

气氛一时间有些尴尬，自古男女之事本就十分隐晦，都是欲说还休，白齐方才一心守护，已经赤裸裸地将自己的爱慕之心表达得淋漓尽致，荆一飞这么眼明耳聪不可能看不出来，只是眼下相比白齐的爱慕，还有另一件事让荆一飞更震惊，她率先打破僵局，问道："所以，你的真实身份是姚广孝的徒弟！"

白齐心中咯噔了一下，他心想该来的终于还是要来了，他不想逃避，也无法逃避，刚才姚广孝的一番话，任何有点辨识能力的人都能猜出他二人的关系，所以白齐直接点了点头，表示了认同。术法通天的姚广孝也是拥有四魂七魄阴阳心的人，他的双重性格，乃是佛道双性，一个是道教太清派掌门人贺知之，主杀戮，只收了白齐这个徒弟，另一个是佛教的独庵老人，主归隐，收了另外两位徒弟，这两位徒弟都是当朝极有权势的人。姚广孝身怀双性，年轻时虽是和尚，却崇尚诡道的杀伐决断，决心要成就一番大事业，但他又觉杀戮与佛性相违背，所以就自己造出第二个身份，贺知之，以杀戮入道，只可惜这杀戮之道却带出了一个生性善良的白齐，而讲究归隐和善的独庵老人却带出了两个勇猛的弟子，想来真是讽刺！

白齐的身份终于被揭晓了，荆一飞叹了一口气道：“其实我早该猜出的，六合坊内，你能那么快得破除六公子的魔术，身份就该是大不一般。”

白齐努了努嘴，有些欲言又止道：“其实那次，我……”

荆一飞打断他道：“你不必说，我早知道了，那次是你故意与六公子串通了来试探我的是吗？你暗中与六公子达成协议，他送我们灵龟，而你就带我去他早已设置好的幻境中，六公子喜欢我，他想知道我内心深处到底有没有他，只可惜这结果好像并没有让他如意。”

白齐惊讶道：“你……你都知道了！”

荆一飞笑了一声道：“我荆一飞乃是兵马司的百户，你们的一举一动我自然都看在眼里，那日你说给我们制作了专门防止六合香的面罩，其实你是把六合香粉缝在了面罩之中，所以我们三人在围墙上就入了魔术幻境，我一开始并未察觉，可是等我看到了六公子，我就一切都明白了，因为他看我时眼神根本不会骗人，我能清清楚楚地看清他心里想的一切，所以我知道了你们的交易。”

白齐面色更加尴尬，低头道：“一飞，对不起！我不该骗你，其实我……”

白齐原本想说，其实他愿意和六公子达成这个协议，并非纯粹出于置换灵龟这一目的，其实他也喜欢荆一飞，他也想看看荆一飞的内心深处，只是这话他终究是不能说出口。

荆一飞面色已有几分凄然道：“白齐，你我各为其主罢了，有什么对得起对不起的。我知道你入金吾卫肯定是姚少师的安排，我暂时不知道你有何意图，今天我也不想多问，我也暂时不会告诉魏大人你的身份，只是希望有朝一日，各有天命时，可以不必拔刀相向！”

荆一飞说完，自己背着秦明离开了。

白齐呆呆地站在地穴内，他觉得自己离这个女子越来越远了。

他曾那么近地靠近过她，见过她的杀伐决断，看过她的重情重义，他觉得这样的女子太特别了，跟京城中锦衣玉食、绫罗加身的千金小姐大不一样了，她不是娇滴滴的公主，不需要男人的守护，她就像干脆利落的一阵风一团火，就像一只高高飞翔的孤独的鹰，可是白齐从第一眼看到荆一飞起，就偏偏喜欢她，喜欢她所有的一切。

可是现在，白齐知道，他永远也不可能再和荆一飞在一起了。

其实，从一开始，白齐就知道，以他二人的身份，他是永远不可能跟荆一飞在一起的，因为姚广孝要白齐刺探的不是别人，正是对荆一飞如师如父的魏东侯！

可是，明知结果如此，自己还是深陷了进去。

情一个字，只会让越聪明的人越糊涂，越着迷。

白齐呆呆地翻动着手中的扇子，有泪在眼眶里打转，只是这眼泪还未流出，他突然自顾自地笑了起来："白齐，你看你这么傻，不如让我来控制你好不好？让我替师父早日完成心愿吧！"

六相司内，六件法器整整齐齐地摆放在桃树下。

天宗穴内的鎏金塔，地泉穴内的青玉塔，龙盘穴内的白银塔，虎踞穴内的琥珀塔，阳明穴内的赤铜塔，以及太阴穴内的象牙塔，六件法器各由不同的材质或铸造或雕琢而成，每一件都是精细繁复、精美绝伦，便是在黑夜里也都是莹莹生光，显露出与众不同的气质。

所有人围着法器环立一周，秦明在祝由师宋云的治疗下，也逐渐清醒了过来，此刻，他与姚广孝、魏东侯、荆一飞、秦明、白齐一道，绕着桃树而立，而玄门七子和六相司其他人依旧守在门外。

此时虽然已近天亮，但在影障的掩护下，院子里依旧黑暗如墨，似乎看不清各自的脸，所有人都只是静静矗立，没有一个人率先说话。

为了这六件法器，这些人几乎数次丧命，可以说是倾尽了全力，但如今这些东西真的就摆在了眼前，众人反而觉得不知道它们有什么用处，秦明更是觉得，不知道这两个多月，自己经历的腥风血雨是为了什么。

姚广孝的最终出马，既是意料之外也在意料之中，不知道这形容枯槁的老和尚究竟想做什么。良久，魏东侯率先试探道："如今六件法器已全部得手，却不知下一步姚少师要如何安排？"

姚广孝并未回答魏东侯的问题，他独自沉吟，过了许久突然道："此事只怕凶大于吉，这法器是留不得了。"

魏东侯愣了下，又问道："少师的意思是？"

姚广孝反问道："如今纪纲逃了，你说明日他会怎么做？"

魏东侯想了想，道："以纪纲的性子，明日必然是跟皇上禀报，说我们拿到了风水六脉大阵的法器，隐瞒不报、欺君罔上乃是大罪！"

姚广孝点头道："不错，皇上一旦知道了此事，我等留着这法器便是留着罪证，你说这是凶还是吉？”

这六脉风水大阵十分隐秘，朱棣未曾见过，也未曾获悉过太多这方面的消息，毕竟他没有能得到朱元璋的授权，是篡位朱允炆得来的皇位，所以一直很忌讳有人说他的皇位来路不正，其他人就算有听闻这些消息的，也从不敢与他深入讨论此事。

现在这六脉风水大阵真的现世了，就连六件主导风水大阵的法器都找到了，这情景可就不一样，若是纪纲明日上朝说姚广孝意图拥立太子谋反，暗中查找风水大阵的消息，并且如今六件法器已完全得手，这可就是弥天大罪！毕竟风水大阵事关大明江山，得法器者与得玉玺者有着一样的意义，试问一个谋士私藏玉玺，这不是意图谋反还是什么？

姚广孝虽然与朱棣是生死之交，平日里对姚广孝也信任有加，甚至多次公开发话不以君臣之礼相待。但是毕竟君是君，臣是臣，二者之间始终有着不可逾越的鸿沟，想当年刘伯温不一样是朱元璋的左臂右膀，不也一样替朱元璋打下了万里河山，可最后却落得个被赐毒酒的下场。

自古伴君如伴虎，这在任何一个朝代，面对任何一个君王都不会改变。

姚广孝对朱棣太了解了，这人太多疑、太谨慎了！若是朱棣知道了这件事，就算他姚广孝的性命能保全，但太子的皇位基本上就岌岌可危了，这可有违他此次介入的目的。他仰天叹气道：“太阴穴内，我本欲杀你们灭口，彻底封锁这些事情，如今事出有变，我杀了你们也没用了，相反你我几人已在一条战船上同生共死，想来真是讽刺，但却也是天意啊！”

魏东侯问道：“如今情景，不知少师要怎么应付汉王和纪纲？”

地穴内，慌乱之中，众人只盯着半路杀出的锦衣卫，却完全忽视了朱高煦，这人虽然受了伤，但料想以他的本事，早已趁乱逃了出去了。姚广孝道：“汉王那边不足为惧，此事皆是因他而起，他必然不敢多说什么。倒是纪纲，确实有些棘手，此人相貌阴狠，一派狼子野心，必然有更大的企图！这样，明日一早，我便带着六件法器上朝，我们不如抢先一步自己去与皇上说明情况！”

众人皆是一惊，这姚广孝要跟皇上主动汇报六脉风水大阵的事？那岂不是把众人的所作所为都告知皇上，这可不是自投罗网？！

姚广孝嘿嘿笑道：“放心，此事我自有分寸！魏大人，七煞门人的尸体还在太阴穴中，我劝你趁天色还未大亮，将那里处理干净，明日一早，趁机将此案一并汇报，也解了你头上悬着的尚方宝剑！”

魏东侯点头道：“谢姚少师指点！”

姚广孝道：“这不是指点，而是你我只能同仇敌忾了。”

说罢，他自己推门而出，院子上空的影障逐渐撤去，天边已经微微有些发白，看来留给魏东侯的时间也不多了，他也来不及安排其他人，带着荆一飞、阿福、宋云、南淮安等人急急忙忙就往孝陵再度赶去。

第五十八章　阻挠

翌日，朱高煦、魏东侯、纪纲、荆一飞、白齐等人皆是第一时间就到了皇城门口。

此时天色已完全大亮，承天门半里外的路口，这几个人几乎同一时间碰到了一起，互相望了几眼，神情都极为复杂。昨夜，这些人都还在竭尽所能拼命厮杀，几乎是恨不得将对方碾成肉泥，但今早却要一副衣冠楚楚，甚至见了面还要假惺惺地互相点头示意，想来也是十分滑稽。

刚施完礼，纪纲就冷笑一声，率先发话道："汉王和魏大人今日的气色都不太好啊，怎么受伤了吗？"

朱高煦哼了下，顺手裹紧了衣袍，道："本王不过是练功过度，不慎伤了经脉罢了，过几日便好了，不扰纪大人担心。"

魏东侯伤得更重，他苍白的脸色是丝毫无法掩盖，口中更是连连咳嗽，只是即便这样也得撒谎道："身为禁军哪有不受伤的道理，一些皮肉之伤，不足挂齿！"

纪纲讥讽道："皮肉之伤好治，只怕是伤了内里就难愈了！王爷，东西得而复失的感受恐怕很不好受吧？"

朱高煦并未接话，而是反问道："看纪大人的样子，如此兴致勃勃，可是有什么大喜事吗？不如说出来与大伙听听？"

朱高煦的副将在一旁立即冷笑道："锦衣卫的喜事可不就是他人的丧事？却不知纪大人这次又准备抄了哪个王公大臣的家？"

纪纲俯首道："不敢，只是锦衣卫有些急事需要向皇上禀报罢了。"

朱高煦高声道："正好，本王也有事要跟皇上禀报！"

魏东侯再次满脸堆笑道："既然大家都有事禀报，那正好一同进宫！"

纪纲比了个请的手势，朱高煦便大摇大摆率先进了皇宫，只是轮到纪纲时，荆一飞却横跨一步拦住了他，纪纲颇为愕然，他没想到这小小的金吾卫百户居然敢公开阻拦他一个锦衣卫指挥使。

荆一飞不客气道："魏大人说了一起进宫，但可惜这事也有个先来后到，王爷早来一步，魏大人次之，而纪大人又次之，那不如就按先后顺序，请纪大人先在此等候片刻如何？魏大人先请吧！"

纪纲身后的胡狄大怒道："你个小小的金吾卫也敢阻拦我锦衣卫的去路？！"

荆一飞冷笑一声道："并非阻拦，只是叫你们排队候着！"

魏东侯低声道："一飞，只是拦着片刻就成，不必大动干戈，切记！"

说罢，他也进了皇宫，现在大家只把纪纲给拦了下来。纪纲瞬间明白了这荆一飞的意思，她想故意阻挠自己进宫禀报昨夜的事，这等拙劣的手段他如何能忍，他的眼神倏地凌厉了起来，恶狠狠道："荆一飞，单凭你也想挡我纪纲的去路吗？！"

荆一飞冷笑了起来："你我井水不犯河水，何来挡一个字，纪大人这话说得便是太难听了。再过半个时辰，纪大人想进就进，想出就出，一飞丝毫不会挡你半步。不过现在，就真不好意思了！"

胡狄怒叱道："荆一飞，你这是以下犯上！想找死吗！"

所有人的锦衣卫都围了上前，荆一飞毫不畏惧，她看纪纲的眼中也蓦地升腾起一股怒火，这怒火似乎是隐藏已久，恨不得将纪纲撕碎的仇恨，她冷冰冰道："看样子，纪大人想在皇城门口与我过过手吗？"

纪纲冷笑道："我可没那么蠢，在承天门外跟你一个小小百户打架，不过我纪纲想进这个门，你荆一飞未必还拦得住！"

纪纲正欲强行绕道进门，白齐突然拍了拍手，道路上瞬间出现了七名身着白衣的术士，正是玄门七子，这七个人齐声喝了一声："设障！"

七个卷轴一展，七道亮白色的纱幔飞舞而出，这白纱如烟如云，在日光的反射下晶晶发亮，就像是路面反光一样，白纱围卷，瞬间就将这几十个人困在其中，众人的身边仿佛起了一层白雾一般。第一子道："荆大人，我等已设下日光障，附近的侍卫暂时是不会察觉到我们。"

荆一飞道："纪大人，现在你可以放心动手了！"

纪纲冷笑道："荆一飞，你真是太不知天高地厚了！竟敢逼我出手，不过这可是你们自找的，今日我纪纲就提着你们几个的人头进宫！"

日光障之中，金吾卫这边有荆一飞、宋云、白齐等十人，纪纲身后亦有胡狄、鸩使等十余名高手，由于要入宫面圣，锦衣卫的人都未曾挟带显眼的兵器，几乎都是赤手空拳。

但未带兵器不代表就没有了杀人利器，胡狄率先一拍，一团蛛丝飞舞而出，直接朝这些人罩了过来，只可惜他有蛛丝，而白齐亦有烛龙丝，手足飞舞间，一道烛龙丝阵就立了下来，这蛛丝被烛龙丝一挡，立即就缠绕其上，不能再进前半步。

鼠探见状，正欲上前钩开丝阵，但宋枫已经拔刀上前，一招流云斩就劈了过来。

宋枫的刀法师从大明五大刀法之一，云刀。

所谓云刀，用刀如风云变幻，讲究飘逸洒脱，静如处子，动若脱兔，若说荆一飞是兵马司的第一高手，那宋枫应该就是兵马司的第二高手了，尤其是他的刀法这几年在魏东侯的指点下更加精进，已然是一流高手的水准。

这第一招流云斩直接劈了过来，刀破长空，呼啦作响，竟带出风雷之势，吓得鼠探直接抱头一滚，险险地躲了过去。

宋枫也不乘势追击，只是收了自己的钢刀，露出一脸不屑的表情。……

纪纲冷笑道："好俊的刀法，原来魏东侯早有准备，要你们带了兵器就是要在这拦我！不过，再好的刀法在我纪纲面前，那都是一块废铁！"

他的右手轻轻地触碰着自己的腰带，现在是白天，大家终于看清了这个人的腰带上有一银白色的饕餮兽面，这饕餮兽面内藏着的正是他的杀器七决剑，此剑软韧如丝，诡谲锋锐，出鞘必要见血封侯，几乎是无人能挡，眼见纪纲摸着腰带，所有人都屏住了呼吸，准备迎接他这凌厉的一剑。

宋枫更是握紧了钢刀，嘀咕道："嘿嘿，传说中的七决……"

但不想纪纲未必出剑，而是手指一用力，随手从衣服上撕下的一条锦缎，口中喝道："杀你们几个，还不需要我的七决剑！这条锦布足矣！"纪纲单手一抖，这锦缎突然挺直了起来，他再一抖，这布匹就有了灵性，宛如五彩毒蛇一样开始蜿蜒而起，大伙只知道这人擅用软剑，却不知道他驾驭起这类软物都是一样得心应手，几乎可以拾任何一物杀人！

锦缎就像一柄色彩斑斓的软剑刺来，宋枫率先出击，他凌空一跃，空中接连斩出三刀，刀式带出薄薄的白影，真有几分流云变幻的感觉。

以锦缎对钢刀，按理说这布料必断无疑，但纪纲以内力灌输到锦缎内，这四尺五寸的锦缎就像五彩软金一样坚不可摧，啪的一声，锦缎直接弹开了三把刀影，这一击犹如凌空打散了云雾，宋枫持刀再来，这一次是回身一劈，刀如霹雳惊鸿而来，纪纲身子都未动，只是再甩锦缎，这一次直接就将宋枫的钢刀缠绕起来，宋枫急忙想要抽回刀势，但不想纪纲用力一扯，喝了声："破刃！"

锦缎猛地收紧交错，嘭！钢刀立即断成五六节！

纪纲嘴角微微扬起，显然这一战对他来说太轻松了，他鼻翼一抖，开始主动出招了，这一次他锦缎一卷，直接化作一条锦枪直插宋枫而去，宋枫重心未收，人还未站稳，根本无处可躲，眼看这一招是躲不过去了，荆一飞急忙御斧而上，青色光芒高速旋转，瞬间转为血红！

正是侵如火式！

荆一飞的招法未必比宋枫高明多少，但荆一飞的杀意和出招的决绝却是宋枫望尘莫及！这便是二人最大的差距，眼下这一招侵如火，确实有不管不顾，侵吞如火的架势！斧势奔袭而来，好似要开山辟地一样！

玉斧、锦缎交碰在一起！嘶啦！

这锦缎终于被荆一飞撕裂了一个口子，纪纲还欲故技重施，缠住玉斧，但不想荆一飞身子一晃，却是另一招疾如风式！回风斩！

一人化作两影，两把斧头交错，锦缎彻底被撕裂成碎片！

这力道回震，纪纲急忙脱手，脸色颇有几分尴尬，荆一飞冷艳道："承让了！"

纪纲的武功虽高，但想要以锦缎为武器击败荆一飞确实不大可能，他面色阴骘道："你的本事倒是精进了！看来魏东侯没少指点你！不过……"他单手一拍，腰间突然一道银光一闪，杀人无数的七决剑便弹了出来，这剑是与饕餮兽首连在一起的，兽首套在他的手上，剑身犹如软鞭一样的银剑蜿蜒而出，好似一条杀人不眨眼的毒蛇。

七决剑一上手，四周骤地一寒！只见杀气纵横，鼓得四周的日光障不住地摇晃。

这剑招还未出手，突然玄门七子齐齐收了纱障，阳光再次透了进来，纪纲只觉得眼前一白，他担心荆一飞趁机攻击自己，急忙御剑循着声音和影子刺了过去，只是这一剑还未完全刺出，就听得一声稚气的怒喝声："纪大人快住手！”

他心里一惊，急忙收剑，却将不远处正站着一个十多岁的少年，正是皇孙朱瞻基。

朱瞻基横眉怒目道：“纪大人不知道入皇城不可挟带兵器吗？怎么，如今不仅在腰间夹藏利器，还用这剑对着我，不知是何居心！”

纪纲急忙收剑俯首道：“纪纲绝非有意拔剑对准圣孙，只是这些金吾卫的人胡搅蛮缠，我这才拔剑相迎，还请圣孙恕罪！”

朱瞻基指了指荆一飞等人道：“我倒未曾见到金吾卫有何不妥举动，只是一来便见你拔剑要杀人，这还需抵赖？”

此刻，荆一飞、宋枫等人早已收了兵器站立一旁，哪里还有什么恶斗的痕迹，白齐道：“禀圣孙，我等在此等候魏大人，无意间看见纪大人腰中藏有软剑，特意提醒，却不想纪大人误解了属下的意思，恼羞成怒，愤而拔剑，差点误伤了我们……”

“纪大人，这可是实情？！”朱瞻基瞪着圆溜溜的大眼睛怒喝道。

纪纲终于明白了这些人早就串通好了，故意在此设下圈套阻挠他进宫，现在这时辰一耽搁，只怕太子、姚广孝等人早就见到皇上，把事情圆得滴水不漏了，自己延误了时机，就算再入宫又有何用？！

他摇头长叹道：“罢了！罢了！天不助我！回锦衣卫再说吧！”纪纲也不再理这几个人，自己拂袖便往锦衣卫所走去，一副垂头丧气的模样。

第五十九章　遴选大国师

皇城，文华殿内。

太子、姚广孝早已捷足先登，向朱棣禀报了六脉风水大阵一事。

姚广孝道：“昔年太祖登基时，曾安排刘军师和六位天师暗中做法，在金陵城内设下天、地、龙、虎、阴、阳六座法阵，这六座法阵皆是以城内的龙脉穴眼为基础，旨在巩固南京城的风水，破除国祚不永的魔咒。只可惜，六年前，这风水大阵的秘密与除君朱允炆一起葬身在火海之中，再也无人得知。前些日子，贫僧夜观星象，见星宫有异，乃是金龙吐珠之象，这六珠对照六处，正是昔年刘军师所设的六个穴眼。贫僧本欲提前向皇上禀报此事，但太子觉得此时暂无定论，皇上日理万机，切不可随意扰了皇上的心神，所以命贫僧暗中细察，调查清楚后再与皇上禀报。贫僧在调查中，恰巧获悉有数名奸党组成一江湖门派，名曰七煞门，意图毁坏穴眼，盗取六座法器，贫僧情急之下斗胆决定将这法器暂时取出，保其安全，再提请皇上另择吉日重新设定此风水大阵！”

姚广孝编了个谎言，把这六件法器的来由经过简单地说了下，朱棣又问了些七煞门以及穴眼的问题，姚广孝早已做好了完全准备，自然是应答如流，他把这七煞门的罪责推给了建文旧臣，只说是这些人意图谋反，想要盗取法器，这理由既保全了朱高煦，避免他狗急跳墙，又给金吾卫和锦衣卫破了案了，最重要的是这理由最能令朱棣信服。

眼见这六件法器如数陈列眼前，朱棣自然是难掩震惊和兴奋之情。

他震惊的是，不承想当年刘伯温真的给朱元璋设下了这么一个复杂的风水大阵，这传言居然是真的。兴奋的自然是这风水大阵的六把密钥现在就摆在他眼前，他终于可以名正言顺地当他的大明皇帝，他大明的江山可以进一步地巩固了。

朱棣感叹道：“当年父皇登基，除了祭祀天地神灵外，确实有安排数名天师暗中做法，只是当时我等年幼，还不知道这是何缘故，现在想来，那必然是在登基之时一并设下风水大阵，以保我大明江山稳固！常言道，江山易改，风水易转，只有因时因地作出变化，才能确保龙脉绵绵不断，想来这刘军师当真是千古奇人哪！父皇得此良才真是万幸，朕能得少师这样的良才也一样是万幸！”

姚广孝俯首道：“贫僧只是尽了绵薄之力罢了！”

朱棣道：“我曾听闻，这六脉风水法阵有文武两大脉象，可是真的？”

姚广孝心中微微一惊，这朱棣竟然也知道这法阵可轮转文武两个脉象，他点了点头道：“皇上英明，正是如此。”

朱棣又继续问道：“那这原先设的可是文象？”

姚广孝唯有如实道：“法器皆在阴处，正是文象！”

朱棣道：“允炆贤侄好施仁政，设下文象也是理所应当，不过如今的大明正是开疆辟域之际，却该改为武象了！少师，这六脉穴眼如今可都健在？”

姚广孝道：“略有破损，但都可在数月内修缮完毕。”

朱棣道：“好！太子、少师寻得法器，查出六穴，此乃大功一件，本该重重奖赏，不过眼下既然已得法器，那便该尽快修缮穴眼，重启六脉风水大阵，护我大明安稳！”

太子和姚广孝皆俯首道：“必要护佑大明江山永固！”

这话刚说完，文华殿外就传来一低沉的声音：“父皇要重设六脉风水大阵，是不是要重新遴选国师开坛设阵才行？”

来人正是赶过来的汉王朱高煦，他几步跨入殿内，俯首道：“请父皇原谅儿臣不请自来！不过，此事关乎大明江山，儿臣得闻此事，不得不冒昧赶来进言几句！”

太子和姚广孝心里都咯噔一下，心想这朱高煦不知又要出什么主意。

朱高煦不请自来，还一来就问这么机密的大事，按理说乃是身为人臣的禁忌，但朱棣对自己的二儿子向来比较宽容，他问道：“煦儿有什么话尽管直说吧。”

朱高煦上前一步道：“儿臣听闻，开坛设阵，必要有德高望重的天师主持方能事半功倍，昔年太祖设下六脉风水大阵，便是请刘基军师主持的大事，如今父皇想要再现太祖的辉煌，必然也要恭请一位能力德品都举世无双之人才行，不然纵有六脉穴眼和法器，这作用发挥也不能十全十美！”

朱棣沉吟片刻，显然他是被朱高煦的这番说辞打动了。

这朱棣再厉害，先祖遗留下来的规矩他还是很重视的，而且最重要的是，他和朱元璋一样迷信，信入骨髓的深信不疑！所以选定一位可以守护六脉风水大阵的大国师就是理所当然的事了。他问道：“先帝请的是刘军师，那朱允炆呢？他请的是谁？好像并非正一派的张宇初真人？”

姚广孝道：“除君登基时，张宇初突感身体不适，一直抱病在床，没有参加仪式。不过，除君对外宣称是安排了张宇初主持祭祀大典，但暗中却是叫程济主持了设定六脉法阵一事！”

“程济？”朱棣的记忆力显然很好，立即问道：“可是关押在天牢里那个死侍？”

朱高煦道：“正是，此妖人当时职务虽轻，但精通邪法，本事可不小，当年就是他夜观天象，上书说北方将有兵事，一举赢得了朱允炆的信任！不过我听宫中传闻，这妖道曾说自己一生杀戮太重，身上戾气难消，恐怕难以担负此任，他多次劝朱允炆安排更有德望的天师设阵，但朱允炆考虑到六脉风水大阵关乎自己江山，事出机密，不肯再请其他道人助阵，所以执意安排程济去主持此项工作，果然在法器入阵时，天现异象，京城突然晴空霹雳，过几日长江之中更是出现层层死鱼，臭不可闻，被认为是大不祥之兆。”

朱允炆登基时，天现霹雳，长江死鱼这些事朱棣都是知道的，程济这个人他也是亲自审问过的，当年这妖道亲自设下惊天秘术，将朱允炆和整个奉天大殿都变不见了，留下了这一大谜案，叫朱棣穷尽一生都不能释然。只是这程济自从被抓后，就一直低头不语，整个人形如僵尸，除了日常饮食外，几乎不做其他动作，任是姚广孝、锦衣卫如何拷问都是只字不说，简直令人匪夷所思！

姚广孝突然觉得：这个程济是不是哪里出了问题？

这老和尚正沉思着，一旁的朱高煦却再次重申道：“儿臣以为，若要保得我大明江山永固，光有这六脉法阵还不行，必须要选一名德高望重的大国师主持大局才是！”

姚广孝猛地从自己的思绪中惊醒过来，程济……朱高煦……他终于知道朱高煦的真正目的所在了！这个人果然是不可能这么容易放弃。

朱高煦的目的是怂恿朱棣重新遴选一名大国师来设立法阵，这大国师自然是要德高望重、道法卓绝的，如今正一教第四十三代天师张宇初已然年迈，不可能再担负这么重大的活动，而他姚广孝虽然也是僧人，但姚广孝一生喜好杀戮，双手沾满的血腥比程济只会有过之而无不及，这样的人也不可能来担任大国师一职，朱高煦绕了一圈就是想要告诉朱棣，姚广孝也不合适，那还有谁能胜任这一重任？一定是朱高煦已经有了自己的人选了！

朱棣开始问道："设立六脉法阵非同小可，确实需要一名德高望重的法师才行，这人不但要道法高超，德品也要过硬，却不知诸位爱卿有什么建议没有？"

姚广孝一下子犯难了，自己的弟子虽有很出色的，可是当选大国师只怕还……朱高煦却笑了笑道："儿臣倒有个人选，可向父王推荐！"

"果然！"姚广孝心里暗叫道，"这汉王可真是打的一手好牌。"

朱棣大喜道："是谁？"

朱高煦道："武当祖师张三丰！儿臣听闻，张真人近日一直在武当山附近出没，父皇不如邀请他来给我们主持大局，大事必然可成！"

朱棣心中狂喜，当年他父亲朱元璋想要请张三丰都请不来，无奈之下才换成了正一派的张正常，若是自己能请来张三丰，那可不是做到了朱元璋都做不到的事！对朱棣这样有远大目标的人来说，没有什么比超越自己父亲更值得兴奋的事了！他当即道："这个提议妙！若是张真人真的在武当山，那必要请他进京一见才是！只是这张真人生性寡居，若是他不来，该当如何是好？"

朱高煦道："可请张宇初真人率领三百道童带厚礼前去武当山恭请，并告诉他们，若是张真人能下山，皇上便奉张真人为护国大法师，并铸他金身神像，兴建八百座武当山道观！"

朱棣哈哈笑道："妙！妙！速传谕旨，命正一教张宇初真人三日后率道童和贺礼去武当山诏请张三丰真人！"

御前太监立即躬身出了大殿，急急忙忙诏请张宇初去了。

此事争执许久，终于画下一个相对稳妥的句号，只是这朱高煦突然出现，提议张三丰来主持重设风水大阵显然是另有目的，朱高煦心中的人选必然不会是张三丰。众人出了文华殿，正欲分别时，姚广孝突然问道："汉王的建议果然深得皇上心意，此事若是能请来张真人自然最好，但若是张真人执意不肯出山，那该当如何是好？"

朱高煦笑道："皇上诚心相邀，这天下间哪有不识抬举的人，姚少师可不是多心了？”

姚广孝道：“非贫僧多心，只怕汉王心中早已另有计划了吧？”

朱高煦明知故问道：“本王不知道姚少师这话的意思！”

姚广孝嘿嘿笑道：“此事你知我知也就够了！六脉穴眼修葺至少需要三个月时间，这时间就让张宇初那老道辛苦一下，先去武当山走一遭吧。”

第六十章　风云将起

金吾卫大营，大校场。

兵马、机甲、幽潜、辟火、六相五司从百户以上人员，以及附近巡捕近千人皆一一在列，校场内虽未张灯结彩，擂鼓吹号，但气氛依旧十分庄重肃穆。七煞门一案到目前为止基本完结，幕后主使朱高煦虽未被擒，但朱高煦、姚广孝和魏东侯三方暗中达成协议，将鼠兵盗窃案、天降雷火案的罪责推给已死的七煞门徒，也算对皇上有了个交代，办案之人虽然都是以查明真相为目的，但身在官场有时身不由己，能这样结案也算是比较圆满了。

朱棣大喜，还下令赏赐金吾卫相关人员，这其中功劳最大的自然是荆一飞、秦明和白齐三人，秦明、白齐直接晋升总旗职务，荆一飞虽未晋升职务，但也得赏金百两，其余如阿福、宋云等人也多少有些赏赐，自然是皆大欢喜。

只是，有一个人除外，这人自然是辟火司的薛仁德。

大会开完，已是快近晌午时分，秦明大呼腹中饥饿，叫嚷着要荆一飞请客吃饭，荆一飞心情不错，也便应承下来，唯有白齐不知为何一直脸色不好，他推托自己身子不舒服，要提前回营歇息，众人见他脸色不好也不多挽留，而后秦明又喊了比较熟络的阿福、宋枫等人，一起出了金吾卫大门，径直往翠风阁行去。

众人行至洪武广场，眼看翠风阁就在眼前，却不想半空中落下一道人影，硬生生地堵住了去路。

来人伫立在一根石柱上，一身整齐的皂色长衫迎风飘扬，他束发背剑，身姿傲然，俨然一副高手的姿态，这人正是许久未见的蜀西十剑生，只见他金鸡独立，手捏剑诀，一脸杀气腾腾道："秦明，你个无耻小贼，还不给我快快站住！"

秦明抬头一见又是十剑生，下意识地护住自己的御剑指环道："怎么又是你，你这臭孔雀还阴魂不散了！”

十剑生喝道：“呔！你我大仇未了结，我蜀西十剑生今生若不杀你，还有何颜面闯荡武林，耀武中原！”

秦明仰天苦叫了一声，道：“你不要老是纠缠我不放，我今天一早就去开大会，这都站了一天没吃饭呢，对了，你怎么不去找七煞门主啊，他可是杀了你师叔，赶快去找他报仇！”

十剑生原本满脸怒容，这会一听这话立马又多了几分不屑和鄙夷，他愤愤道：“你这人满口谎话，简直没有一句真话，当真是我见过最无耻的人，我早已查明杀我师父的人根本就不是什么七煞门主，而是你们金吾卫的指挥使，魏东侯！”

这话一出，所有人都被惊得一震，尤其是宋枫等人更是不明所以，这魏东侯怎么就成了杀人凶手？

十剑生哼哼两声，从怀中掏出一张纸，这纸面金灿灿的十分特别，正是金雀堂纸。

“风物榜？！”秦明和荆一飞几乎是同一时间脱口而出。

“不错！正是最新一期的风物榜！”十剑生得意地摇了摇风物榜道，“你们不知道前些日子昏鸦林内又张贴出了新的风物榜吗？这次终于让我得手了，这第五名分明写的是魏东侯三个字，金纸显字，你们还要骗我说是什么七煞门的人，可不是太不要脸了！”

十剑生抖开了风物榜，果然上面显示出密密麻麻的字，第五名正是魏东侯。

荆一飞急忙解释道：“这其中只怕有些误会，蒋掌门原本是位列第五位，魏大人位列第六位，而杀他的七煞门主可是位列第四位，所以，除掉了蒋掌门，魏大人自动升了一位变成了第五。”

秦明也道：“对啊，这么简单的道理你怎么就不明白呢，所以说我根本就没骗你！”

十剑生翻过榜单又看了一眼，神情更加古怪，他似乎一时间有些尴尬不知道该说什么，只不过这尴尬维持了片刻，他就重重地呸了一声道：“厚颜无耻！厚颜无耻！当真还以为我是三岁小儿，你们到了现在还想骗我！什么排名第四的七煞门主，什么用鹤羽剑，这第四名明明是个叫什么秦明的家伙！这秦明是谁？可真是第一次听说，难不成这个用什么藏锋匕首的秦明就是七煞门主吗？！”

“啊？！”所有人都第一时间转头看着秦明，皆是难以置信，宋枫更是惊讶得下巴都快掉下来了：“你小子什么时候排名风物榜第四了？！你是不是买通了风物榜的人，专门给你加的名字？”

“这是假的吧，也太不靠谱了！”

“明显是假的，秦明怎么可能比魏大人武功还高！”

…… ……

秦明也是开始一脸愕然，他怎么知道自己就成了风物榜的第四名，鬼知道这个排名是谁排的，又是根据什么理论出来的，他现在居然比魏东侯还要高一个名次，仅次于武当祖师张三丰，传奇剑圣毕坤，以及太清派掌门人贺知之也就是当朝的姚广孝，这……这也太不可思议了，这完全就是超一流高手的段位啊！

他啊啊了两声，觉得这榜单估计也是个假货，但是一瞬间他突然想起在太阴穴内，自己断了朱高煦的鹤羽剑，还刺伤了他，难不成风物榜的人就这样认定自己击败了朱高煦？所以，自己真的把堂堂的汉王朱高煦给踢下了风物榜？！

“妈的！这些人的消息也太灵通了！”秦明一时间真是喜忧参半，喜的是现在他也威名赫赫了，江湖之中只怕过不了多久人人都要知道这个叫秦明的家伙，忧的是自己一下子排名这么高，只怕以后来找他麻烦的人会络绎不绝了，比如眼前的这个十剑生。

“这，这谁把消息透露出去的！是不是你们几个？！”秦明喝问道。

除了荆一飞哼了一声外，其余人都急忙退了几步摇了摇头。

秦明龇牙咧嘴道：“这，这让我如何接受呀！再打下去，我这都得超越张三丰了啊！”

“嗯？”半空中的十剑生终于察觉出了异样，他唰地收了风物榜，神色古怪地盯着秦明道，“难不成，你就是这个秦明？！”

一旁的宋枫打趣道：“怎么，你到现在都不知道他叫什么名字？”

十剑生怒喝道：“江湖中人，何其之多，一个无名小辈的名字我为何要去记住！只是我没想到，你修为平平，为何排名会这么高？！这！这……”

他略略沉吟片刻，突然一惊：“难不成，你身负绝学却一直不肯用，真是好可怕好有城府的对手！”

秦明咳咳两声，有些不好意思道：“一向如此，为人低调而已！并不足道！”

荆一飞忍不住翻起了白眼：“呸！”

石柱上，十剑生突然爽朗地大笑了起来：“好！甚好！既然你的排名这么高，又身怀绝学，杀魏东侯还不如杀你，这样看来，不如我直接挑战你好了！”

秦明愣了一下，一口血差点没喷出来：“为什么啊，你不是要找杀你师叔的人吗，我又没杀你师叔！你找不到七煞门主，找魏东侯也行啊！找我做什么？”

十剑生道：“我寻我师叔不过是为了击败他而已，如今你的排名比他还高，我打败了你，不就比我师叔还要高一个位置吗？此乃一举两得！我还找什么魏东侯，我自然直接找你了，择日不如撞日，你快出招吧！”说着，他就准备捏诀御剑而出。

秦明急忙摆手道：“等下！等下！今日我腹中饥饿，还没吃饭，这样对决可不是趁人不备，有失公允？料想阁下乃是名门之后，高手中的高手，品德更是高尚无双，岂能做这等无耻之事，不如这样，待我好好歇息两日，三日之后，你我在昏鸦林内一决胜负，不死不休！如何啊？”

十剑生沉吟片刻，点头道：“不错，我十剑生自然是不会做这等乘人之危的事，你提醒得很对，三日之约也不算长，我十剑生也等得起，但这次你可不要骗我！”

其他人一个个也是饿得前胸贴后背，又见这人啰啰唆唆迂腐不堪，巴不得赶紧把他赶走，自己先去吃饭再说，纷纷叫道：“堂堂金吾卫，怎么会做欺诈之事，我等都可做证，不得骗你！”

“这小子人品虽然不佳，但有我们这些大哥哥在，三日后就算他不去昏鸦林，我宋枫都给你绑过去！”

“你们……这群没有义气的……”

十剑生满意地点了点头道：“好！三日后昏鸦林巅峰一战，十剑生恭候秦少侠的到来！诸位若有兴趣也可前来观战，十剑生必将尽展华彩，一展我青城派的至高剑术，叫诸位不会失望而归！那在下就此别过了！”说着，他双腿一蹬，直接从石柱上朝对面的屋顶跃去，整个人犹如游龙飞凤一样，姿态翩翩，很快就消失在视野之内。

宋枫叹了口气道："这人倒是好身手，就是脑子有问题！"

秦明道："别管他了，他就那个德行，我们先吃饭吧，饿死我了！"

荆一飞问道："三日之后，你真要去比试？"

秦明翻了翻眼皮子，想了想道："哦，这个到时候再说吧，我的伤都还没完全好呢。"

荆一飞皱眉道："言而无信可不好！"

秦明啊了一声道："那你的意思我还是去比较好咯？"

荆一飞紧接着又道："但你去了很有可能打不过十剑生的，甚至性命难保。"

秦明犯难了："那你到底是觉得我该去还是不该去？"

荆一飞想了想，一脸严肃道："我的意思是，你反正一向言而无信，放他鸽子就放他鸽子了，我们觉得也没什么的！"

"荆一飞，你……"秦明正欲发火，荆一飞已经和其他人大摇大摆走进了翠风阁，秦明快步追了上去，大叫道："荆一飞，你给我说清楚，什么叫我一向言而无信！我秦明哪里不守信用了！你给我站住！不然，今天我……我不吃饭了！"

"你不吃就不吃，荆大人还可以省点饭钱！"

"对啊，秦明一个人能吃三个人的饭量！"

"喂！你们，你们太不义气了啊！一顿饭至于就背叛了兄弟情义吗？"

"关键你到现在还没请我们吃过饭呢。"

"对啊，赌博还经常出老千！"

…… ……

城南，火神庙，祝融大殿。

这庙宇去年夏天发生了一场大火，除了祝融大殿外，其余的楼宇都毁于一旦，庙内的道人早已另寻他处，只余下这冷冷清清的大殿矗立在废墟之上。

一高大的人影缓缓走了进来，他身着蟒服，头戴金冠，佩戴金玉腰带，浑身都散发着皇家的贵气，这人正是汉王朱高煦。

朱高煦停在了大殿中央，他的前方是一尊两丈高的祝融神像，红面金目，身披金甲，脚上还踩着两条火龙，看起来是颇有几分凶神恶煞，只是再威风凛凛的神仙，现在道观落魄，也免不了落得无人问津的凄凉下场。

此情此景，不免让朱高煦生出了几分共鸣，他抬头望着落满灰尘的神像，苦笑了起来："常言道大水冲了龙王庙，烈火烧了祝融观，嘿嘿，真是好大的讽刺啊！"

"王爷何须此言，这般自艾自怜可不是你的性情。"祝融脚底下的火龙突然发出火光，这火光迅速蔓延。就像两条龙复活了过来，火光绕着神像盘旋而起，不一会儿整个神像都被烈焰所包围，朱高煦正愕然着，突然火光一闪，都收到一名道人的袖子中，这道人从半空中落下，正是朱高煦的谋士，张虚吟。

张虚吟道："这水火再烈，也不过是短暂之物，若王爷是真金，自然就不怕这浴火来炼，你看，这神像可不是又光新如初。"

张虚吟的身后，被火焚烧过的祝融神像露出了里面的贴金内胎，整个神像金灿灿的就像是刚塑成的金身一样，神采更甚方才。

朱高煦虽然知道这张虚吟是幻象师，最擅长这等魔术障眼法，但是眼见这火中化金的本事，他还是被深深震撼到了。片刻，他问道："我今日给父皇提议请张三丰来主持设阵大局，父皇已经答应了，那接下来该怎么做？"

张虚吟嘿嘿笑道："张真人不过是个幌子，叫皇上主持国师遴选才是真正目的，王爷，只要贫道能取代姚广孝当选大明第一谋士，别说风水大阵，就是民心所向还不是贫道说了算，你说这局我们是输了还是赢了？"

朱高煦终于明白了这人的心思，他也笑了起来："好！那我就静等真人登上天师之位！助我一臂之力！"

张虚吟道："百师争鸣，唯有幻象独尊！"

（"金吾卫"系列第二卷《六脉奇局》完）